ZHUTIXING SHIYEXIA
DE
JIAZHI ZHEXUE

主体性视野下的价值哲学

| 倪寿鹏　著 |

中国政法大学出版社

2022·北京

声　明　　1. 版权所有，侵权必究。

　　　　　　2. 如有缺页、倒装问题，由出版社负责退换。

图书在版编目（CIP）数据

主体性视野下的价值哲学/倪寿鹏著.—北京：中国政法大学出版社，2022.12
ISBN 978-7-5764-0797-6

Ⅰ.①主… Ⅱ.①倪… Ⅲ.①价值（哲学）－文集 Ⅳ.①B018-53

中国版本图书馆 CIP 数据核字(2022)第 258152 号

出 版 者	中国政法大学出版社
地　　址	北京市海淀区西土城路 25 号
邮寄地址	北京 100088 信箱 8034 分箱　邮编 100088
网　　址	http://www.cuplpress.com（网络实名：中国政法大学出版社）
电　　话	010-58908586(编辑部) 58908334(邮购部)
编辑邮箱	zhengfadch@126.com
承　　印	固安华明印业有限公司
开　　本	720mm×960mm　　1/16
印　　张	14.5
字　　数	250 千字
版　　次	2022 年 12 月第 1 版
印　　次	2022 年 12 月第 1 次印刷
定　　价	49.00 元

序 言

2007年7月,我结束了在北大的九年求学生涯,获得哲学博士学位,来到中国政法大学人文学院执教,参与马克思主义哲学学科建设工作。读博期间,我主要从事西方马克思主义中的文化马克思主义研究。工作单位的马克思主义哲学学科则以价值哲学研究为特色和优势,学科第一带头人是我国著名的马克思主义哲学家、当代中国价值哲学的重要开拓者李德顺先生。受岗位职责和学术兴趣的双重驱动,我逐渐告别了文化马克思主义领域,投入了价值哲学的教学和研究工作。

"价值哲学"这个词有多重含义,其广义包括伦理学、美学于其中,其狭义则专指超越善、美等具体价值研究的一般价值论。必须指出,一般价值论若停留于稀薄的理论抽象而不能沉降下去,不能随时在伦理学、美学中得到印证,这样的价值论是没有生命力的。因此,本书尽管聚焦于一般价值论,但也注意对道德价值、正义价值和法权价值的具体研究,力求通过对这些领域入乎其内又出乎其外的探索,达到对一般价值论的更深刻把握。这种往复于多学科的研究注定是艰辛而持久的,这本书只是此项工作的阶段性成果。

我对广义价值哲学的浓厚兴趣可以追溯到高中时代。那时我从安徽中部的穷乡僻壤考取了省重点中学庐江中学,遭遇了青春的百无聊赖,未曾料想在学校附近的小书店邂逅了一册哲学启蒙读物,即上海文化出版社"五角丛书"中的《世界人生哲学金库》。该书的"人生价值篇"依次介绍了"弘毅进取的儒家人生""通脱飘逸的道家人生""解脱生死烦恼的佛家人生""崇尚自由的欧美个人主义人生""提倡奉献的共产主义人生"。这帮我打开了一个虚灵的新世界，摆脱了许多无故寻愁觅恨的苦恼，认识到人生追求不限于动物本能，有多种璀璨崇高的理想境界更值得求索和体证。

进入北大哲学系开始专业学习之后，我才发现当今时代的哲学工作者与历史上的哲学家似非同类。这种差距不是外在知识层面的，而是就内在的生命状态而言。孔子、老子、佛陀等大哲不仅在当时科学水平上描述了世界，而且身体力行开显了卓越的生命境界。这在精神上不仅表现为可普遍化的知识，更表现为充实而有光辉的价值感。"而人之价值感，亦即导致人对已成宇宙作改变增益之事之根本动力所在，而使已成之世界，发生震动，以更新其自己者。是亦即人道之所以能赞天道之根本动力所在也。"（唐君毅语）追求情理圆融、知行合一的哲学在许多近现代哲学家那里纯粹知性化了，这在提升哲学的实证科学性的同时，却将价值感当作虚妄不实的东西从哲学中祛除了。不过，对于价值问题的思考在近现代思想的海洋中仍然高潮迭起。自从休谟在《人性论》中对分别由"是"与"应该"联结的两种判断进行区分，进而质疑过往的道德哲学体系混淆二者，尤其对从"是"到"应该"的逻辑过渡欠缺论证和说明以来，狭义的价值哲学已经走过了近三百年历史。这一思潮不仅在新康德主义、实用主义等哲学流派中蔚为大观，而且终于波及不以哲学价值论见长的传统马克思主义研究，揭开了马克思主义哲学史上崭新的篇章。

早在第二国际时期，伯恩施坦等人就力图以新康德主义价值哲学"修正"和"发展"马克思主义哲学。然而，他们的这种努力是建立在对马克思主义的狭隘理解即机械唯物主义理解之上，也建立在对价值哲学的狭隘理解即主观唯心主义理解之上，这使得其工作在本质上就是外在的、不切题旨的。

真正在学术上推进马克思主义与价值哲学的碰撞与交融，应该从苏联马克思主义说起。苏联哲学界起初是反对价值哲学的，将之视为与辩证唯物主义格格不入的主观唯心主义。20世纪60年代以后，情况发生了很大变化，涌现出图加林诺夫的《马克思主义的价值理论》等一批价值哲学专著。苏联理论界围绕马克思主义与价值哲学的关系问题展开了热议，有学者总结了代表性的三种观点：一是认为马克思主义理论圆满自足，不需要价值哲学来补充和修改，价值问题是虚构的、不存在的；二是承认存在价值问题，而马克思、恩格斯对此早已有过科学论述，不需要独立的价值哲学；三是主张区分一般价值哲学和新康德主义价值哲学，推动建设马克思主义价值哲学，集中研究有别于认识观点的价值观点及其现实内容。这场争论未能深入下去，主要原因是按照苏联教科书的解释，所谓"辩证唯物主义和历史唯物主义"已经脱离了马克思哲学的实践观点，其客体至上的认识论思维方式无法兼容突出人的主体性的价值论。

我国改革开放以来，学界对苏联马克思主义价值理论实现了扬弃和超越。这种进步之所以可能，首先在于我国恢复了"实事求是"的光荣传统，破除了"两个凡是"的教条，倡导"解放思想"，学界在返本开新的旗帜下深入反思了马克思主义哲学的本质。这一反思在基础理论层面的最大贡献，就是重新肯定了实践观点是马克思主义哲学的首要的基本的观点，在此基础上形成了对马克思主义哲学的"实践唯物主义"理解。在实践唯物主义的思想方法指导下，才形成了以李德顺先生的《价值论》为主要代表的马克思主义价值哲学体系。在这一价值"实践说"体系中，"所谓价值，是指以主体的尺度为尺度的一种主客体关系状态"。具体而言，"'价值'是对主客体相互关系的一种主体性描述，它代表着客体主体化过程的性质和程度，即客体的存在、属性和合乎规律的变化与主体尺度相一致、相符合或相接近的性质和程度"。从价值哲学史来看，这种"价值"定义扬弃了客观主义和主观主义的二元对立，将旧的静态直观的价值"关系说"推进到动态历史的价值"实践说"阶段。从马克思主义哲学史来看，这种价值"实践说"被吸收到我国的马克思主义哲学原理教科书中，成为走出苏联模式马克思主义的标志性理论成果。

值得注意的是，上述价值"定义"诚然是当代中国价值哲学的主流见解，在马克思主义哲学原理和相关学科产生了重大影响，但是在价值哲学和马克思主义哲学史领域，都还不乏商榷和质疑的声音。

在价值哲学界，主要的反对意见有两派：一派以王玉樑先生为代表，该派原则上认可价值"实践说"，但是反对李德顺先生的"价值"定义，认为该定义属于"满足需要论"，而"需要并非天然合理"，该定义把事实混同于价值，把使用价值当作哲学价值，难以与早期实用主义的主观主义价值论划清界限，唯有从客体对主体的实际效应出发，才能达到对价值的本质的客观理解。另一派以韩东屏先生为代表，该派认为包括价值"实践说"在内的价值"关系说"虽然宣称"价值是属人的范畴"，但是仅限于从关系客体的角度理解包括人在内的万事万物的价值，这实际上犯了"遗漏主体"的错误，唯有预设"人是元价值""人是自决自明之好的存在者"，才能讲清价值及各种价值问题。

在马克思主义哲学史领域，不少学者对价值哲学的理解还停留在苏联理论界的水平，大抵认为马克思、恩格斯在创立历史唯物主义以前，其理论还属于沉溺在理想主义之中的广义的价值哲学，而在历史唯物主义体系中已没有价值哲学的存在空间。也有一些学者分辨出马克思早年持有的广义价值哲学与当代中国价值哲学并不是一回事，但是认为当代中国价值哲学过于依赖《1844年经济学哲学手稿》等马克思早期著作，对于《资本论》及其相关手稿等马克思后期著作蕴含的对哲学价值问题的深邃思考借鉴不足。

上述正反两方面观点仍然在争鸣与互鉴之中，这构成了我研究马克思主义价值哲学的基本问题意识。我主要是从两方面入手的：一是按照马克思主义哲学原理的价值论研究路径，力图先"照着讲"再"接着讲"；二是回到马克思的文本，借鉴国内外学者的研究成果，力图澄清马克思本人伦理和价值思想的多维复合视野。我很希望这两块的研究能产生聚合效应，以相互促进。这种努力固有所获，还处于攻艰克难的阶段，还未臻于十分成熟的境界。但我认为这项工作回应的是时代之问，非一人一时之事业，而是当代马克思主义研究者的共同事业，因之不揣鄙陋，在此将十多年来的专题论文结集出版，以求教于方家，供同道参考，或能收抛砖引玉、集思广益之效。

本书共分四编，即第一编"马克思主义与价值"、第二编"马克思主义与道德价值"、第三编"马克思主义与正义价值"、第四编"马克思主义与法权价值"。这里既有对一般价值论的研究，也有对特殊的道德价值、正义价值和法权价值的研究。这两种研究是相辅相成的，前者抽象有高度，后者具体而充实。离开后者谈前者，难免凌空蹈虚，易陷入思辨唯心主义。离开前者谈后者，难免支离破碎，易陷入狭隘经验主义。

第一编"马克思主义与价值"主题下收录有4篇论文。

在第一篇论文中，我首先回应了一些西方学者所持有的"马克思主义非哲学"的观点，为进一步探讨马克思主义价值哲学澄明理论前提。我认为马克思主义超越了狭义的哲学和科学的二元对立，既不能还原为某种纯粹的批判哲学或实践哲学，也不能简单地视为与哲学无关的实证科学，而是一种兼有哲学批判性和科学实证性、注重理论与实践相统一的跨学科理论形态，或者说是一种融摄经验实证科学于其中的广义的哲学。从元理论高度着眼，马克思主义哲学在存在论问题上主张实践论，在意识论问题上主张辩证法，在价值论问题上主张现实的人道主义。与西方传统价值论相比，它超越了柏拉图以来以非人实体为本，将价值引向超感性世界的价值客观主义，确立了现实的人的价值主体地位。与其他现当代哲学的价值论相比，它反对抽象人性论，又超越了迈农（Alexius Meinong）等人将价值引向内在心理世界的价值主观主义，确立了理论和实践相统一的共产主义价值理想。

在第二篇论文中，我沿着李德顺先生的"价值"定义继续思考发现，这种从关系客体来理解价值的思路，总是以主体的生存和发展为价值标准，而"生存和发展"的表述相对于"机械地持存"，已经内蕴了一种反身性的内在价值。这种作为客体价值之根据的主体内在价值，乃是一切价值"关系说"的隐含前提。因而，我拓展了价值"实践说"的含义，主张价值是实践关系中主体内在的元价值（主位价值）与客体相对主体的外在具体价值（客位价值）的统一。就主位价值而言，人的价值是指人在实践关系中对自身作为类超拔于万物的主体地位及其生存与发展的直接肯定。这在古代只是少数个体的先知先觉，在近现代则是时代精神在价值观领域的一般表现。就客位价值而言，人的价值是指客体人的存在和行为在社会关系中对于多元多层主体人的生存和发展的各种具体意义。这种意义并不限于狭义的功利价值，也可以是道德的、审美的，但只要不将客体人和主体人理解为同一个共同体主体，人作为客体对于诸主体的价值就只能是一种外在的、相对的工具性价值。

在第三篇论文中，我系统论述了我国"反思哲学"时期大放异彩的高清海先生对当代中国价值哲学研究的独特贡献。只有突破苏联马克思主义哲学体系及其思维方式，确立以实践为理论核心的新体系新思维，价值论才有望在马克思主义哲学中生根发芽，茁壮成长。在这一关乎当代中国价值哲学研究根本的问题上，高清海先生是最重要的奠基人之一。针对流行的"满足需要论"的"价值"定义，他认为需要既体现人的主体性，又包含人对外物的依赖性，通常是非选择性的，而人的类本性恰恰在于有需要却不完全受其束缚，满足需要之后总会产生更高的追求，这才有价值选择和价值评价的问题。因此，用需要界定人内在的价值尺度必须联系马克思的整个需要理论去阐发，才能显扬人之异于动物的类本质；而一切价值都只有归结到主体价值，即以人的类本质为尺度的价值，才能获得合理定位。从根本上说，"所谓价值不过就是人作为人所追求的那个目的物，而这个目的物也就是人的自身本质。"在实现社会价值时，"个人只有在对他人而言的工具价值中熔铸人的理想，把自身的工具价值作为实现人生理想的手段，他的工具价值才能转化为主体价值。"

在第四篇论文中，我对我国提出的"全人类共同价值"与西方所谓"普世价值"的区别与联系进行了探讨。价值（在其对象性上、非主位价值意义上）是一个主体性的关系范畴，既不是某种独立自在的实体及其客观状态，也不是评价者的主观情感，而是客体的属性与人的内在尺度即需要和能力的统一，是世界对人的意义。价值在人类有意识、有目的的现实实践活动中产生，既有源自自然和历史的不同程度的普遍性，又有因人而异的具体主体性。"全人类共同价值"和"普世价值"在哲学上的重要区别就在于：二者在强调价值的普遍性的时候，前者还同时强调价值的具体主体性，后者则将价值的普遍性实体化、绝对化为一种无视主体特殊性的教条。从"普世价值"到"全人类共同价值"不是玩文字游戏，它意味着在价值论上从实体思维向关系思维的转变，从教条主义向实事求是的转变。就实现价值的现实路径而言，"普世价值"的支持者除了诉诸话语霸权强加于人，也经常采取类似福音宣传的方式说服人；"全人类共同价值"的倡导者则除了强调平等对话外，更加注重与共同体中其他成员建立合作共赢的关系，以奠定共同价值的现实基础。

第二编"马克思主义与道德价值"主题下收录有2篇论文。

在第一篇论文中，我探讨了道德价值与历史唯物主义的关系问题。在马克思、恩格斯时代，一般价值论还处于萌芽阶段，要直接从他们的著作中找到体系化的哲学价值论犹如缘木求鱼。更棘手的是，即使谈到道德价值等特殊价值问题，马克思、恩格斯的表述也以拒斥为主，这导致有学者认定他们持有道德虚无主义立场。分析马克思主义对此进行了深入研究，形成了"马克思主义的道德主义"和"马克思主义的反道德主义"两派。加拿大哲学家凯·尼尔森（Kai Nielsen）是坚持历史唯物主义与道德兼容，却对艾伦·伍德（Allen Wood）等人的反道德主义论证抱以深度的"了解之同情"的人。他通过对"道德并非都是意识形态"和"意识形态并非都是虚幻观念"的论证和说明，截断了道德与虚幻观念的必然联系。进而在历史唯物主义基础上，他提出了一种带有关系主义意味的道德情境主义，为建设马克思主义道德理论开拓了理论空间。但是他没有重视马克思哲学革命的存在论意义，仅仅从社会学而非哲学高度阐释历史唯物主义，使得其理论并不彻底，难以达到对"马克思主义的反道德主义"的根本性驳斥。

在第二篇论文中，我研究了道德价值与整个马克思主义理论和实践的关系问题。与凯·尼尔森一样，英国哲学家史蒂文·卢克斯（Steven Lukes）也深入思考了"马克思主义的道德主义"和"马克思主义的反道德主义"之争。他得出如下结论：马克思主义对道德的矛盾态度只是表面上的，其所反对的是"法权的道德"，所支持的是"解放的道德"；真正的问题在于这种区分背后的反乌托邦与乌托邦的矛盾，以及由此带来的消极实践后果，即为了道德目的可能使用不道德手段；追根溯源，这是由于马克思主义道德观属于至善论的结果论，未能汲取义务论在保障人权方面的智慧。卢克斯的"两种道德论"的文本根据不足,对乌托邦与社会理想也有所混淆,由某种苏联马克思主义的过失推及整个马克思主义的"缺陷"则犯了以偏概全的错误。事实上,经典马克思主义的道德观综合了至善论、结果论、义务论之众长,能够在理论和实践中实现法权的道德和解放的道德、目的和手段的辩证统一。尽管卢克斯对马克思主义道德观的理解不够完整准确,但其理论的一些合理内核对我国的道德和法律建设仍有借鉴意义。

第三编"马克思主义与正义价值"主题下收录有3篇论文。

在第一篇论文中,我从价值论和政治哲学史双重视角出发,揭示出正义观从古到今的基本演变轨迹。纵览苏格拉底到托马斯·阿奎那的正义理论,可知古典正义观总体上持一种自然正义思想,奉行价值的客观主义路线,最终将人的权利和义务委诸上帝意志。纵览马基雅维利到卢梭的正义理论,可知现代正义观源自对古典自然法学说的反动,带有浓厚的人本主义色彩,但由于都从抽象而非现实的人出发,最终走向价值的主观主义路线。从自然法到契约论,从价值的客观主义到价值的主观主义,大抵便是西方正义理论由古及今的变革主线。这一变革今天不时为人称道,列奥·施特劳斯(Leo Strauss)却断言这一演变会导致虚无主义盛行,主张回归古典政治哲学。施特劳斯的这一观点是值得商榷的。神圣而永恒的自然正义被拒斥,表面上看是受到一些新观念的冲击所致,但观念的新陈代谢不能仅从观念自身出发去理解,其深层根源仍在于物质生产方式的更新换代,使得政治社会中不同阶级和阶层的利益格局和类型发生了变化,这一切必然以观念诉求的形式反映到上层建筑中来。因此,克服虚无主义应与变革社会经济结构联系起来,与其回归古典,不如展望未来。

在第二篇论文中,我对正义在历史唯物主义中的积极地位进行了论证,反驳了"塔克-伍德命题"(Tucker-Wood Thesis)问世以来将历史唯物主义与正义对立起来的流行见解。历史唯物主义虽然注重对人类实践进行实证研究并概括出最一般的结果,但它首先是指超越了唯心主义和旧唯物主义二元对立的新哲学原则,这一原则确立了真理与价值相统一的人类实践的存在论地位,也决定了实证研究的一切结果都应以人类实践为依归。所以作为价值范畴的正义是历史唯物主义的内在要素，马克思指出其感性物质基础，无碍其表现主体能动性的积极意义。伍德等人脱离实践，割裂知识与价值，一味强调历史唯物主义的科学性，已经不自觉地陷入新的形而上学。马克思后来不再就正义谈正义，则是寄希望于共产主义实践不断实现无产阶级的正义，乃至全人类的普遍正义。在理论形式上，马克思生前设想共产主义依次实行按劳分配和按需分配。但其身后的历史实践表明，按需分配充其量就是建成一个高福利社会，使人类不必为谋生而浪费发展自由个性的时间，至于发展自由个性的资源因为有限只能要求社会给予每个人平等的、公正的待遇。社会要完成这一使命，不在于用想象中至公全能的共同协议取代市场来配置资源，而应在社会主义民主基础上建设法治文化和法治政府，一方面保障充分竞争的市场环境，另一方面通过国家主导的各种福利安排纠正市场之偏。

在第三篇论文中，我论述了将罗尔斯的正义论与马克思的正义思想和历史唯物主义结合起来的必要性、可能性和现实意义，批评了詹姆逊（Fredric Jameson）和柯亨（Gerald Allan Cohen）等西方马克思主义者对历史唯物主义的狭隘理解，及其对规范政治理论或完全无视或过度迎合的极端做法。马克思和罗尔斯都致力于消除现代资本主义社会的病状，实现人与人之间真正的自由和平等。在具体方案上，马克思着眼于真实的共同体，主张在认识历史规律的基础上进行共产主义实践，反对诉诸抽象的规范政治理论；罗尔斯立足于普遍的个体，提出了一种平等主义的规范政治理论，但是缺少从现实社会向良序社会过渡的理论。中国特色社会主义应汲取从马克思到罗尔斯的思想和理论资源，将二者创造性地结合起来，而非教条主义地对立起来。从历史唯物主义的辩证视野看来，罗尔斯的正义论注重发挥政治和法律上层建筑的能动性，马克思的社会发展理论则有助于明确其经济基础方面的条件和限度。只有一手抓民主法治，一手抓市场经济，实现国家和"市民社会"（广义）的良性互动、双向扬弃，才能建设成功自由和平等的社会主义社会。

第四编"马克思主义与法权价值"主题下也收录有3篇论文。

在第一篇论文中，我考察了孔子、马克思的思想对社会主义法治建设的启示。从孔子近似法治的礼治思想中，可得出如下结论：第一，法治的形式正义一定要能体现实质正义，故有"德礼为政教之本，刑罚为政教之用""德又礼之本也"等说。第二，法治的实质正义必须通过制度化的形式来加以落实，故有"道德仁义，非礼不成""动容周旋中礼者，盛德之至也"等说。第三，法治的实质正义是以人为本的，彰显了人作为万物之灵的主体地位，故有"使人以有礼，知自别于禽兽""制礼义以分之，以养人之欲，给人之求"等说。从马克思的法学思想中，可得出如下结论：第一，法治的资本主义形式不同于社会主义形式。第二，法治和平等权利一样都是历史的产物，只是随着近代市场经济的发展，市民社会与国家分离后，限制公权力、保障公民平等权利的法治才有望较普遍地成为现实。第三，只有大力推进社会主义市场经济，解放和发展生产力，使以人身依附关系为本质特征的传统农业社会向现代工商业社会和信息社会转型，培植和促进社会主义"市民社会"在我国发展成熟，反向推动国家形态的升级转型，才能为中国特色社会主义法治创造现实的主客观条件。

在第二篇论文中，我深入思考了价值多元和法治共同体建设的关系。由于生产方式的演进，社会形态的发展，导致更加个性化的多元多层主体出现，社会生活面临价值多元的挑战，形成各式各样的"电车难题"等困境。对此，与其徒劳地追求言人人殊的实质正义，不如优先建立健全法律制度追求程序正义。程序正义虽然不能保证结果一定符合各方心目中的实质正义，但它至少是稳定的、明确的、一视同仁的，各方可借此合理规划自己的生活。程序正义也不是纯粹形式的，对这种形式的采用本身就蕴含着一种尊重各方主体地位的实质正义。如果没有这种程序正义，人们用功利主义、义务论和德性主义等各种版本的具体的实质正义党同伐异，必然陷入霍布斯所谓"人对人是狼"的丛林状态，或黑格尔所谓"一切人反对一切人的战场"。因此，唯有积极发展更加规范、完善的社会主义市场经济，不断推动构建社会主义法治共同体，明确多元多层主体在不同社会关系中的权利和责任，使不同种类、不同层次的价值都能在统一的法律体系中获得合乎情理的安顿，才能从制度上保障"每个人的自由发展是一切人的自由发展的条件"，使价值多元演化为百花齐放的社会主义精神家园。

序　言

在第三篇论文中，我着力研究了权力与权利的关系。许多学者认为权力的主体是国家，权利的主体是个人。这种将二者关系塑形为国家与个人的二元对立关系的做法，实质上回到了古典自由主义立场。这一立场的理论基础自然法学说和社会契约论都属于历史唯心主义，在此基础上难以确立马克思主义的权力与权利关系理论。从历史唯物主义立场看，权力和权利都是历史中形成，受到一定的生产方式制约的；社会主体无论个人、阶级、政党、国家，还是其他社会团体，各自都有相应的权力和权利；可以构建一种介于按劳分配和按需分配之间的社会主义正义原则，来协调多元主体的权力与权利。具体而言：第一，权力和权利并非来自上帝或自然法，而是在历史中形成，受到一定的生产方式制约的；第二，一切权力属于人民，每个社会成员以人民一员的身份拥有权力，国家及其各级机关乃至一切社会团体的权力由人民授予，为人民服务；第三，一切权利同样属于人民，每个社会成员以人民一员的身份拥有权利，社会上的多元多层主体也依法享有各自的权利，诸权利的认定和协调由归根到底是人民自身权力的各级公权力依照社会主义正义标准加以保障；第四，社会上没有原子个人，一切权利都是社会权利，不能像诺奇克（Robert Nozick）等人一样将个人权利绝对化；第五，真正的国家是自由人联合体，国家权力并不外在于个人，不能像黑格尔等人一样将国家权力绝对化；第六，无论国家权力、个人权力，还是其他社会团体权力，本身都是中性的，唯有依法转化为权利才有正当性；第七，无论个人权利、国家权利，还是其他社会团体权利，都是依法享有的正当权利，神圣不可侵犯。

最后，本书附录了两篇与价值哲学深度相关的论文，分别涉及生死观问题和"马克思主义中国化与中华文明的关系"问题。

是为序。

倪寿鹏

2022 年 12 月

目录 Contents

序　言 …………………………………………………………… 001

第一编　马克思主义与价值

重审"柯尔施问题"
　　——论马克思主义与哲学的互释 ………………………… 003
从人的本质到人的价值
　　——马克思关于人的学说的一个关键问题 ……………… 016
高清海与当代中国价值哲学研究 ……………………………… 030
从人类共同价值到中国价值
　　——与叶险明教授商榷 …………………………………… 046

第二编　马克思主义与道德价值

道德·意识形态·历史唯物主义
　　——以凯·尼尔森《马克思主义与道德观念——道德、意识形态与
　　历史唯物主义》为切入点 ………………………………… 059
对卢克斯"马克思主义与道德关系"论的反思与批判 ……… 074

第三编　马克思主义与正义价值

从自然法到契约论
　　——兼评列奥·施特劳斯的正义理论 ·············· 095
试论正义在历史唯物主义中的地位 ·············· 109
正义的多面孔：马克思与罗尔斯 ·············· 122

第四编　马克思主义与法权价值

孔子、马克思与法治
　　——论法治话语的两种非典型构境 ·············· 141
从"电车难题"看价值多元与法治共同体建设 ·············· 151
社会变革中权力与权利关系的哲学反思 ·············· 161

附　录

哲学视域中的生命教育
　　——兼评冯友兰人生四境界说 ·············· 177
怎样理解马克思主义中国化与中华文明的关系？ ·············· 186

后　记 ·············· 212

第一编
马克思主义与价值

按照国民经济学的规律，工人在他的对象中的异化表现在：工人生产得越多，他能够消费的越少；他创造的价值越多，他自己越没有价值、越低贱……

——马克思《1844年经济学哲学手稿》[1]

的确，它们最初无非是表示物对于人的使用价值，表示物的对人有用或使人愉快等等的属性。事实上，"value, valeur, Wert"这些词在词源学上不可能有其他的来源。使用价值表示物和人之间的自然关系，实际上是表示物为人而存在。交换价值则代表由于创造交换价值的社会发展后被加在 Wert（=使用价值）这个词上的意义。这是物的社会存在。

——马克思《剩余价值理论》[2]

一个人就其自身来说，他的价值不比别人大，也不比别人小。对于基督教来说，一切取决于人有没有信仰，而对于资本来说，一切取决于他有没有信用。此外，当然在第一种场合还要附加上天命，而在第二种场合要附加上一个偶然因素，即他是否生下来就有钱。

——马克思《剩余价值理论》[3]

---

[1]《马克思恩格斯文集》第1卷，人民出版社2009年版，第158页。
[2]《马克思恩格斯全集》第26卷（Ⅲ），人民出版社1974年版，第326—327页。
[3]《马克思恩格斯全集》第26卷（Ⅲ），人民出版社1974年版，第495页。

重审"柯尔施问题"
——论马克思主义与哲学的互释

马克思主义究竟是哲学还是科学？

这一问题在国内外理论界引发了经久不息的争论。西方马克思主义早期代表人物柯尔施（Karl Korsch）在1923年发表的《马克思主义和哲学》一书中，对此曾进行过开创性的讨论。但是柯尔施的观点也只是一家之言，并没有从根本上了结这一学术公案。直到本世纪初，我国学术界对此仍然未达成共识。譬如，在徐长福先生和邓晓芒先生之间、段忠桥先生和俞吾金先生之间就分别进行过相关学术论战。徐长福和段忠桥较为注重马克思主义的科学性质，邓晓芒和俞吾金则强调了马克思主义的哲学性质。这些讨论加深了我们对马克思主义学科性质的理解。实际上，马克思主义超越了狭义的哲学和科学的二元对立，既不能还原为某种纯粹的批判哲学或实践哲学，也不能简单地视为与哲学无关的实证科学，而是一种兼有哲学批判性和科学实证性、注重理论与实践相统一的跨学科理论形态，或者说是一种融摄经验实证科学于其中的广义的哲学。

一、"柯尔施问题"的提出与影响

柯尔施在《马克思主义和哲学》中开篇就提到，当时国际理论界左右两翼都认为马克思主义没有自己的哲学内容。一方面，许多资产阶级学者认为马克思主义只是德国哲学中黑格尔主义无足轻重的余脉，没有发展出有自身特色的哲学。另一方面，第二国际的主流理论家认为马克思主义已经抛弃了意识形态幻想，从哲学发展为科学了。还有一部分研究哲学的社会主义者则心虚地用各种资产阶级哲学来"补充"马克思主义，显然他们也认同马克思主义缺少哲学内容的结论。柯尔施认为上述观点是完全错误的，他声称马克思的历史的辩证的唯物主义"按其基本性质来说，是彻头彻尾的哲学，就像在《关于费尔巴哈的提纲》的 11 条中和在其他出版过和没出版过的那个时期的著作中系统地阐述的那样"[1]。只有这种历史的辩证的唯物主义哲学才能在理论和实践的双重维度上把握和变革总体性的社会历史现实，真正推进共产主义事业。至于庸俗社会主义者的朴素现实主义和资产阶级的实证主义科学，则都在意识和它的对象之间划出鸿沟，割裂了思维与存在、理论与实践的统一性，不仅没有达到黑格尔辩证法的水平，甚至退回到了康德先验哲学以前。

柯尔施的这一见解与卢卡奇（Georg Lukács）高度契合，可以说二人共同开启了西方马克思主义对马克思学说的主导诠释模式，通常被不尽准确地称为黑格尔主义的马克思主义或人本主义的马克思主义。这一传统后来遭到以阿尔都塞（Louis Althusser）为代表的结构主义的马克思主义、以德拉-沃尔佩（Galvano Della-Volpe）为代表的新实证主义的马克思主义和以 G. A. 柯亨为代表的分析马克思主义等所谓科学主义的马克思主义的学术流派的强力冲击，但至今仍然保持着巨大的影响力。

西方马克思主义的人本主义和科学主义之争，在中国学术界也不断激起回响，改革开放以来发生过多次学术论战。譬如，徐长福和邓晓芒在《哲学研究》上先后撰文进行过一轮关于"柯尔施问题"的笔战，段忠桥和俞吾金围绕"实践唯物主义能否成立"进行了持续多年的激烈争论。大体来说，徐长福和段忠桥认为马克思主义是"真正的实证科学"，指责对马克思的柯尔施式解读没有充分的文本根据。邓晓芒和俞吾金的观点则与柯尔施相近，断言马克思主义本质上是一种实践哲学。

在马克思主义哲学研究领域，"柯尔施问题"是无法回避的。可是从上述回顾不难看出，恰恰在这样一个最基础的问题上，学术界的观点是如

---

[1] [德]卡尔·柯尔施：《马克思主义和哲学》，王南湜、荣新海译，重庆出版社 1989 年版，第 37 页。

此对立，令人难以适从。要介入这个问题的讨论，首先还是要回到经典作家的文本。

二、从马克思主义看哲学

从思想史的层面看，"柯尔施问题"的实质在于：马克思主义经典作家的思想发展过程中是否存在一个从哲学到科学的飞跃，或者像阿尔都塞所说的"认识论断裂"？马克思和恩格斯在创立新世界观后，是否整个转向实证科学，并完全拒斥了哲学？纵览马克思和恩格斯的有关文本，我们先试着尽可能准确地梳理一下他们的哲学观演变史。

在1837年11月写给父亲的信中，马克思说："我必须攻读法学，而且首先渴望专攻哲学"[1]，"没有哲学就无法深入"[2]。这里的哲学主要指黑格尔哲学，当时马克思为了克服康德、费希特法哲学的理想主义，转向了自称能够统一"实然"和"应然"的黑格尔哲学。

在1840年写成的博士论文《德谟克利特的自然哲学与伊壁鸠鲁的自然哲学的差别》"附注"中，马克思说："世界的哲学化同时也就是哲学的世界化，哲学的实现同时也就是它的丧失。"[3]这一时期马克思信奉青年黑格尔派的自我意识哲学，但是他注意到哲学的自由精神不能被束缚在抽象的理论形式之内，必须进入现实世界获取鲜活的感性内容。

在1843年的《〈黑格尔法哲学批判〉导言》中，马克思说："哲学不消灭无产阶级，就不能成为现实；无产阶级不把哲学变成现实，就不可能消灭自身。"[4]这一时期马克思受到费尔巴哈人本主义的启发，领悟到存在决定思维，哲学本身就属于这个世界，观念领域的哲学革命唯有通过现实世界的无产阶级革命才能完成。

在《1844年经济学哲学手稿》中，马克思说："费尔巴哈的伟大功绩在于：（1）证明了哲学不过是变成思想的并且通过思维加以阐明的宗教……

---

[1]《马克思恩格斯全集》（第47卷），人民出版社2004年版，第7页。
[2]《马克思恩格斯全集》（第47卷），人民出版社2004年版，第11页。
[3]《马克思恩格斯全集》（第1卷），人民出版社1995年版，第76页。
[4]《马克思恩格斯文集》（第1卷），人民出版社2009年版，第18页。

(2)创立了真正的唯物主义和实在的科学,因为费尔巴哈使社会关系即'人与人之间的'关系也同样成为理论的基本原则。"[1]这一时期马克思会通黑格尔、费尔巴哈、恩格斯等人的思想,以人与人、人与自然的对象性存在(感性对象性活动)取代形而上学的绝对存在作为哲学的出发点和归宿,由此超越了人道主义和自然主义的抽象对立。此处马克思将哲学和"实在的科学"对举,意谓抽象的哲学只能把握实在的影子,唯有从现实的社会关系出发的科学才能揭示真正的实在。只是由于误读了费尔巴哈的"对象性"和"社会关系"等概念,马克思对他给予了过高评价。

在1845年的《关于费尔巴哈的提纲》中,马克思说:"哲学家们只是用不同的方式解释世界,问题在于改变世界。"[2]这一时期马克思进一步确立了人类实践生活在其理论的中心地位,不仅与唯心主义、一般的旧唯物主义,也与费尔巴哈的人本学唯物主义划清了界限。

在1846年完成的《德意志意识形态》中,马克思和恩格斯说:"在思辨终止的地方,在现实生活面前,正是描述人们实践活动和实际发展过程的真正的实证科学开始的地方。关于意识的空话将终止,它们一定会被真正的知识所代替。对现实的描述会使独立的哲学失去生存环境,能够取而代之的充其量不过是从对人类历史发展的考察中抽象出来的最一般的结果的概括。"[3]这段话明确地否定"独立的哲学"而肯定"真正的实证科学",历来受到科学主义的马克思主义的高度重视。那么,有没有立足于现实生活的哲学?"真正的实证科学"是否属于一种新哲学?对此,人本主义的马克思主义往往会给出肯定答案,但马克思本人此后提到哲学,几乎都是在"意识形态"或"思想上层建筑"的意义上来讲的,而用"历史科学"来称呼自己的理论。

在1878年完成的《反杜林论》中,恩格斯说:"现代唯物主义……把2000年来哲学和自然科学发展的全部思想内容以及这2000年的历史本身的全部思想内容加到旧唯物主义的持久性的基础上。这已经根本不再是哲

---

[1]《马克思恩格斯文集》(第1卷),人民出版社2009年版,第200页。
[2]《马克思恩格斯文集》(第1卷),人民出版社2009年版,第502页。
[3]《马克思恩格斯文集》(第1卷),人民出版社2009年版,第526页。

学，而只是世界观，这种世界观不应当在某种特殊的科学的科学中，而应当在各种现实的科学中得到证实和表现出来。"[1]这段话与《德意志意识形态》中的上述引文是相呼应的。恩格斯宁愿将"现代唯物主义"称为世界观，也不承认这是一种新哲学。他继续否定了作为"科学的科学"的"独立的哲学"，而主张代之以"真正的实证科学"。

学界同仁在求解"柯尔施问题"时，上述经典文本是最基本的根据。然而，面对同样的文本，读者仍然可能得出迥然不同的结论。

三、是实证科学，还是实践哲学？

在《求解"柯尔施问题"》一文中，徐长福指责柯尔施忽视了马克思本人对哲学本身的局限性的看法。徐文宣称："在马克思形成自己学说的过程中，他对自己学说的性质及其跟哲学和科学的关系有过一个较为明晰的看法：哲学是一种抽象的思辨的学问，科学才是真正的知识；哲学随着黑格尔哲学的瓦解而终结了，他所创立的学说是科学而不是哲学。"[2]徐文进而将马克思的知识观分为三个阶段：首先是"哲学—知识"观时期，截止于《〈黑格尔法哲学批判〉导言》，认为哲学是时代精神的精华、文明的活的灵魂，能够用普遍理性的必然法则去批判现实，而实证的主张总是意味着对现存事实的接受；其次是从"哲学—知识"观向"科学—知识"观转变时期，见于《1844年经济学哲学手稿》《关于费尔巴哈的提纲》和《神圣家族》等，认为哲学与科学、思辨与实证是对立的，开始贬低前者并推崇后者；最后是"科学—知识"观时期，见于《德意志意识形态》开始的所有著作，认为思辨的哲学将由实证的科学所代替，真正的知识只能是对经验材料的抽象和概括。

徐文进一步判断，即使在"科学—知识"观时期，马克思也未能真正与哲学划清界限，比如对辩证法的运用就表明在其以"科学"的名义所建树的

---

[1]《马克思恩格斯文集》（第9卷），人民出版社2009年版，第146页。
[2] 徐长福："求解'柯尔施问题'——论马克思学说跟哲学和科学的关系"，载《哲学研究》2004年第6期。

思想中，还存在着隐性的哲学。因此，徐文"把马克思的学说看成一种介于哲学与科学之间的学问。如果以古代的知识形态和当代的知识形态为参照，那么这种学问就可视为西方近代以来知识观转型的一种过渡形态"。[1]徐文充分肯定马克思学说中哲学和科学关系的复杂性，强调我们今天对其的继承和发展应明确区分二者：凡属科学的内容要接受实践检验，与时俱进；凡属哲学的内容，要注重分析和确证其独特性和有效性等。

在《"柯尔施问题"的现象学解》一文中，邓晓芒认为马克思从一开始就对哲学的"缺陷"是十分了然的，即哲学不能停留于其理论形式，而应在人们的实践生活中赋予其感性内容。邓文断言："对于青年马克思这样一种带有吊诡性质的态度，如果不紧贴黑格尔'否定的辩证法'的内在精神，而只从外在的用语和概念辨析上作知性的解读，是无法把握到位的。马克思在具体的哲学观点上前后当然经历了巨大的变革，但在对哲学的这种看法上，我认为他是前后一贯的，没有什么'三阶段'。"[2]哲学在本质上就不同于非批判地看待对象的知性科学，它作为烧向现实的火焰，也即实践哲学，在马克思那里是前后一贯的。这种实践哲学才是《德意志意识形态》中所谓"实证科学"的确切含义，因为"马克思和胡塞尔（Edmund Husserl）一样，都认为自然科学也好，社会科学（如'国民经济学'）也好，在当前的经验实证的形态下都还缺乏自己的根基，都尚未成为'严格的科学'；只有为它们奠定最直接、最无可怀疑的基础（这在胡塞尔就是'直观的明见性'，在马克思则是'感性活动'），才能实现真正的'严格科学'或真正'实证科学'的理想"[3]。那么，马克思和恩格斯为什么将自己的哲学说成科学？邓文认为这是由于在古希腊以来的西方传统中，哲学一向就被视为最高的科学、科学之科学。

邓文对徐文的批评是颠覆性的。徐文将马克思主义视为西方近代以来

---

[1] 徐长福："求解'柯尔施问题'——论马克思学说跟哲学和科学的关系"，载《哲学研究》2004年第6期。

[2] 邓晓芒："'柯尔施问题'的现象学解——兼与徐长福先生商讨"，载《哲学研究》2005年第2期。

[3] 邓晓芒："'柯尔施问题'的现象学解——兼与徐长福先生商讨"，载《哲学研究》2005年第2期。

知识观转型的一种过渡形态，这实际上是说：马克思主义是一种还不成熟的现代知识形态，对于哲学方法辩证法的运用难免降低了它在现代知识形态中的地位。这一观点也是分析马克思主义等国外马克思主义流派的基本立场，其根本问题在于将马克思主义混同于现代知性科学，导致很难将斯密（Adam Smith）等人的"政治经济学"和马克思主义的"政治经济学批判"区分开来。邓文指出："国民经济学家就'把工人只当作劳动的动物，当作仅仅有最必要的肉体需要的牲畜'，他们哪怕掌握了大量的经验数据，却仍然不是彻底'实证'的；马克思的政治经济学'批判'则是要从这种片面的、抽象的（即抽掉了人的感性的）'科学'底下挖掘出'人'的内容，使之成为真正'实证'的，即能够被每一个人、尤其是劳动者的亲身体验所证实的科学，成为能够与人的异化、人的美感的丧失、商品拜物教对人性的扭曲等等相印证、因而能够体现出经济学事实的内部规律性（自由人的关系的规律性）的科学，这就是一种植根于人的感性之上并能激发和指导人去'改变世界'的自由实践的人学。"[1] 如果说在现代知性科学中难以找到辩证法的位置，那么在逻辑与历史相一致的马克思主义理论中，唯有辩证法的思维方式才能够动态地揭示人类实践生活的本质。

对于徐文和邓文之争，我们认为徐文在主观上是积极的、建设性的，且有一定文本根据，但是它在知识观上将马克思与孔德（Auguste Comte）、斯宾塞（Herbert Spencer）和狄尔泰（Wilhelm Dilthey）相提并论，客观上还是使哲学从属于科学，未能跳出经典作家一些针对性表述的特定语境，不利于确立马克思主义哲学的学科地位和历史意义。邓文则抓住了马克思主义理论与一般实证社会科学的本质区别，彰显了其革命的、批判的意义，但是它将不利于己方立论的文本一概说成"外在的用语"，这是难以服人的。与其被指控为过度诠释，不若承认马克思主义理论也有一个发展成熟的过程，经典作家在艰辛探索的研究过程中也会有思虑不够周全、表

---

[1] 邓晓芒："'柯尔施问题'的现象学解——兼与徐长福先生商讨"，载《哲学研究》2005年第2期。

达不够精准之处，但这并不妨碍他们在总体上创立了一种伟大的新世界观。

马克思告别黑格尔主义的思辨哲学转向"真正的实证科学"，不是转向孔德、斯密等人那种现代知性科学，而是建构了一种对现代知性科学入乎其内又出乎其外的社会科学批判理论，其较为成熟的形式就是以"政治经济学批判"作为副标题的《资本论》。这一新理论范式的原则和方法的奠立可以追溯到《1844年经济学哲学手稿》。它作为历史科学，无疑打破了旧的学科壁垒，对传统的哲学和社会科学实现了双重超越，事实上建构了一种跨学科的新型理论形态，或者说一种融摄经验实证科学于其中的广义的哲学。经典作家后期虽然拒斥"哲学"概念，却一再肯定"辩证法"，可见其所拒斥的"哲学"是狭义的，实际上是拒斥哲学的西方古典形态即超感性的形而上学。

因此，与徐文不同，笔者认为马克思主义并非不成熟的知性科学，而是内在具有批判性的辩证的历史科学。与邓文不同，笔者认为马克思主义的历史科学是一种广义的哲学，但经典作家不是"前后一贯地"持有这种哲学概念，他们后来的哲学概念基本是狭义的。

将马克思主义理论指认为一种广义的哲学，无论是叫实践哲学还是实践唯物主义，都必须警惕重蹈思辨哲学脱离现实的覆辙。段忠桥就批评说："主张实践唯物主义取向的学者虽然大谈实践是马克思主义哲学的本质特征，但在他们的相关论著中却几乎从不涉及当今中国或世界面临的重大现实问题，从而给人留下'实践唯物主义'实际上最不关心实践这样一种印象。"[1]这种质疑是值得重视的，毋庸讳言或多或少存在着被批评的情况，但总的说来并不公允。国内主张实践唯物主义的学者即使有"躲进小楼成一统"的，敢于直面"民主""法治"等重大现实问题的也不乏其人，比如李德顺先生、邓晓芒先生等。更重要的是，我国的实践唯物主义是在反思苏联模式教科书体系中发展起来的，其已然和应然的重大实践使

---

[1] 段忠桥："实践唯物主义取向使当前马哲研究陷入困境"，载《中国社会科学报》2015年3月25日。

命是在理论上为改革开放保驾护航。

鉴于马克思主义立足于人类实践生活,对理论本身采取批判态度,各学科应从马克思主义视角来澄明本学科的前提和界限。同时,我们也可以从哲学、经济学和社会学等视角去把握马克思主义在不同学科内的革命意义,但不能将马克思主义还原为传统的哲学、经济学和社会学等单一学科。下面笔者以哲学学科为例,简要说明马克思主义在其中带来的划时代变革。

四、广义哲学视野下的马克思主义

在哲学史上,哲学起初不是一种理论学科,而是一种爱智慧的生活方式。爱智慧并非冷漠地探求与人无关的抽象原则,而是充斥着激情去探明宇宙人生真相,以期使灵魂获得升华或拯救,摆脱世俗生活的困惑和苦恼。"在前苏格拉底希腊人的断简残篇里,到处都显露出一种超乎他们自身的伟大的启示,而他们在透露给世人的也正是这样一种启示。"[1]即便是苏格拉底本人,也是"生为哲学而生,死为哲学而死"[2]。

作为理论学科的哲学是从柏拉图和亚里士多德开始的,他们明确了这门学科的范围,澄清了概念范畴和基本规则,使其具有了理论化和体系化的特征。在亚里士多德那里,哲学被界定为研究"存在之为存在"的学问,与此对照,物理学等则被认为只是截取"存在"之某一部分加以研究。柏拉图和亚里士多德对哲学的这种界定在西方统治了两千多年,直到德国古典哲学的集大成者黑格尔那里,他仍然认为哲学的目的和任务就是认识理念,"以思想、普遍者为内容,而内容就是整个的存在"[3]。

黑格尔死后情况发生了变化,西方现当代哲学普遍反对"把存在当作独立于人以外的概念来加以追求"[4],转而关注人的现实存在,要求哲学

---

[1] [美]威廉·巴雷特:《非理性的人——存在主义哲学研究》,段德智译,上海译文出版社1992年版,第5页。
[2] [美]威廉·巴雷特:《非理性的人——存在主义哲学研究》,段德智译,上海译文出版社1992年版,第5页。
[3] [德]黑格尔:《哲学史讲演录》(第1卷),贺麟等译,商务印书馆1959年版,第93页。
[4] 张世英:《哲学导论》(第3版),北京大学出版社2016年版,导言,第7页。

回归日常生活世界。胡塞尔、维特根斯坦（Ludwig Wittgenstein）、哈贝马斯（Jürgen Habermas）、罗蒂（Richard Rorty）等哲学家都从不同侧面明确批判了传统的概念形而上学，力图确立属人世界的实在地位。

在《哲学导论》中，张世英先生认为上述对哲学的三种界定，"第一种界定尚无哲学之名，第三种界定叫作'后哲学'，但我们仍然可以广义地把这三者统称为哲学的三种不同的界定。这三种界定都是关于包括人在内的世界整体的最大最高的普遍性问题，都是广义的哲学"[1]。可见，马克思和恩格斯拒斥的哲学是就第二种界定而言的。从这种概念哲学的狭隘视野出发，马克思主义当然也不再是哲学了。从广义哲学视野来看，马克思主义则符合对哲学的第三种界定，开西方现当代哲学之先河。但是在对人的现实存在的具体理解方面，马克思主义又与各种西方现当代哲学颇为不同。因此，要走进马克思主义，不仅要将其与西方传统哲学划清界限，还要与各种西方现当代哲学区别开来。我们试从哲学学科的三大基础问题出发，谈谈马克思主义的独到之见。

第一，在存在论问题上，马克思主义主张实践论。所谓"存在论问题，即关于世界的存在的问题：什么是存在和非存在？什么存在着？怎样存在？"[2]在不少学者看来，存在论和本体论是一回事，二者都是英文 ontology 的汉译名称。但现当代哲学普遍反对非人本体的实在性，而要确立属人世界的实在性；继续将探讨实在问题的哲学分支学科称为本体论，至少在汉语中容易造成歧义和误解，比如将之与宇宙论相混淆。为此，我们赞同将 ontology 译为存在论，[3]作为哲学分支学科名称，而将本体论（古希腊哲学）、生成论（中国传统哲学）、实践论（马克思主义哲学）等作为存在论的特定形态。[4]在西方理性主义传统中，实在是相对于表象的隐

---

〔1〕 张世英：《哲学导论》（第3版），北京大学出版社2016年版，导言第7~8页。
〔2〕 李德顺主编：《哲学概论》（第2版），中国人民大学出版社2019年版，第38页。
〔3〕 参见杨学功、李德顺："马克思哲学与存在论问题"，载《江海学刊》2003年第1期。
〔4〕 存在论的不同形态对应着不同的思维方式，实践论的思维方式也即高清海先生所谓"实践观点的思维方式"，它超越了本体论的思维方式、意识论的思维方式、人本学的思维方式等。参见高清海：《哲学与主体自我意识——论马克思实践观点的思维方式》，北京师范大学出版社2017年版，序言第5页。

蔽而真实的普遍者，只能经由理性而非感性来把握。在黑格尔哲学中，最高的实在就是无限的绝对精神。费尔巴哈则批评黑格尔颠倒了思维和存在的关系，转而以有限的对象性存在代替无限的绝对存在作为哲学的出发点和归宿。在他看来，无限的东西都是出于思维的虚构，缺乏感性直观的基础；唯有人与人、人与自然的交互性共在，才是在感性中能够直接肯定的存在。马克思进一步指出，这种对象性存在并不是费尔巴哈理解的静态结构性存在，而是通过实践即人类的感性对象性活动现实地关联起来的动态的历史性存在。与西方传统存在论相比，马克思主义不再关注超感性的形而上学实体，而是关注现实的人的实践生活世界。与其他现当代哲学的存在论相比，马克思主义超越了人本主义和科学主义的二元对立，一方面注重研究人类历史发展的规律和趋势，另一方面始终坚持理论和实践、逻辑与历史的统一，充分肯定现实的历史主体的能动性和创造性。

第二，在意识论问题上，马克思主义主张辩证法。所谓"意识论问题，即关于人对存在的把握的问题：人是否能够以及如何在头脑（理性和感性）中把握存在？"[1]意识论也即广义的认识论。既然真正的实在是一种动态的历史性存在，那么无论是单纯地通过理性思维还是感性直观，都不能完整全面地把握这种存在。如果认识对象不是给定的与人无关的形而上学实体，而是在人类主体参与下建构出来的变化着的实践客体，那么孤立的、静止的、片面的形而上学思维方式就必须由联系的、发展的、全面的辩证法思维方式所扬弃。马克思主义的辩证法作为社会自我对自身的历史、自身的实践本质或感性对象性本质的意识方式，不同于黑格尔所谓绝对精神的自我运动和自我意识，但它也不是单纯的形式方法，而是建基于其存在论即实践论（实践唯物主义、辩证唯物主义、广义的历史唯物主义）之上的。从某种意义上说，"马克思的辩证法也就是唯物史观"。[2]广义的唯物史观或历史唯物主义，也就是马克思主义的存在论，它统摄和决定着马克思主义的意识论和价值论的内容和形式。当然，辩证法的总体

---

[1] 李德顺主编：《哲学概论》（第2版），中国人民大学出版社2019年版，第38页。
[2] 吴晓明："辩证法的本体论基础：黑格尔与马克思"，载《哲学研究》2018年第10期。

性认识是以感性直观和理性思维的片段性认识为基础的，这种片段性认识越深刻和丰富，最终的总体性认识就越准确和全面。与西方传统意识论相比，马克思主义不再偏重理性却割裂其与感性的联系，而是将理性认识牢固建立在感性直观的基础上，并使二者在实践中不断相互印证和发展。与其他现当代哲学的意识论相比，马克思主义反对狭义的意识界定，坚持认知、情感和意志在实践中的统一。

第三，在价值论问题上，马克思主义主张现实的人道主义。所谓"价值论问题，即关于存在及其把握与人的关系的问题：世界万物的存在及其意识对于人的意义如何？"[1]一切价值论都依赖于其存在论基础和意识论自觉。在以柏拉图主义为代表的西方形而上学传统中，一切价值和真理一道，最终都被归结到超感性的实体那里。在犹太—基督教传统中，彼岸的上帝被视为一切价值和真理的根源。但是从中世纪末期，特别从文艺复兴以来，人类的主体性开始觉醒，在存在论上凸显了人"万物之灵"的地位，在意识论上自我意识取代对象意识成为中心，在价值论上则发生了从神道主义向人道主义的转变。早在14至16世纪，彼特拉克（Francesco Petrarca）、但丁（Dante Alighieri）、薄伽丘（Giovanni Boccaccio）等人就曾为人的尊严和价值而呐喊，17至18世纪的启蒙运动思想家进一步提炼出"自由、平等、博爱"等核心价值观念。然而在资本主义私有制下，普遍的自由、平等、博爱是不可能的。譬如，"个人自由只是对那些在统治阶级范围内发展的个人来说是存在的，他们之所以有个人自由，只是因为他们是这一阶级的个人"。[2]资产阶级人道主义的局限性就在于离开现实的社会关系去抽象地理解人，因而只能是一种抽象的人道主义，这一点恰恰被许多西方现当代哲学家无批判地继承了。唯有在唯物史观和剩余价值学说基础上发展成熟的人道主义，才是现实的社会主义的人道主义。与西方传统价值论相比，马克思主义超越了柏拉图以来以非人实体为本，将价值引向超感性世界的价值客观主义，确立了现实的人的价值主体地位。与其他现当代哲学

---

[1] 李德顺主编：《哲学概论》（第2版），中国人民大学出版社2019年版，第38页。
[2] 《马克思恩格斯文集》（第1卷），人民出版社2009年版，第571页。

的价值论相比,马克思主义反对抽象人性论,又超越了迈农等人将价值引向内在心理世界的价值主观主义,确立了理论和实践相统一的共产主义价值理想。

总之,马克思主义一方面推翻了柏拉图以来的西方传统哲学,另一方面又建成了现当代哲学的一座高峰。

(原载《马克思主义哲学论丛》2020年第1辑)

从人的本质到人的价值
——马克思关于人的学说的一个关键问题

人的本质是什么？人生何以有价值？这类问题貌似玄远，不切实际，但就像古希腊"斯芬克斯之谜"的故事所昭示的，人若无自知之明，就有被毁灭的危险。翻开中外哲学史，我们看到令许多贤哲永垂不朽的，正是他们在此谜题上做出的卓越贡献。马克思曾被誉为千年来最伟大的思想家，也可以说，归根到底是由于他将关于人的本质和价值的认识推进到前所未有的高度。可惜的是，由于马克思未及写出系统、完整的专门哲学著作，后来在错综复杂的国际政治背景下，国内外许多学人对此不仅未能充分注意并理解，反而将马克思关于人的本质和关于人的价值的学说割裂开来，多有错读甚至颠倒。

有什么样的人的本质理论，就有什么样的人的价值理论。在马克思的实践唯物主义中，人的本质和人的价值之间有一个从"实然"向"应然"的逻辑过渡。这一过渡的根据和基础，是人的社会性存在和主体性地位。人的本质与人的价值的高度统一，就在于人的生存发展即社会实践的现实性和全面性。因之，马克思关于人的学说，既体现了唯物史观的科学原则，又弘扬了高尚的人道主义精神。

一、人的本质与人的存在

谈到人的本质问题，不能不提苏格拉底。这位哲学史上的"众师之师"坚信"不经考查的生活是不值得过的"〔1〕。本质是相对于现象而言的。对人生加以反省,从根本上也就是要运用理性的批判,透过人的现象达到人的本质。在经验层面,每个人都有对人的现象的认识。这些现象性认识往往是具体的、特殊的,不具有普遍性。只有通过理性反思,扬弃人的现象的多样性,找出人的相对稳定的深层特性,才能说明人的本质,并将人从万物中凸显出来。

从哲学史上看,对人的本质之谜的解答,固然超出了纯粹现象描述的随意性,但也仍然是见仁见智,很难达成共识。尽管很早就出现过一些极富洞见的思想,如亚里士多德认为"人类在本性上……是一个政治动物"〔2〕;荀子认为"人有气、有生、有知亦且有义,故最为天下贵也"(《荀子·王制》)。这些思想对人的本质有许多天才猜测,在东西方影响深远,其相应的价值观也曾主导着许多人的生活方式,但都属于前现代的形而上学观点,与全面揭示人的本质和价值的马克思学说之间,还有一个转折和过渡的阶段。

这个过渡阶段在哲学上的标志是知识论的兴起。受到近代自然科学突飞猛进的鼓舞,人们开始以自我意识为标准,运用理性审视一切自古相传的知识。以笛卡尔为代表的唯理论者信奉"怀疑一切"的原则,将凡是不够"清晰、明白"的知识都判定为无效。于是,此前关于人的本质的一切说法都受到了根本性质疑。结果是,经受住理性反思且使之得以可能的"自我意识",被许多人当作人的直接存在和人的本质。青年马克思也不例外。他在博士论文的准备材料中说:"对神的存在的证明不外是对人的本质的自我意识存在的证明,对自我意识存在的逻辑说明。例如,本体论的证明。当我们思索存在的时候,什么存在是直接的呢?自我意识。"〔3〕的确,当我们怀疑一切的时候,唯有自我意识本身的存在是"清晰、明白"的。

然而这里却不能回避两个根本性问题:一个是自我意识与外部世界万

---

〔1〕 [古希腊]柏拉图:《柏拉图对话集》,王太庆译,商务印书馆2004年版,第50页。
〔2〕 [古希腊]亚里士多德:《政治学》,吴寿彭译,商务印书馆1965年版,第7页。
〔3〕 《马克思恩格斯全集》(第1卷),人民出版社1995年版,第101页。

事万物的关系问题；另一个是自我意识与它的现实主体即人的关系问题。这两大问题都涉及近代哲学的基本问题——思维和存在的关系。人们过去对哲学基本问题的理解，多半只把注意力放在前一个问题上，而对后一个问题有所忽视。后一个问题的实质，是要从根本上理解人自身的思维与存在的关系。例如，人之区别于其他一切事物包括动物的存在，是否只在于人的头脑？而人的头脑，是否仅仅作为人的精神寄存于其中的物质外壳？人的头脑与人的躯体作为一个生命的整体，是否再无与动物不同的其他独立的意义？进而言之，自我意识是否就等于自我意识者本身，自我意识是否就是人的全部本质？当思考超出唯心主义的独断，从承认人的生命具有客观物质性走向对人的唯物主义解释时，这个问题就显现出来了。不过，若仅局限于"心—身""灵—肉"二分法的解释，将人的"心""灵"的来源无论溯至外部对象，还是归结于"身""肉"的自我派生，都是难以自圆其说的。真正抓住这个问题并给予前所未有的创造性解答的，是马克思。

激发马克思破开此理论死结的人是费尔巴哈。马克思在与青年黑格尔派渐行渐远时，费尔巴哈曾给予他重大启示。费尔巴哈正确地看到，虽然自我意识哲学有效廓清了基督教神学的迷雾，但它割裂人的意识与人的现实存在，又钻入了思辨哲学的死胡同。自我意识在理论上仿佛孤悬在虚无之中，现实的人却与万事万物打成一片。费尔巴哈认为自然和人才具有基础实在性，人是自然界的一员，思维则是人脑反映感性存在的机能，未来哲学必须回到自然和人，把神学和思辨哲学转化为人本学。然而，费尔巴哈终究只是停留于对人的自然存在和本性的解释上，未能进一步达到对人的社会存在与本性的深入把握，他"想要研究跟思想客体确实不同的感性客体，但是他没有把人的活动本身理解为对象性的活动"。[1]因此，费尔巴哈所谓以自然为基础的"现实的人"，其实并不现实，最终只是生物学意义上的抽象的人。在费尔巴哈那里，人除了有不知来自何处的类本质以外，还不能从根本上区别于其他动物。而在现实中，人的真正特性在于人

---

[1]《马克思恩格斯文集》（第1卷），人民出版社2009年版，第499页。

的生命始终具有历史的、文化的特征，人是社会历史的动物。要真正理解人与一般动物的根本区别，必须进一步理解人在现实存在中所表现出来的社会性、历史性。

在费尔巴哈的人本学唯物主义成果的基础上，马克思在《1844年经济学哲学手稿》中首先从揭示人的自觉活动与动物本能活动的根本差异入手，肯定了"自由的有意识的活动恰恰就是人的类特性"[1]；进而在《德意志意识形态》中更具体地指出："可以根据意识、宗教或随便别的什么来区别人和动物。一旦人开始生产自己的生活资料，即迈出由他们的肉体组织所决定的这一步的时候，人本身就开始把自己和动物区别开来。人们生产自己的生活资料，同时间接地生产着自己的物质生活本身。"[2]正是人自己生产自己的物质生活这一点，自我确证了人类特有而不同于动物的生命存在形式。

一方面，物质生产劳动显示出人类活动具有高度的对象意识和自我意识特征。"动物和自己的生命活动是直接同一的。它就是自己的生命活动。人则使自己的生命活动本身变成自己意志的和自己意识的对象。他具有有意识的生命活动。这不是人与之直接融为一体的那种规定性。有意识的生命活动把人同动物的生命活动直接区别开来。正是由于这一点，人才是类存在物……他的活动才是自由的活动。"[3]具体而言，"通过实践创造对象世界，改造无机界，人证明自己是有意识的类存在物"。[4]由于人可以在意识中将自己与自己的活动相区别，使他的生活成为他可认识、可改造的对象，就使人的"自由的有意识的活动"具有了完整的现实形态，成为一个不断变动着的历史过程。

另一方面，就活动的内在根据来说，人与动物有着根本不同的尺度。"动物只是按照它所属的那个种的尺度和需要来构造，而人却懂得按照任何一个种的尺度来进行生产，并且懂得处处都把固有的尺度运用于对象；

---

[1]《马克思恩格斯文集》（第1卷），人民出版社2009年版，第162页。
[2]《马克思恩格斯文集》（第1卷），人民出版社2009年版，第519页。
[3]《马克思恩格斯文集》（第1卷），人民出版社2009年版，第162页。
[4]《马克思恩格斯文集》（第1卷），人民出版社2009年版，第162页。

因此，人也按照美的规律来构造。"[1]人类活动中内在地具有的"两个尺度"，即决定于人的本质力量的性质的主体尺度和决定于对象的性质的客体尺度，实际上客观地决定了人类活动所特有的"自由自觉"的性质，奠定了它的基础，同时也规定了"自由自觉"的内涵与范围。"用两个尺度及其统一的观点来分析人类的实践和认识，就能够很明确地看到，主客体相互作用的内容，必然是一个不断实现'客体主体化'和'主体客体化'的过程。"[2]

在通过人的活动即现实存在方式来把握人的"类特性"的基础上，马克思提升了关于人的本质问题的思考境界。他不满足于用人的"类特性"来说明人的本质，也未把由此得出的任何结论宣布为人的本质的"定义"。马克思所采用的辩证方法，最反对把概念凝固在僵死的定义之中，而始终强调要通过概念的逻辑和历史的形成过程去把握概念，一切理论范畴"充其量不过是从对人类历史发展的考察中抽象出来的最一般的结果的概括。这些抽象本身离开了现实的历史就没有任何价值"[3]。费尔巴哈的局限性或失误，就在于他脱离现实和历史，用抽象的、孤立的思维方式，把人的本质理解成单个人所固有的抽象物。由于他"撇开历史的进程，把宗教感情固定为独立的东西，并假定有一种抽象的——孤立的——人的个体。……因此，本质只能被理解为'类'，理解为一种内在的、无声的、把许多个人自然地联系起来的普遍性。……费尔巴哈没有看到，'宗教感情'本身是社会的产物，而他所分析的抽象的个人，是属于一定的社会形式的"[4]。没有深具历史感的实践观点作为基础，无论类本质还是类特性都是抽象的。

在马克思那里，所谓人的本质无非是指人的现实的、历史的存在方式。对其加以追问，并不是想获得一个形而上学的实体性定义。被很多人误解成是马克思关于人的本质的定义的说法——"人的本质不是单个人所

---

[1]《马克思恩格斯文集》(第1卷)，人民出版社2009年版，第163页。
[2] 李德顺：《价值论：一种主体性的研究》(第3版)，中国人民大学出版社2020年版，第50页。
[3]《马克思恩格斯文集》(第1卷)，人民出版社2009年版，第526页。
[4]《马克思恩格斯文集》(第1卷)，人民出版社2009年版，第501页。

固有的抽象物，在其现实性上，它是一切社会关系的总和"[1]，其实并不是一个定义，而是一种方法论的表述，指出了一条了解人的现实本质的路径。言下之意是，现实的个人或人类群体的本质如何，并不在于人们的头脑即意识，而在于人们的社会存在；这种社会存在，则是由人们生存所联系的具体的、历史的社会关系的总和造成的。因此理解人的本质的根本方法，在于从现实的、历史的人出发去把握其兼有特殊性和普遍性的社会存在，而不是某种神秘的、形而上学的纯粹普遍性。

在马克思看来，实践是人所特有的生命活动，人在实践中确证自身的本质力量，在满足旧需要的同时产生新需要，在改造自然界的同时改造自身。然而，实践并不是一个孤立的抽象，而是具体的人与人之间实行社会结合的基础和形式。人之区别于其他一切生命形态的特殊本质，就在于人的社会存在。人是作为社会关系的主体，并通过与他人的社会关系而存在的。人所创造和承担的全部社会关系体现人的本质，并决定了人的具体特性。劳动在使猿进化成人的时候，已使人成为社会存在，再也离不开社会关系了。在动物世界中侥幸存活的"狼孩"等，虽然在生物学意义上是人，却很难成为具备一定社会文化特征的完整意义的人类。现实的人总是具体的、社会的个人。具体的个人永远处于一定共同体之内，通过重重社会关系实现自我定位。譬如，家庭、市民社会、国家等都是人的社会存在方式，可以"看作人的本质的实现，看作人的本质的客体化，……表现为主体所固有的特质"。[2]尽管人必定会在一定程度上重构这些关系，却绝无可能完全截断它们。即使是荒岛上鲁滨逊式的生活，他思维的语言、劳动的经验，也都是社会化产物，是他来自文明世界的无声见证。因此，要透过各种现象把握人的本质，必须从人的社会存在、社会实践入手，从"一切社会关系的总和"中考察和揭示具体的、历史发展着的人的特性，动态地把握人的现实本质。否则，既不能了解个人，也不能了解社会和历史。

---

[1]《马克思恩格斯文集》（第1卷），人民出版社2009年版，第501页。
[2]《马克思恩格斯全集》（第3卷），人民出版社2002年版，第52页。

从"人的类特性是自由自觉的活动"到"人的现实本质是一切社会关系的总和",意味着人的本质并不在于某种一成不变的抽象规定性和单一化的模式,而在于人本身的具体的历史的存在和活动,需要进行具体的历史的考察和分析。一方面,人类面对自然界表现为从事实践活动的众多具体现实的主体,他们结成一定的社会关系并不断改变这些关系。这样就否定了从观念出发的唯心史观,也否定了从旧唯物主义出发的机械决定论。另一方面,人类也要面对自身的存在条件和方式所具有的历史局限性。在资本主义私有制下,广大劳动人民受困于异化劳动,不合理的社会关系成为每个人自由自觉活动的桎梏。"人(工人)只有在运用自己的动物机能——吃、喝、生殖,至多还有居住、修饰等等——的时候,才觉得自己在自由活动,而在运用人的机能时,觉得自己只不过是动物。"[1]只要统治阶级还垄断着生产资料,使被统治阶级只能出卖劳动力谋生,大多数人在大多数时间就只能像动物一样卑微地活着,而人能意识到自己的生存境遇,较之动物有时更为不堪。人的本质决定了人必须不断建构和完善自己的现实存在方式,朝着推翻一切奴役人、压迫人的社会关系,最终实现每个人的自由和全面发展的方向前进。

二、人的社会关系与人的价值

人的本质与存在的社会现实性,不仅是理解一切价值的主体性尺度的根据,也是深入理解人的价值的现实形态的关键。

要说明人的价值,先要澄清价值本身的涵义。在形而上学思维方式占主导地位的时代,价值要么被看作对象在人那里获得的主观认同度,要么被理解为与人无关的客观实在。根据李德顺先生在《价值论》中的总结,有三种误读最具代表性:第一种可被称为价值的"观念说",即把价值混同于人的旨趣、情感、意向和观念方面的感受状态,颠倒了人类生活实践中主观态度与客观过程的关系,走向了价值相对主义和主观主义。第二种可被称为价值的"实体说",即将价值的一般抽象当成某种超感性的实体

---

[1]《马克思恩格斯文集》(第1卷),人民出版社2009年版,第160页。

的观念，走向了价值绝对主义和神秘主义。第三种可被称为价值的"属性说"，即把价值当作某些事物所固有的或在某些情况下发生的特殊属性，走向了一种混淆真理与价值的独断主义。[1]

从马克思的实践唯物主义出发，我们支持一种建基于价值"关系说"之上的价值"实践说"。在它看来，价值不是外在于人类生存发展活动的某种先验的、神秘的现象，它产生于人按照自己的尺度去认识和改造世界的活动。价值是实践关系中主体内在的元价值与客体相对主体的具体价值的统一。

就主体内在的元价值（主位价值）而言，它是指人"赋予物以价值的主体性价值，即他的价值属于创造价值的价值、属于价值原的价值。在价值原这一意义上，我们理应把主体价值看做一切价值中的最高价值，贯穿在一切相对价值性中的绝对价值；把人看做最高目的，一切存在中最有价值的存在，应当受到最高尊重的存在"。[2]人在实践中意识到自身在感性对象性活动中的主体地位和社会本质，就会产生一种对自身存在和本质予以直接肯定的元价值意识，也即一种超然于万物之上的人文主义自豪感，并现实地表现为人在与自然或与他人的现实关系中的权利和责任意识。

就客体相对的具体价值（客位价值）而言，它可以被理解和规定为主客体相互关系的一种特定的质态——以主体尺度为尺度的主客体统一质态。无论何时何地提到某一实践客体的具体价值问题，都要注意其中具体的主客体关系，即"什么（客体）对谁（主体）的何种类型、何种程度的价值"，对此加以具体的分析和界定。就此而言，"价值是一种关系的概念，就像婚姻一样"。[3]更确切地说，这种具体"'价值'是对主客体相互关系的一种主体性描述，它代表着客体主体化过程的性质和程度，即客体的存在、属性和合乎规律的变化与主体尺度相一致、相符合或相接近的

---

[1] 参见李德顺：《价值论：一种主体性的研究》（第3版），中国人民大学出版社2020年版，第27~28页。

[2] 高清海主编：《马克思主义哲学基础》（下册），北京师范大学出版社2012年版，第44页。

[3] ［阿根廷］方迪启：《价值是什么？——价值学导论》，李普英、黄藿译，联经出版事业公司1986年版，第118页。

性质和程度"[1]。离开具体的实践关系抽象地谈论某事物的价值，往往是个未达主体性自觉的假问题。

对于人的价值，我们也不妨从主位价值和客位价值两个层次加以分析。就主位价值而言，人的价值是指人在实践关系中对自身作为类超拔于万物的主体地位及其生存与发展理想的直接肯定。这在古代只是少数个体的先知先觉，在近现代则是时代精神在价值观领域的一般表现。就客位价值而言，人的价值是指客体人的存在和行为在社会关系中对于多元多层主体人的生存和发展的各种具体意义。这种意义并不限于狭义的功利价值，也可以是道德的、审美的，但只要不将客体人和主体人理解为同一个共同体主体，人作为客体对于诸主体的价值就只能是一种外在的、相对的工具性价值。

人在很多时候以自身和他人为自己目的的工具，这在人类生存和发展过程中是一种基本的社会历史现实，与康德所谓"人是目的"的人道主义理想并不是非此即彼的。在不同历史情境中考察"人怎样以人为工具""人以人为什么样的工具"等问题，恰恰是了解一定社会群体的现实人道主义水准的具体路径。

在现实中，这里无论作为客体还是主体的人，都是多样化、多层次的。具体到每一个现实的人（群体），他作为客体都一般地表现出两种外在价值："一种是，他作为一定社会主体（人类、社会、群体、他人）的价值客体，这时他所表现出的价值可以叫作'人的社会价值'，即个别人（群体）对社会主体尺度的符合；另一种是，他把自己的行为作为自己的对象即客体，在自己的需要和行为之间构成主客体关系，在这种情况下，他的价值可以叫作'人的自我价值'，即人的行为对自身需要的满足。"[2]具体地探讨人的外在价值问题，必须立足于人的现实本质，先明确价值的客体和主体，再根据主客体之间的具体关系分辨人对人的多样化价值，尤其是

---

[1] 李德顺：《价值论：一种主体性的研究》（第3版），中国人民大学出版社2020年版，第53页。

[2] 李德顺：《价值论：一种主体性的研究》（第3版），中国人民大学出版社2020年版，第101~102页。

人的自我价值和社会价值。

就人的外在价值而言,以实现人的社会价值为由,否认或忽视人的自我价值,是过去学者们在人的价值问题上一个普遍的误区。个人只有在社会化过程中与他人合作互利,才有望满足自身需要,人的社会价值与自我价值通常是统一而非对立的。在人类整体这个层次上,人类只能靠自己来实现自己的生存和发展,可见对于"人类"来说,他的"人的价值"只有一种,即他的自我价值,此外不存在他对于"人类"以外的"他人"或"社会"的价值。但是在存在阶级分化的社会历史生活中,实际情形非常复杂。在马克思笔下,工人从自己美轮美奂的产品中看到的竟是被侮辱与被损害的自己。在现实社会中,人的自我价值和社会价值常常被割裂,甚至对立起来。个人往往沦为某种虚假共同体的附属物、工具,而不是它们的主体;似乎个人的自我价值并不意味着人要对自己负责,却意味着向社会索取,因而是其社会价值的反向和负值。在这种历史条件及其观念中,人的自我价值便成了人的价值中的异物,而不是人的价值体系中一个基本的要素和核心;人也就没有了独立地自我实现、自我发展的必要和权利,更没有要求社会为个人提供公平合理服务的资格。这种观念显然与马克思关于"人的解放"的理想背道而驰。

因此,马克思从纠正个人与集体、社会的关系的认识入手,揭示了集体、社会的真实性与虚假性的界限。他在《德意志意识形态》中指出:"从前各个人联合而成的虚假的共同体,总是相对于各个人而独立的;由于这种共同体是一个阶级反对另一个阶级的联合,因此对于被统治的阶级来说,它不仅是完全虚幻的共同体,而且是新的桎梏。"[1]马克思的这一观点继承和深化了近代人类思想解放的成果。文艺复兴以前,传统的政教合一的意识形态禁止人们对人生的理性反思,使人们普遍将自己视作家族、教会等集体的附属物,将人生的价值主要归结为对某一集体的贡献。这种价值的实现往往被神化为遵奉神意,而以扼杀人的正常欲望为代价,带给人们无限苦痛。文艺复兴以来,人类迎来了思想的大解放。正如瑞士

---

[1]《马克思恩格斯文集》(第1卷),人民出版社2009年版,第571页。

历史学家布克哈特所说，过去"人类只是作为一个种族、民族、党派、家族或社团的一员——只是通过某些一般的范畴，而意识到自己。在意大利，这层纱幕最先烟消云散；对于国家和这个世界上的一切事物做客观的处理和考虑成为可能的了。同时，主观方面也相应地强调表现了它自己；人成了精神的个体，并且也这样来认识自己"。[1]人的价值是人的本质的现实展现。人的本质发展到什么程度，人的现实价值就展现到什么程度，其中尤以人的个体独立为关节点。资本主义兴起之后，传统的家族和行会纷纷解体，人类个体意识普遍觉醒，现代人终于不再相信任何类型的圣王统治，否定一切以替天行道为名获取政治权威的合法性。取代上帝律令的是社会契约，在洛克、卢梭等启蒙学者眼中，生而自由的个人应平等地订立社会契约，通过法治落实民主，使社会进步和个人发展统一起来。

毋庸置疑，用社会契约论扬弃君权神授论，用法律的权威扬弃君主的权威，是人类历史上划时代的进步。但是在马克思看来，由于资本主义私有制带来新的阶级分化，名义上的民主法治国对于广大无产阶级来说，仍然是虚幻的共同体。在这样的制度下，无产者的自我价值与社会价值注定无法统一地实现。在资本主义生产过程中，不可能避免统治者不劳而获、被统治者劳而不获的主导命运。无产者为人作嫁的异化劳动主要对资本家构成价值，因其不能从根本上满足自身需要，也就难以实现合乎人的尊严的自我价值。价值领域的困境对应着人的本质的畸形发展，只要人的现实本质和理想化的类本质还相矛盾，不合理的社会关系还阻碍着人的自由和全面发展，人的自我价值和社会价值就不可能统一地实现。只有通过无产阶级革命和社会主义建设，打破资本家和特权集团的政治、经济垄断，用最民主、最公正的方式重新分配（从按劳分配到按需分配）一切资源，用自由的分工和劳动扬弃强迫分工和异化劳动，人类社会才有望建成真实的共同体即自由人联合体，使每个人的自由发展成为一切人自由发展的条件。那时个人不再陷入势同水火的阶级对立，每一个人都成为社会的真实

---

[1] [瑞士]雅各布·布克哈特：《意大利文艺复兴时期的文化》，何新译，商务印书馆1979年版，第125页。

的主人,由个人需要交汇成社会需要,使社会发展表现为每一个人的发展。那时社会价值无非是无数自我价值的集成。因此,所谓共产主义,也可以说是使人的自我价值和社会价值走向高度统一的自觉事业。

三、以人为本的实然和应然

从认识人的本质到实现人的价值,都离不开以人为本。对此,我们可以从实然和应然两个方面深入解读,领会它所含有的理论和现实意义。

从存在论方面说,以人为本是人类社会存在的一种必然性的实然。社会生活及其发展本质上是人的生存和发展,人的世界就是以人为本的世界。以人为本意味着不是以神为本、以物为本,即使就后两者而言,又是谁来以神或物为本呢?当然还是人自己。所谓以神为本、以物为本中的神或物,当我们破除了种种迷信和假象之后,不难发现它们或其他任何被人们迷恋追逐的东西,其实只是人的不同方面的需要、能力的对象化客体。所以,历来各种不同的以神为本、以物为本,在历史唯物主义视野下其共同本质都是以人为本。它们在现象上的区别,仅在于以不同的人为根据,或以人的不同层次的需要或能力为根据。人类社会的生存和发展,从来就是人自身本质的不断丰富和完善。人类从以非人的神、物为本,到以人间的强势群体为本,再发展到以全体人民为本;从以实现人的某些片面需求为目的,到逐渐走向以社会和自然相互谐调、人的自由和全面发展为目标,都一再揭示了以人为本是人类历史的一个实然和必然的事实。

从价值论方面说,以人为本意味着一切价值都是人的价值。人是一切价值的主体,是一切价值产生的根据、标准和归宿,是价值的实现者和享有者,任何事物的任何价值都是对于人的价值。人以自身的生存和发展为目的,又以自身的劳动和创造为手段。无论是为我的自我价值的实现,还是为他的社会价值的实现,其实质都是人通过创造包括自身在内的"产品"对不同层次主体人(自我、社会)的现实需要的满足、自由和全面发展的人格的达成,归根到底是包含具体实践关系中的主体人、客体人于其中的更高一级主体人内在的元价值的实现。因此,马克思主义所谓以人为本,不是形而上学思维方式下哲学家们的美好愿望或神秘体验,而是实践观点下主体追求理想化的类本质，追求真实共同体，追求每个人的自由和全面发展过程中对自身现实的权利和责任的自觉。

以人为本包含了存在论与价值论统一的视角，包含了对人的本质和人的价值统一的理解，也包含了遵循社会发展规律与促进每个人的自由和全面发展的高度统一、实现人的自我价值和社会价值的高度统一的自觉追求。若不懂得这种深刻的理论内涵，则容易导致社会生活中类似唯意志论和宿命论的两种偏向。

一种类似唯意志论的偏向，是将人的价值追求加以片面地夸大，使之绝对化，以至于认为只要从人们的美好意愿出发，通过文化乃至人的灵魂深处的不断革命，充分发挥人的能动作用，就能满足人的一切现实需要，完整地体现以人为本。它特别强调"彻底"改造上层建筑以带动经济发展。这种倾向把以人为本混同于以人们的主观意愿为本，显然不懂得人的社会存在的历史条件性，难免导致实践中的急功近利和短期化行为，其最终危害的仍旧是人自己。

另一种类似宿命论的偏向，是将生产力对社会发展的决定作用加以片面夸大，使之绝对化，以至于认为只要万众一心发展生产力，必然会带动生产关系乃至整个人类文明进步发展。这种倾向把人的无限多样的价值追求都当成工具和手段，将生产力置于人的主体权利和责任之上，成为异己的统治力量。由于迷信机械的生产力决定论，罔顾人的多层次现实需要和对美好生活的多维度向往，实际上取消了人民的主体地位，难免再度使人深陷异化劳动，降格到没有尊严的动物式生存境遇。这同样是对以人为本的否定。

吊诡的是，有这两种错误倾向的人们，在价值观上却常常惊人一致地主张"大公无私"，从来不提或很少提现实的人的需要。似乎人人都应将自己打包奉献给"社会"，一旦提出自己有满足正当需要的权利，就是被资产阶级个人主义思想腐蚀。依照这种道德理想主义的逻辑，人民势必重又陷入空有义务而无权利的困境。必须指出，若不能准确、全面地领会以人为本，一味抛开人的物质和精神需要不提，抛开人的自由和全面发展不提，只是居高临下地教导人"大公无私"，绝不是马克思主义的理论和实践逻辑。若离开了实践观点，离开了以人为本，将人的权利和责任割裂开来，无论是宣扬"一毛不拔"，还是鼓吹"舍生取义"，都与马克思主义背道而驰。类似唯意志论和宿命论的以上两种思想偏向，即使表面上也谈到以人为本，实际上都是从抽象的人甚至非人的东西出发的，而无视现实的人的具体权利、责任及其历史条件。正确地贯彻以人为本，则要从现实的人出发，在深刻认识历史发展的一般规律和趋势的前提下，承认和尊重主体在具体实践中的权利和责任，让人们在实现社会价值与自我价值的过程中，不断地改造社会，完善自己，走向自由和全面发展的崭新境界。

（原载《马克思主义关于人的学说》，人民出版社 2011 年版）

高清海与当代中国价值哲学研究

高清海先生对于我国马克思主义哲学界的影响是根本性的,也是全局性的。学界广泛注意到他对苏联模式马克思主义哲学体系的深刻反思,对中国特色新体系教科书卓有成绩的探索,以及他晚年独树一帜地提出"类哲学"的概念,主张创建兼有民族性、时代性和人类性的当代中国哲学。一些学者还注意到高清海哲学与当代中国价值哲学研究的关系问题,特别提到类哲学对于价值哲学研究的意义。譬如,王南湜先生接受了孙伯鍨先生在分析《1844 年经济学哲学手稿》时提出的"双重逻辑"观点,进而认为科学逻辑与人本逻辑在马克思思想中始终存在,只是在后期著作中,二者尽管互为前提,却是各成体系的,马克思对科学逻辑的揭示较为彻底,对人本逻辑的揭示则较为零散;高清海的类哲学发展和完善了马克思哲学中人本逻辑这一面,"有可能为近几十年在中国兴起的价值论或价值哲学提供一个全新的理论基础"。[1] 在王南湜看来,"价值论无疑当属于'人本逻辑',而非'科学逻辑'。但人们往往囿于单一性的'科学逻辑'的思维方式,而试图将价值论建立在科学逻辑的基础上,从而导致了种种理论上的困难。因而,若是基于'类哲学'所提供的'人本逻辑',则有可能建构起一种新的价值哲学理论来"。[2] 王南湜的观点是很有针对性的,尤其有助于纠正价值哲学研究中的科学主义偏向,揭示、继承和发展马克思哲学中隐含的康德传统,但是他将价值论和类哲学都归入人本逻辑,断

---

[1] 王南湜:"'类哲学':价值世界的理论奠基——高清海先生晚年哲学思考的再理解",载《吉林大学社会科学学报》2015 年第 1 期。

[2] 王南湜:"'类哲学':价值世界的理论奠基——高清海先生晚年哲学思考的再理解",载《吉林大学社会科学学报》2015 年第 1 期。

言"高清海先生以一种康德式的'二元论'去将'能动性'引入哲学理论,以为'价值世界'奠定理论基础",[1]这种"回到康德去"的论调对高清海哲学进行了过度诠释,似已不自觉地偏离马克思的实践观点。在实践观点内部存在着貌似对立的两个逻辑面向,这在本质上是从不同视角出发对人的实践生活进行抽象所致:唯心主义者抽象地强调人的主观能动性,形成人本逻辑;旧唯物主义者抽象地强调事物的客观必然性,形成科学逻辑。实践观点针对的正是科学主义和人本主义的片面逻辑,旨在实现对二者的双向超越。高清海的类哲学和当代中国价值哲学都不能仅仅归结为人本逻辑,其哲学基础仍然是实践的思维方式。如果我们较为系统地考察高清海和当代中国价值哲学研究的关系,这一点将是显而易见的。

一、实践思维:当代中国价值哲学研究的出发点

在苏联模式马克思主义哲学体系中,并没有价值论的合理位置。尽管图加林诺夫等人早在20世纪50、60年代就开展过相关研究,出版了《论生活和文化的价值》《马克思主义中的价值论》等著作,但是,苏联主流学界对此持怀疑态度,许多学者武断地将一切价值哲学研究都归为西方新康德主义的流毒。直到20世纪80年代,价值论在一些苏联哲学辞典中仍然被界定为唯心主义的资产阶级哲学理论。苏联主流学界的判断标准并不仅仅出于政治上的捕风捉影,更重要的是,他们的马克思主义哲学体系和思维方式陈旧落后,根本无法容纳价值问题。"传统的马克思主义哲学体系有一个以认知主义为背景的思维方式和概念系统,含有明显的'客体至上'、'单向认知'和'知识本位'等倾向,突出地表现为对实践和人的主体性的忽视,而价值问题恰恰要以人的主体地位和作用为核心才能展开研究,因此,旧的哲学思维不能真正理解价值问题。"[2]只有突破苏联马克思主义哲学体系及其思维方式,确立以实践为理论核心的新体系新思

---

[1] 王南湜:"'类哲学':价值世界的理论奠基——高清海先生晚年哲学思考的再理解",载《吉林大学社会科学学报》2015年第1期。
[2] 萧前等:《唯物主义的现代形态——实践唯物主义研究》,中国人民大学出版社2012年版,第442页。

维，价值论才有望在马克思主义哲学中生根发芽，茁壮成长。在这一关乎当代中国价值哲学研究根本的问题上，高清海是最重要的奠基人之一。

有学者认为："中国马克思主义者对马克思主义哲学体系的反思与重建始于20世纪80年代。1985年出版的高清海的《马克思主义哲学基础》，标志着中国马克思主义者开始反思和重建马克思主义哲学体系。"[1]其实，早在20世纪50年代，高清海在《论辩证唯物主义与历史唯物主义的关系》一文中，就已对苏联模式教科书中的二元结构进行过认真反思。1980年冬，他开始准备编写突破苏联模式的新教科书，1982年完成的编写纲要以思维和存在的矛盾开篇，接着分别论述了客体和主体，最后以主客体在实践基础上的统一收束全篇。到了1985年《马克思主义哲学基础》上册出版时，他在绪论中明确指出，马克思主义哲学"把实践的观点提到首要和基本观点的地位……并且把这一原则彻底贯彻到哲学全部内容之中，建立了以实践为基础、与实践内在统一的哲学体系，由此解决了旧哲学不可克服的内在矛盾"。[2]尽管高清海谦称"有些问题虽已认识到，能否贯彻到内容中去还是另一回事"，该书尚不能"完全表达出马克思主义哲学的内在逻辑联系"，[3]但这部教科书的问世不仅在国内引起了强烈反响，在国际上也引起了有关专家的注意，它被公认为中国马克思主义哲学体系改革的里程碑，预示着实践唯物主义[4]思潮的到来。

在《我的学术道路》中，高清海回忆说："需要从'实践观点'去理解马克思的哲学理论，这点到20世纪80年代中期国内许多学者都认识到了，

---

[1] 杨耕主编：《马克思主义哲学体系研究——历史演变与基本问题》（上册），四川人民出版社2019年版，序言第6页。

[2] 高清海主编：《马克思主义哲学基础》（上册），人民出版社1985年年版，第107~108页。

[3] 高清海主编：《马克思主义哲学基础》（上册），人民出版社1985年版，序言第7页。

[4] 高清海力推实践观点，但对于一般唯物论、唯心论背后的传统本体论思维方式十分警惕，因而他反对"实践唯物论""实践本体论"一类提法。高先生的这一见解是深刻的、值得重视的，"实践本体论"的提法多少有些自相矛盾，"实践唯物论"或"实践唯物主义"虽然有一定经典文本根据，但该术语的内在矛盾和张力需要通过实践观点来澄清，才能使其区别于传统本体论，显示出真正含义。参见高清海：《面向未来的马克思》，中央编译出版社2018年版，第186~187页。

但人们对实践的内涵、性质特别是它的意义的理解却是各不相同的。"[1]即使在苏联模式教科书中，诸如"实践是认识的基础和真理的标准"[2]之类提法也很寻常。问题在于，那些大谈特谈各方面"认识"和"真理"的教科书，就其整体结构和精神而言，恰恰是僵化教条的，而不是基于"实践"的，这表明其编著者并不真正了解马克思哲学革命的实质。坚持实践观点，绝不是重复"知行合一""观念付诸实践"之类老生常谈，而是要转换思维方式，将整个哲学安置在全新的根基上。高清海对实践的思维方式的理解深度，代表了这一时期中国马克思主义哲学体系改革的领先水平。

只是在深入研究西方哲学史之后，高清海才重新认识了哲学，也重新认识了马克思。他发现在马克思以前，西方哲学史经历了分别以本体论、认识论和人本学为主导的三大理论阶段，并相应产生了三种基本的哲学思维方式："（1）以直观认识为特征，由脱离人（或融化人）的自然出发，从本原把握事物本性的'存在论'思维方式（自然观点是它的初级形式）；（2）以思辨认识为特征，由脱离自然的人出发，从最高发展形态把握事物本性的'意识论'思维方式；（3）以上二者的简单综合为特征，由抽象的人出发，从意识与存在的机械结合去把握事物本性的'人本学'思维方式。"[3]在论证自然世界和属人世界各自的统一性方面，以往的哲学是很有建树的，但是这两个世界本身如何统一，它们都难以自圆其说。这是由于旧哲学对于两个世界的定位本身，已经先行将二者抽象地割裂开来。马克思在《关于费尔巴哈的提纲》中精辟指出："从前的一切唯物主义（包括费尔巴哈的唯物主义）的主要缺点是：对对象、现实、感性，只是从客体的或者直观的形式去理解，而不是把它们当做感性的人的活动，当做实践去理解，不是从主体方面去理解。因此，和唯物主义相反，唯心主义却

---

[1] 高清海：《面向未来的马克思》，中央编译出版社2018年版，第367页。
[2] 苏联科学院哲学研究所：《马克思主义哲学原理》（上册），中国人民大学出版社编译室译，人民出版社1959年版，第364页。
[3] 高清海：《哲学与主体自我意识——论马克思实践观点的思维方式》，北京师范大学出版社2017年版，序言第5页。

把能动的方面抽象地发展了,当然,唯心主义是不知道现实的、感性的活动本身的。"[1]

在高清海看来,苏联模式教科书的编著者和支持者虽然很熟悉这段话,但是"熟知非真知",他们不仅没有贯彻,甚至没有理解马克思的新思想。"从实践观点看来,哲学关于世界统一性的问题主要并不是回答世界(万物)'是什么'和'怎么样'的知识问题。关于世界的知识的问题在今天科学与哲学已有分工的条件下主要属于科学回答的问题。哲学面对的世界主要不是知识的世界,而是对人关系中的意义性的世界。……这点表现在哲学对象特别是马克思主义哲学对象上面,它绝不是一般地去研究关于世界的'是什么'和'怎么样'的内容,而只能是在对人及其活动的关系中世界是什么和怎么样的内容"[2],而"被抽象地理解的、自为的、被确定为与人分隔开来的自然界,对人来说也是无"[3]。实践观点不同于传统的实体思维,它是一种以人为本的关系思维。这种关系思维实现了对传统的唯物论和唯心论的双重超越,使人与人、人与自然在实践活动中的对象性关系成为哲学存在论[4]的中心,取代了传统本体论中非人实体的地位。如果我们像詹姆逊一样将马克思主义理论也视为一种诠释学,那么"实践"在其中的地位,就有如"欲望"之于弗洛伊德主义、"自由"之于萨特的存在主义,是一种承担终极诠释功能的主导符码。

高清海坦言:"我由'本体论'接受哲学,后来逐渐进到从'认识论'去理解哲学,经过对人——主体的思考阶段,最后方提升到实践论的思维方式。在到达这一最高点时,顿有豁然开朗之感。"[5]实践思维代表

---

[1]《马克思恩格斯文集》(第1卷),人民出版社2009年版,第499页。

[2] 高清海:《哲学与主体自我意识——论马克思实践观点的思维方式》,北京师范大学出版社2017年版,第239~240页。

[3]《马克思恩格斯文集》(第1卷),人民出版社2009年版,第220页。

[4] 上段引文中高清海也提到存在论,他是在本体论意义上使用该词的。此处所谓存在论,其含义更为宽泛,指与认识论、价值论并列的三大哲学元理论之一,它既有本体论形态(古希腊哲学),也有生成论形态(中国传统哲学)、实践论形态(马克思哲学)等。参见杨学功、李德顺:"马克思哲学与存在论问题",载《江海学刊》2003年第1期。

[5] 高清海:《哲学与主体自我意识——论马克思实践观点的思维方式》,北京师范大学出版社2017年版,序言第6页。

着人类思维方式在经过直观认识、抽象反思阶段之后，进一步发展到自觉其主体作用的全新阶段。它意味着哲学不再执迷于超感性的理念王国，而是回归生活世界，朝向生活本身。"确立了实践的观点，也就为我们打开了一个新的哲学天地，由此才有可能引出对于主客体问题、价值问题、人学问题、自我问题、非理性问题等种种问题的思考和研究。"[1]

二、以人为本：确立人的价值主体地位

当代中国价值哲学研究兴起于20世纪80年代初，其发展进程大体与实践观点的流行和深化是同步的，也是相互交织、相互促进的。1978年开展的真理标准大讨论使"实践是检验真理的唯一标准"深入人心，起到了解放思想的作用，打破了"两个凡是"的教条，为我国的改革开放事业进行了理论准备。但是，真正从哲学高度来看，这个命题还有待进一步深化。1980年5月，王若水在《光明日报》编辑部召开的一次座谈会上提出："实践的成功或失败检验认识的正确或错误，那么，又用什么标准去衡量实践的成功或失败呢？实际上这也有一个标准，就是实践的目的。无目的的行动是无所谓成功或失败的；而目的不同，对同一实践的结果就可以有不同的看法。"[2]这就顺理成章地引出了价值和评价问题。一般认为，杜汝楫在《学术月刊》1980年第10期发表《马克思主义论事实的认识和价值的认识及其联系》标志着当代中国价值哲学研究拉开序幕。刘奔、李连科在1982年9月18日发表在《光明日报》的《略论真理观或价值观的统一》中提出：实践一方面是检验真理的标准，由此解决主观和客观的矛盾；另一方面又作为价值尺度来确定事物同人的需要之间的联系，由此解决主体和客体的矛盾。李德顺在《中国社会科学》1985年第3期发表的《真理与价值的统一是马克思主义的重要原则》中进一步提出：真理和价值同属于实践的内在要素，分别体现事物的客体尺度和人的主体尺度，这就决定了实践是真理标准和价值标准的有机统一体，也是真理和价值统一

---

[1] 高清海：《面向未来的马克思》，中央编译出版社2018年版，第321页。
[2] 王若水：《为人道主义辩护》，生活·读书·新知三联书店1986年版，第74~75页。

的桥梁。[1]这些成果已经达到了相当的理论水平，初步完成了马克思主义价值论的一些原则建构。

就我们所见，高清海主编的《马克思主义哲学基础》下册（1987年版）第一次将当代中国价值哲学的研究成果纳入了马克思主义哲学原理教科书，并进行了创造性发挥，尤其是突出了人的主体价值的根本地位。该书在第六章《人作为主体的基本规定性》的第三节"自为性"中，专门分析了"一、价值主体"和"二、人的价值"问题，前者包括"价值概念、价值原、价值评价"，后者包括"最高价值、自我评价、人生价值"。书中指出，"价值属于关系范畴。价值，就是以人为主体用以表示事物具有满足主体需要的属性、作用和意义的概念"；[2]"在人与物的关系中，人是主体、物是客体，人是人一切活动的最高目的，物则不过是实现人的目的的一种手段"；[3]而"从个人之间的相互关系来说，他们的价值意义都是相对的，这里没有绝对的主体，也没有绝对的工具。……在这里是互为主体和工具的，一个人的主体价值是通过他人的工具价值而实现的，一个人的主体价值也只能通过把自身作为工具的价值才能体现出来"；[4]"所谓主体价值……是指价值原的价值、创造价值的价值。相对于客体的工具性价值，主体性价值是绝对的、最高的价值"。[5]与萧前先生主编的《马克思主义哲学原理》（1994年版）等后来的教科书相比，此处价值论的地位尚不鲜明，内容也有待丰富化、系统化，但是坚冰已经打破，航路已经开通，一种兼有存在论、认识论和价值论的马克思主义哲学体系已经呼之欲出。

更加可贵的是，高清海的思想不断发展，其关于人的哲学尤其是类哲学根植于马克思哲学，消化吸收西方哲学史上的积极成果，后来他更慨然有融通中国传统哲学之志趣，呼吁创建兼有民族性、时代性和人类性的当

---

[1] 参见王玉樑：《当代中国价值哲学》，人民出版社2004年版，第52~58页。
[2] 高清海主编：《马克思主义哲学基础》（下册），人民出版社1987年版，第51页。
[3] 高清海主编：《马克思主义哲学基础》（下册），人民出版社1987年版，第59页。
[4] 高清海主编：《马克思主义哲学基础》（下册），人民出版社1987年版，第65页。
[5] 高清海主编：《马克思主义哲学基础》（下册），人民出版社1987年版，第64页。

代中国哲学。在高清海日益深邃宏大的思想历程中,确立人的主体地位始终是他关注的核心。从马克思主义价值哲学研究视角看来,为了确立人的价值主体地位,他至少从内在呼应的三个方面进行了探索。

(一) 从实践思维入手确立人的价值主体地位

从人类思想史来看,价值的客观主义理解在很长时间里一直占据主流。即使在今天,许多人仍然信奉贬低人的尊严的神秘主义价值观或庸俗唯物主义价值观。在高清海看来,其所以如此,根源还在于传统的本体论思维方式。"传统思维方式是忽视价值问题的,即使谈到价值观,也只是强调'客体固有属性',强调价值论要以认识论为基础,它的实质是最后归结为传统的'本体论',通过还原方法把价值问题纳入客体决定论。这种通过认识论统一价值论的方法,意味着客观决定论的思维方式把价值问题单向地统一到客观、客体、本源中去。"[1]在传统本体论思维的主导下,人的主体性尚未觉醒,对于万事万物的价值,乃至人生价值和处世规范,都是从神意、天命或自然法、自然规律的角度去理解,从价值对象在客体化、等级化宇宙中与最高的非人实体之间的距离去理解。譬如,《左传·昭公七年》说:"天有十日,人有十等。下所以事上,上所以共神也。故王臣公,公臣大夫,大夫臣士,士臣皂,皂臣舆,舆臣隶,隶臣僚,僚臣仆,仆臣台。"[2]在这种本体论思维方式下,价值或者以神为本,或者以物为本,人们并不觉得自己是真正的价值主体。

马克思哲学革命的实质,就是以实践论的思维方式取代本体论思维方式,实现了对传统的唯心论和唯物论的双重超越,牢固确立了属人世界的存在论地位。在实践观点看来,"人的一切活动,都是为了把客观存在的对象改造成为能够满足人的需要的事物。人和物之间的这种需要和满足的对应关系,就是价值关系;在价值关系中,人是创造价值的主体,物是表现价值的客体。从这一意义说,人作为实践主体、认识主体,他必然同时也是价值主体,这三者是完全统一的"[3]。在这种以人为主体的视野下,

---

[1] 高清海:《面向未来的马克思》,中央编译出版社2018年版,第299页。
[2] (唐)孔颖达:《春秋左传正义》,北京大学出版社2000年版,第1424~1425页。
[3] 高清海主编:《马克思主义哲学基础》(下册),人民出版社1987年版,第51页。

神的本质不过是异化了的人的本质，物的世界也都是人化自然的世界，传统价值观的以神为本或以物为本只是片面地以人的唯灵主义的精神生活为本，或者以人的低级趣味的物质生活为本。新的价值观意味着对二者的扬弃，追求在感性世界诗意栖居。苏联模式教科书未能实现这种扬弃，其思维方式与其自以为反对的神本主义、物本主义如出一辙，都是本体论的。在价值观上，其一方面主张生产力决定论，不自觉地滑入以物为本的窠臼；另一方面对斯大林等领导人加以神化，又散发着以神为本的遗毒。高清海关于人的哲学的一系列思考则抓住了实践思维的精髓，较好地实现了对传统价值观的双重超越和扬弃。

（二）从人的双重生命入手确立人的价值主体地位

高清海主张："我们应该认为人是有着两重生命、双重本质的存在，既有被给予的自然生命、本能生命，又有着自我创生的自为生命、智慧生命；既有物质生命的本质，又有社会文化的本质。前者我们可以称为'种生命''种本质'，后者可以叫做'类生命''类本质'。"[1]这种对人的理解可以追溯到马克思那里。在《1844年经济学哲学手稿》中，马克思创造性运用并转化了费尔巴哈的种、类概念。尽管费尔巴哈已经指出动物只有遵循必然性的种本质，人则具有自由普遍的类本质，但他的直观思维方式使其不能充分说明二者的实质及相互关系。马克思从实践观点出发指出："一个种的整体特性、种的类特性就在于生命活动的性质，而自由的有意识的活动恰恰就是人的类特性。……动物和自己的生命活动是直接同一的。……人则使自己的生命活动本身变成自己意志的和自己意识的对象。……通过实践创造对象世界，改造无机界，人证明自己是有意识的类存在物，就是说是这样一种存在物，它把类看做自己的本质，或者说把自身看做类存在物。"[2]人和动物共有第一重生命，即遵循自然本能规定的生命。所谓"饮食男女，人之大欲存焉。死亡贫苦，人之大恶存焉"（《礼记·礼运》），主要就是指这第一重生命。如果人类停留于此，只知遵循自

---

[1] 高清海：《人就是"人"》，辽宁人民出版社2001年版，第207页。
[2] 《马克思恩格斯文集》（第1卷），人民出版社2009年版，第162页。

然本能去生存,即使"饱食、暖衣、逸居而无教,则近于禽兽"(《孟子·滕文公上》)。但是,经由包括教育在内的实践活动,人类经历了第二次诞生,获得了超生命的生命,升华了自然本能,创造了精神和物质文化生活,才有"一箪食,一瓢饮,在陋巷,人不堪其忧,回也不改其乐"(《论语·雍也》)的精神自由,也才有"假舆马者,非利足也,而致千里;假舟楫者,非能水也,而绝江河"(《荀子·劝学》)的现实自由。高清海指出,正是这自我创生的第二重生命,"它超越了种又涵盖了种,属于生命又突破了生命,依托个体又超越了个体,区别于万物又与万物一体,属于有限又获得了永恒性,服从必然又具有自由性,等等,这就是人的类生命或类本性"[1]。

确立人的类生命或类本性,也就是确立人作为价值的主体。"'主体'这一概念的根本的含义,就是指人对自己生命的支配活动说的,人能支配自己的生命活动,然后才有可能去支配活动的对象。自为存在的生命体,就意味着人是自我创造、自我规定的生命存在,这也就是作为主体人所具有的'自由自觉'的性质。"[2]在这一思路上,高清海反思了备受争议的"满足需要论"的价值定义,指出需要既体现人的主体性,又包含着人对外物的依赖性,通常是非选择性的,而人的类本性恰恰在于有需要却不完全受其束缚,满足需要之后总会产生更高的追求,这才有价值选择和价值评价的问题。[3]实际上,用需要界定人内在的价值尺度必须联系马克思的整个需要理论去阐发,才能显扬人之异于动物的类本质;而一切价值都只有归结到主体价值,即以人的类本质为尺度的价值,才能获得合理定位。从根本上说,"所谓价值不过就是人作为人所追求的那个目的物,而这个目的物也就是人的自身本质"[4]。在实现社会价值时,"个人只有在对他人而言的工具价值中熔铸人的理想,把自身的工具价值作为实现人生理想的

---

[1] 高清海:《面向未来的马克思》,中央编译出版社2018年版,第371页。
[2] 高清海:《人就是"人"》,辽宁人民出版社2001年版,第208页。
[3] 参见高清海:《面向未来的马克思》,中央编译出版社2018年版,第278~279页。
[4] 高清海:《面向未来的马克思》,中央编译出版社2018年版,第279页。

手段，他的工具价值才能转化为主体价值"。[1]高清海的这一思想是富有前瞻性的，有助于克服当前理论界在价值哲学研究中的形式主义和功利主义，真正继承和发扬马克思哲学中追求普遍自由个性的精神。

(三) 从社会的三种形态入手确立人的价值主体地位

高清海主张超越传统唯物论和唯心论的本体论思维方式，断言人是哲学的奥秘，人之为人在于自由自觉的类本质，并为人的主观性正名，这一切很容易招来"唯心论""人本学""存在主义"之类的大帽子。然而，立足实践思维方式，消化吸收费尔巴哈的人本学、萨特的存在主义哲学等思想资源，对于纠正苏联模式教科书的形而上学唯物主义是十分必要的。如果仅从使用的词句去看，马克思也曾多次采用费尔巴哈的表述（如"人是人的最高本质"），只是赋予其历史感和实践基础之后，这些表述都已成为马克思主义哲学的有机组成部分。马克思不是历史虚无主义者，他批评传统的唯物论和唯心论不懂得从实践出发，立足点正是人的现实生活。实践不是一个形而上学的抽象概念，而是内在包含物质性和精神性的现实生活本身。从实践出发，就是从人的现实生活出发，而在现实生活中，人的精神的超越性和物质的限定性同时存在，但二者都没有绝对到传统的唯心论和唯物论那种程度。反对传统哲学的片面性，既不能否定精神的超越性，又不能否定物质的限定性，只是必须澄清前提划定界限，指明其现实生活根基。

由于论战需要，马克思生前更多强调历史规律和物质的限定性，而较少就人的主观能动性和精神的超越性发表正面见解。因此，萨特认为马克思主义理论中存在人学空场，有必要通过其存在主义哲学去加以补充。必须指出，萨特并不是要推翻马克思的整个哲学，相反，他断言马克思的哲学在我们的时代不可超越。在此一前提下他对于精神的超越性的阐发是富有洞见的。高清海在独立探索的过程中，与萨特的思想发生了一定程度的共鸣，考虑到要对苏联模式教科书的决定论色彩拨乱反正，这与其说是偏激的，毋宁说是敏锐且深刻的。高清海较之大学时代未受马克思主义哲学

---

[1] 高清海主编：《马克思主义哲学基础》（下册），人民出版社1987年版，第66页。

专业训练的萨特,对马克思主义哲学史和马克思主义哲学原理的把握更加系统和全面。海德格尔批评萨特的存在主义哲学缺少历史感,这个问题在高清海的类哲学中并不存在。

高清海明确指出:"类本性始终处在历史的生成过程。按照马克思的说法,人类的生成发展必须经历三个历史阶段、三种历史形态:(1)'人的依赖关系'形态;(2)'以物的依赖性为基础的人的独立性'形态;(3)建立在个人全面发展基础上的'自由个性'(联合体)形态。这三个发展阶段表现了人的肯定、否定、否定之否定的本性,可以看作人的类本性—主体性的构成环节,即从'族群本位'(主体)经'个体本位'(主体)到'自觉的类本位'(主体)的历史生成过程。"〔1〕《马克思主义哲学基础》下册第八章《主体的社会规定性》的第三节"主体的历史发展及其规律"的开篇就说:"主体既不是从来就有的,也不是一经形成就永恒不变的。主体是在历史上形成的,又是在历史中依据一定规律不断发展着的。"〔2〕可见,高清海对人的二重生命的静态结构性阐发,与社会的三种形态的动态历史性说明是相互补充的,前者注重揭示人的主观能动性,后者注重揭示人的客观社会性,这二者共同构成人类实践或现实生活内在的两个面向。人的精神的超越性永远只能在一定的社会关系和物质条件限定下发挥作用,追求历史情境中的自由,而不能无视感性生活一味追求纯粹的精神自由。就此而言,确立人的价值主体地位,与社会形态的文明进步,以及共产主义革命和建设的追求,走的都是同一条道路。只有在消除了剥削和压迫的后阶级社会的自由人联合体中,才能确立真正自由平等的价值主体,使每个人都能担负起相应的权利和责任,从而成为类主体形态的人。高清海对人的类本性的历史分析,使其与包括康德哲学在内的一切抽象人性论划清了界限。

---

〔1〕 高清海:《面向未来的马克思》,中央编译出版社 2018 年版,第 372 页。
〔2〕 高清海主编:《马克思主义哲学基础》(下册),人民出版社 1987 年版,第 187 页。

三、几点余论

在高清海的哲学遗嘱[1]——《中华民族的未来发展需要有自己的哲学理论》中，他语重心长地说："创造'当代中国哲学'，实质就是要创造中华民族的'思想自我'。一个社会和民族要站起来，当然经济上的实力是必要的基础，然而这并不是关键，关键在于首先要从思想上站立起来，一个在思想上不能站立的民族，哪怕它黄金遍地，也不可能真正成为主宰自己命运的主人。"[2]他期待出现"一种由中国哲学家探索、创造的主要反映我们自身的境域和问题的'民族性''时代性'和'人类性'内在统一的哲学样式"[3]。就民族性而言，它应充分吸收中国传统哲学的理论资源；就时代性而言，它应立足当代中国的现实；就人类性而言，它应广泛吸收世界范围内一切有价值的先进思想。从实现类主体的价值追求来看，我们可以获得如下启示：

（一）学习中国传统哲学，丰富和完善生命本性

以儒释道为代表的中国传统哲学尽管在民间仍然有着强大的生命力，在马克思主义哲学界却被许多人定性为落后的封建文化已久。按照黑格尔的说法，它们都属于精神与自然合一的实体哲学，其思维方式也都是形而上学的。在这种情况下，力倡实践思维的高清海突然宣称"中国传统哲学思想博大精深"，[4]不免令一些人费解。其实这里并没有矛盾。高清海曾说："辩证法与形而上学的对立也不是抽象的，二者之间并没有一条不可逾越的鸿沟。相反地，这两种思想不但能够互相转化，而且处于经常地转化之中。全面性本来就是在各个片面的部分的统一联系中构成的，只是它

---

[1] 参见孙利天："创造中华民族自己的哲学理论——高清海先生的哲学遗嘱"，载《社会科学战线》2004年第6期。

[2] 高清海："中华民族的未来发展需要有自己的哲学理论"，载《吉林大学社会科学学报》2004年第2期。

[3] 高清海："中华民族的未来发展需要有自己的哲学理论"，载《吉林大学社会科学学报》2004年第2期。

[4] 高清海：《找回失去的"哲学自我"：哲学创新的生命本性》，北京师范大学出版社2004年版，第60页。

不把这些部分归结为一个个孤立的片面的东西。从这个意义可以说，辩证法包含了形而上学的那一切命题，但它并不归结为形而上学。"[1]同样，实践思维对形而上学和传统本体论的超越，也是扬弃而非断裂。在实践思维下，形而上学成为属人之学，成为人的精神的超越性的表现方式，正如实证科学成为属人之学，成为人的物质的限定性的表现方式。没有具体的属人的形而上学和实证科学，没有特定的精神的超越性和物质的限定性，实践只会沦为一个空虚的抽象名词，无从表现人的现实生活。因此，高清海一边倡导实践思维，一边高谈形而上学，只要明确了二者分属不同的理论层次，这是很自然的事情。

在高清海看来，中国传统哲学的理论核心不是本体论，而是道论。古希腊的本体论从表象与实在的两分出发，导向生活世界与超感性世界的对立。中国的道论则主张道器一体，"不离日用常行内，直造先天未画前"（王阳明《别诸生》）。对本体的认识有赖理性的认知功能，对道的体悟则要靠心性的悟觉作用。"理性可以看作是'逻辑化的心性'，心性则是'内在化的理性'。……理性作为制度规范，属于对人的'外治'；心性作为自觉规范，属于人自身的'内治'。"[2]具体而言，儒家注重穷理尽性，追求人际和谐；道家注重复真保性，追求个性自由；佛家注重明心见性，追求生命的超越和永恒。这三者正好从不同侧面丰富和完善人的生命本性。

当然，从以人为主体的实践观点看来，上述见解主要是就人的精神的超越性而言，不可泛化、绝对化为哲学教条，走向科学、民主、法治的对立面，[3]而应将其安立于现实的人的感性生活之内，对中国传统哲学进行创造性转化，剔除其落后于时代的消极因素，发挥其提升人生境界的伦理和审美意义。

（二）发展社会主义市场经济，创造独立自主的人

重视中国传统哲学，只是为了正视和了解我们的过去，帮助我们解决

---

[1] 高清海主编：《马克思主义哲学基础》（上册），人民出版社1985年版，第63页。
[2] 高清海：《找回失去的"哲学自我"：哲学创新的生命本性》，北京师范大学出版社2004年版，第67页。
[3] 参见李德顺："国学：'热'向何处？"，载《江西社会科学》2007年第7期。

当代中国人面临的生存和发展难题。这些难题在马克思主义经典中找不到标准答案，更不要说去诸子百家中寻找了。但是，重新认识马克思的哲学革命后，我们掌握了实践的思维方式。在这一思维方式下，我们极大加深了对人的本质的历史性和结构性的理解，深刻领会到包括我们自己在内的人的本质不是给定的、现成的，而是可以、应该通过不断总结消化古今中外一切人类实践的经验教训来更新、充实其内容。所谓"面对多元化，坚持主体性"[1]，一切都要从当代中国人的主体性出发。这首先便要认清当代中国人所处的历史阶段，明确我们在需要和能力方面的大根大本。

改革开放以前，我们曾经对资本主义和市场经济采取简单粗暴的批判态度，妄图"跑步进入共产主义"。对此，高清海认为："我们今天的现实条件与马克思设想的不同，我们要建设的只是初级阶段的社会主义，在处理社会主义与资本主义的关系问题上更加需要具体地对待，决不能搞抽象对立、抽象否定。"[2]尤其是资本主义社会中市场经济的发展打破了人与人之间的依赖关系，才使社会形态发展到"以物的依赖性为基础的人的独立性"阶段。市场经济并不就等于资本主义，它固然有负面作用，却是迈向自由人联合体不可避免的环节。"解放个人，创造独立自主的人，推动人们形成自由平等的人格，这才是市场经济不可替代的根本历史作用。"[3]

与仅从生产力和经济财富视角出发的支持者不同，高清海一开始就将市场经济与人的发展联系起来，因而他对经济体制转变过程中出现的人的异化现象十分敏感，并且提出了深具历史眼光的解决思路。他认为过去中国社会臣民观念盛行，公民意识淡薄，归根到底是国家和社会一体化所致。而随着市场经济的发展，市民社会逐渐成熟，国家不能像以前那样全面管控社会，必须"调整自己的机构、职能和方式，走向更加法治化、民主化和福利化、大众化"[4]。惟其如此，才能移风易俗，培养出有独立人

---

[1] 李德顺："面对多元化，坚持主体性——关于社会主义价值体系及其核心的思考"，载《中国政法大学学报》2008年第3期。

[2] 高清海：《面向未来的马克思》，中央编译出版社2018年版，第307页。

[3] 高清海：《面向未来的马克思》，中央编译出版社2018年版，第308页。

[4] 高清海：《面向未来的马克思》，中央编译出版社2018年版，第328页。

格的社会主义接班人。社会主义较之资本主义的优越性，也只能通过国家体制更加法治化、民主化和福利化、大众化，社会主体更加自由和全面发展来加以衡量。

（三）立足人类实践，探索建立自由人联合体的现实道路

高清海对实践思维的深刻理解，使得他的理论视野格外开阔，思想充满历史感和辩证意味。他对于辩证法和形而上学、社会主义和资本主义、当代中国哲学和传统中国哲学等的辩证分析最可见出这一点。他之所以在一些学者只能看到对立的地方深入把握二者的联系，是由于他是从整个人类实践出发，而不是从无论来自何处的理论教条出发。

这种实践思维也是邓小平理论和整个中国特色社会主义理论的出发点。在"怎样建设社会主义的自由人联合体""怎样坚持马克思主义"等问题上，邓小平强调："绝不能要求马克思为解决他去世之后上百年、几百年所产生的问题提供现成答案。……不以新的思想、观点去继承、发展马克思主义，不是真正的马克思主义者。"[1]在高清海看来："'邓小平理论'中虽然没有专门的哲学理论部分，它所体现的那种脚踏实地、面向未来，不从抽象原则出发、不受书本教条束缚，大胆突破陈规、决不因循守旧、一往直前不断创新的精神，即'解放思想，实事求是'的精神，正是代表了一种与传统思维方式根本不同的现代的哲学世界观。"[2]

高清海不仅是这种新世界观的解说者，也是身体力行者。在毕生的教学和科研工作中，他展现了一名真正的马克思主义哲学家的大智、大仁和大勇。黑格尔说："哲学史所昭示给我们的，是一系列的高尚的心灵，是许多理性思维的英雄们的展览，他们凭藉理性的力量深入事物、自然和心灵的本质——深入上帝的本质，并且为我们赢得最高的珍宝，理性知识的珍宝。"[3]高清海正是当代中国的理性思维的英雄、实践思维的英雄。

（原载《价值论研究》2020年第1辑）

---

[1]《邓小平文选》第3卷，人民出版社1993年版，第291~292页。
[2] 高清海：《人就是"人"》，辽宁人民出版社2001年版，第251~252页。
[3]［德］黑格尔：《哲学史讲演录》第1卷，贺麟、王太庆译，商务印书馆1959年版，第7页。

从人类共同价值到中国价值
——与叶险明教授商榷

2015年9月,习近平总书记在纽约联合国总部出席第七十届联合国大会一般性辩论时发表的重要讲话指出:"和平、发展、公平、正义、民主、自由,是全人类的共同价值,也是联合国的崇高目标。目标远未完成,我们仍须努力。当今世界,各国相互依存、休戚与共。我们要继承和弘扬联合国宪章的宗旨和原则,构建以合作共赢为核心的新型国际关系,打造人类命运共同体。"[1]2015年10月,习近平总书记对全国道德模范表彰活动作出重要批示强调:"……用社会主义核心价值观凝魂聚力,更好构筑中国精神、中国价值、中国力量,为中国特色社会主义事业提供源源不断的精神动力和道德滋养。"[2]党的十八大以来,习近平总书记关于人类共同价值和中国价值的重要论述在国内外引发了重要反响。学术界也就此展开了热议,并产生了一系列理论成果,但对有关问题的理解还不够准确和深刻,存在着进一步研究和探讨的必要性。以叶险明教授发表在《哲学研究》2017年第6期中的《"共同价值"与"中国价值"关系辨析》一文为例,该文力图澄清人类共同价值、"普世价值"和中国价值的区别与联系,旨在有助于引导中国文化走上健康发展之路,其出发点是建设性的,也提出了一些较为敏锐和新颖的见解。但是,该文未能从哲学元理论高度展开对

---

[1] 习近平:"携手构建合作共赢新伙伴 同心打造人类命运共同体——在第七十届联合国大会一般性辩论时的讲话",载《人民日报》2015年9月29日。
[2] 习近平:"更好构筑中国精神、中国价值、中国力量",载《人民日报》2015年10月14日。

价值问题的研究,这使得作者在几个重大问题上得出的观点都值得商榷。

一、人类共同价值和"普世价值"

在今天我们谈论人类共同价值,将其与西方所谓"普世价值"区分开来是十分必要的。叶险明教授显然也意识到这个问题:

> 在对待"普世价值"的问题上,我们务必要在方法论上区分三种不同的语境:其一,霸权与反霸权、控制与反控制、文化侵略与反文化侵略的语境。……在这一语境中……拒斥和反对("普世价值")是有其正当性的。……其二,各个民族和国家间各种形式的正常文化交流的语境。……在这种语境中,"普世价值"与我们所说的"共同价值"的一致程度就相当高了。……其三,世界上各民族和国家民间的文化交流的语境。……在这种语境中,"普世价值"与"共同价值"就没有什么区别了。[1]

在叶险明教授看来,我国学术界无论是"普世价值"的反对者还是支持者,常常都是自说自话,一个重要原因就是双方都没有搞清楚世界的复杂性和与之相应的语境的多层面性。叶险明教授从政治交锋和文化交流等不同语境对"普世价值"的含义进行区分不能说毫无道理,主观上也是希望加强世界各国人民之间的交流与合作。但是,将共同价值和"普世价值"之别主要限定在政治交锋的语境中,似乎共同价值的提出完全是出于政治策略,并没有学理上的科学根据,因而在一般文化交流中与"普世价值"的含义相似甚至相同,这种看法仍然流于望文生义的形式上的区分,未能从哲学元理论高度揭示共同价值和"普世价值"不同的理论蕴涵,因而很难从根本上澄清二者的区别与联系。

在马克思主义价值论中,价值(在其对象性上、非主位价值意义上)是一个主体性的关系范畴,既不是某种独立自在的实体及其客观状态,也不是评价者的主观情感,而是客体的属性与人的内在尺度即需要和能力的

---

[1] 叶险明:"'共同价值'与'中国价值'关系辨析",载《哲学研究》2017 年第 6 期。

统一，是世界对人的意义。价值在人类有意识、有目的的现实实践活动中产生，既有源自自然和历史的不同程度的普遍性，又有因人而异的具体主体性。共同价值和"普世价值"在哲学上的主要区别就在于：二者在强调价值的普遍性的时候，前者还同时强调价值的具体主体性，后者则将价值的普遍性实体化、绝对化为一种无视主体特殊性的教条。

一切现实的价值问题都要放到"什么对谁在何时何地有何种类型何种程度的价值"这种具体的主客体关系情境中加以理解。就人类共同价值和"普世价值"都关注价值的普遍性而言，如果我们进一步追问这里具体的主客体关系是什么，那么价值客体通常是指人们普遍需要的精神财富和物质资源、普遍遵守的社会规则与规范、普遍追求的真善美等人生境界，其中就包括习近平总书记所说的"和平、发展、公平、正义、民主、自由"；价值主体则是世界各国人民。但同样是"和平、发展、公平、正义、民主、自由"，它们作为人类共同价值和作为"普世价值"的理论蕴涵是非常不同的，这主要看它们是被放到具体的主客体关系中去理解，还是被实体化、绝对化地理解。

在今天一些国人心目中，"普世价值"是一个新潮术语，其实它背后的思维方式是非常传统的，即"通过静观和反思，首先确立一个实际上是普遍化、理想化了的自己；然后以默认'人我相同'为前提，进一步达到对'一般人'的普遍性的理解；再从这种普遍化的想象中，推论出伦理道德的基本原理和原则"〔1〕。这种外推式思路说到底是一种伦理上的独白，在哲学上最大的代表是康德，他通过静观和反思实践理性的善良意志，确立了社会交往中的绝对命令和"普世价值"。马克思在青年时期一开始也接受了这种"普世价值"，但是他很快意识到"康德只谈'善良意志'，哪怕这个善良意志毫无效果他也心安理得，他把这个善良意志的实现以及它与个人的需要和欲望之间的协调都推到彼岸世界。"〔2〕笃信这种彼岸和谐的人，往往将此岸的不和谐看作是虚假的，于是作为人的对象化本质的

---

〔1〕 李德顺：《价值论：一种主体性的研究》（第 3 版），中国人民大学出版社 2020 年版，第 327 页。

〔2〕 《马克思恩格斯全集》（第 3 卷），人民出版社 1960 年版，第 211~212 页。

彼岸价值常常转化为此岸粉饰太平的意识形态。譬如,个人自由作为天赋人权被启蒙思想家认定为"普世价值",但是在自由放任的资本主义社会,"个人自由只是对那些在统治阶级范围内发展的个人来说是存在的,他们之所以有个人自由,只是因为他们是这一阶级的个人"。[1]可见,外推的"普世价值"有时是抽象空洞的道德乌托邦,有时则沦为名不副实的意识形态。

与"普世价值"不同,共同价值背后是一种内生式的马克思主义价值论逻辑,即"由于客观上人们共同活动和交往的社会关系结构、特定的活动方式及其条件等本身,向内、向下提出了一定秩序或规则性的要求——这些要求是维持这一社会系统或活动方式的存在所不可缺少的,并促使有关的人们在意识和行为中普遍地适应这些要求,从而产生了这一系统中的伦理道德"。[2]人们有什么样的需要和能力,他们就追求和践行什么样的价值,而人们的需要和能力不是一成不变的,都是他们现实生活的产物。主体之间很难在需要和能力迥异的情况下追求普遍性价值,更不可能靠外在灌输尤其是强制来接受普遍性价值。只是随着近代工商业的发展、科学技术的进步,世界各国人民的生活方式和生产方式逐渐接近,在此基础上才产生了越来越多的共同追求或共同价值。这种内生式思路尊重共同体中每一主体的权利和责任,注重"万物并育而不相害,道并行而不相悖"(《礼记·中庸》)的精神,主张多元文化自主发展,彼此间加强交流和对话,增进了解和共识,促成睦邻友好的跨文化合作关系,以期百花齐放相映生辉。

总之,从"普世价值"到人类共同价值不是玩文字游戏,它意味着在价值论上从实体思维向关系思维的转变,从教条主义向实事求是的转变。就实现价值的现实路径而言,"普世价值"的支持者除了诉诸话语霸权强加于人,也经常采取类似福音宣传的方式说服人;人类共同价值的倡导者则除了强调平等对话外,更加注重与共同体中其他成员建立合作共赢的关

---

[1]《马克思恩格斯文集》(第1卷),人民出版社2009年版,第571页。
[2] 李德顺:《价值论:一种主体性的研究》(第3版),中国人民大学出版社2020年版,第329~330页。

系，以奠定共同价值的现实基础。当然，在社会交往过程中，有些人是在"普世价值"的意义上使用人类共同价值概念的，也有些人是在人类共同价值的意义上使用"普世价值"概念的，这都要求我们能够实事求是地观其名而察其实。

二、人类共同价值和中国价值

由于叶险明教授未能从哲学元理论高度区分开人类共同价值和"普世价值"，这使得他在把握人类共同价值和中国价值的关系时再度出现了疏失，尽管其本意是在拒斥西方中心主义的同时，警惕中国中心主义的盲目自大，希望稳健推进中国作为文明大国和文化大国的崛起。叶险明教授认为：

> 要从方法论上超越普遍主义与特殊主义的对立，就必须把"共同价值"与"中国价值"置于整体与其构成部分的关系中来考察。……"中国价值"不是在"共同价值"之外存在的价值，不是脱离"共同价值"另搞一套，也不是置身于"共同价值"之上的最优秀的价值，而只是"共同价值"的一个有机组成部分。……"共同价值"规定了"中国价值"总的发展方向，并在总体上决定了"中国价值"建设的方式。……作为"共同价值"的一个构成部分而存在的"中国价值"，其本身必须在"文化规范"和"文化取向"方面实实在在地体现"共同价值"的普照之光。[1]

以整体与部分来界说人类共同价值与中国价值的关系，并以前者为后者的普照之光，这一方面将共同价值像"普世价值"一样实体化、绝对化了，另一方面也忽略了中国价值的具体主体性。即使在整体与部分的解读模式下，只要这个整体不是像黑格尔哲学中作为主体的超感性实体一样，而是一般的机械性整体，那么它也不能规定其部分的发展方向和建设方式。实际上，人类共同价值决不等于世界各国价值的简单相加，叶险明教

---

[1] 叶险明："'共同价值'与'中国价值'关系辨析"，载《哲学研究》2017年第6期。

授在此将人类共同价值和中国价值的关系与全人类和中国人的关系搞混淆了。如果说中国价值是中华民族在价值认同方面的最大公约数（也可说是中国各族人民的共同价值），那么人类共同价值就是世界各国人民在价值认同方面的最大公约数。

人类共同价值的提出充分肯定了不同国家的人民对"和平、发展、公平、正义、民主、自由"等的共同追求，为彼此间的求同存异、合作共赢奠定了价值观方面的坚实基础。但是，每个国家在追求人类共同价值的同时，还有着富有本民族特色的梦想，如美国梦和中国梦；其选择的制度路径也会由于国情、世情等而有不同，如自由放任的资本主义、福利国家资本主义、苏联模式社会主义和中国特色社会主义。作为价值公约数的人类共同价值并不能规定中国价值总的发展方向，恰恰相反，人类共同价值内在于中国价值之中，包括中国价值在内的世界各国价值才是其本质所在。一言以蔽之，人类共同价值和中国价值不是整体和部分的关系，而是共性和个性，或者说普遍性与特殊性的关系。

叶险明教授将从个性中抽象出来的共性当作某种独立自在的东西，当作实体性的整体，在哲学上犯了和黑格尔一样的思辨唯心主义错误。马克思在《神圣家族》中批判思辨的黑格尔结构时说过，如果我们从各种水果中抽象出"果实"这个一般观念，并将之实体化、绝对化，宣称这个一般观念"果实"才是各种水果的真正本质，那么"对梨说来，梨之成为梨，是非本质的；对苹果说来，苹果之成为苹果，也是非本质的。这些物的本质的东西并不是它们的可以用感官感触得到的现实的定在，而是我从它们中抽象出来并强加于它们的本质"[1]。这一批判也同样适合于叶险明教授对人类共同价值和中国价值的关系定位，被他当作普照之光的人类共同价值只是一种从世界各国价值中抽象出来的一般观念而已。不是人类共同价值规定中国价值，而是包括中国价值在内的世界各国价值规定人类共同价值，人类共同价值只能在世界各国价值中存在并体现其共性，在一定程度上也体现着世界文明的发展大势。

---

[1]《马克思恩格斯文集》（第1卷），人民出版社2009年版，第276~277页。

至于怎样超越普遍主义和特殊主义的对立，不少学者都已提到一种非常富有建设性的思路，即"普遍性特殊化，特殊性普遍化"：一切普遍性的规则与规范都要明确其具体的适用主体，每一具体主体的权利和责任则应确立普遍性规则与规范来加以保障。普遍性特殊化主要是针对"普世价值"等观念背后的价值独断主义，即人们对自己价值判断的立场和适用范围缺少反省就轻率地下结论，并把自己所追求的价值看作是与主体的生活情境无关的，代表着对有关事项的唯一正确把握，和客观真理一样是放之四海而皆准的。[1]价值独断主义不懂得价值的具体主体性，将价值的普遍性与真理的普遍性混为一谈，无视他人在价值选择中的权利和责任，不仅表现为国际政治交锋中的话语霸权，也表现为一般文化交流中的话语强迫。普遍性特殊化主张"谁的事谁做主"，这并不是走向价值特殊主义或相对主义，因为每个人都是社会人，都处于不同层级、不同类型的共同体之中，其事务有些是私人性质的，有些是公共性质的，关键在于通过精准化的法治尺度，尽可能明确群已权界，明确不同主体在不同社会关系场域中的权利和责任。譬如，高校教师"学术研究无禁区，课堂讲授有纪律"，就是由于教师在科研和教学工作中的不同身份带来不同的权利和责任，二者不可相互僭越。

特殊性普遍化则主张将普遍性价值建立在具体主体的现实个性基础上，取其价值认同方面的最大公约数，以制度化形式充分保障每一主体个性化的生存和发展的权利和责任。在这一问题上，我们要综合道家和儒家之长并扬弃之。庄子正确地看到，"凫胫虽短，续之则忧；鹤胫虽长，断之则悲。故性长非所断，性短非所续，无所去忧也"。（《庄子·骈拇》）但是他在强调物各适其性的时候，抹杀了人的主体性，走到了无政府主义的极端，宣称"闻在宥天下，不闻治天下也。……天下不淫其性，不迁其德，有治天下者哉？"（《庄子·在宥》）问题在于，怎样才能保证"天下不淫其性，不迁其德"呢？削足适履的道德理想主义固不可取，物竞天择

---

[1] 参见李德顺："价值独断主义的终结：从'电车难题'看桑德尔的公正论"，载《哲学研究》2018年第1期。

的自然状态又会好到哪里去呢？只会导致弱小者委曲求全，更加淫其性而迁其德。所以荀子批评庄子"蔽于天而不知人"（《荀子·解蔽》）是很有见地的。在荀子看来，"人生而有欲，欲而不得，则不能无求。求而无度量分界，则不能不争；争则乱，乱则穷。先王恶其乱也，故制礼义以分之，以养人之欲，给人之求。使欲必不穷于物，物必不屈于欲。两者相持而长，是礼之所起也"。（《荀子·礼论》）这段话主张以礼之普遍性来规范和疏导欲之特殊性，已经有使特殊性普遍化的意味，但是荀子将礼的发明权归于先王，又堕入外推式的伦理独白之困境。建立在特殊性基础上的普遍性，只能通过民主法治来达成，使作为普遍性价值的法成为"人民的自我规定"[1]。人类共同价值和中国价值的提出，都已展现了这一思路的智慧，与此相应的国际法、国内法等制度化建设也要跟上。

三、求同存异，坚持中国特色社会主义

叶险明教授用黑格尔式的整体和部分的关系来界定人类共同价值和中国价值的关系，还使得他在反对泛意识形态化的思路时，走到另一个极端：

> 目前中国思想文化界有一种泛意识形态化的思路：把"人类命运共同体"等同于马克思所说的"自由人的联合体"，进而将"共同价值"视为社会主义价值观的代名词。于是乎，类似于"社会主义与资本主义谁战胜谁问题"的议论便又由此引发出来了。这种议论具有典型的狭隘民族主义和"新左派"思潮的特点。如果照此而行，"人类命运共同体"和"共同价值"就被搞得"火药味"十足，从而也就必然在逻辑上被肢解。[2]

在国际交往中走出冷战思维，追求跨意识形态的合作共赢，这种"求同"恰恰是以"存异"为前提的，离开社会主义和资本主义的制度之辨，人类命运共同体和共同价值才会陷入逻辑混乱。叶险明教授在此过于强调

---

[1]《马克思恩格斯全集》（第3卷），人民出版社2002年版，第41页。
[2] 叶险明："'共同价值'与'中国价值'关系辨析"，载《哲学研究》2017年第6期。

"求同",忽视了"存异"的本质重要性,尽管这样做亦有其现实针对性。前文已说明价值是一个主体性范畴,谈论一切价值问题首先要有主体性自觉,知道自己是谁,才能面对多元化的现实,坚持主体性的特色。只有从马克思主义的基本理论出发,用自由人的联合体和社会主义价值观来定位人类命运共同体和共同价值,才能准确澄清其含义,进而说明中国价值、中国道路的特色和优越性。

习近平总书记关于人类命运共同体和共同价值的重要论述,是中国特色社会主义理论的有机组成部分,这些论述与马克思的学说是一脉相承的。2013年1月,习近平总书记在新进中央委员会的委员、候补委员学习贯彻党的十八大精神研讨班上的讲话中,追溯了社会主义思想发展的六个阶段,强调不能丢失根本,特别提到马克思和恩格斯创立的科学社会主义深刻揭示了资本主义的内在矛盾和共产主义取而代之的历史必然性,对未来社会主义社会的发展过程、方向和一般特征作了科学预测和设想。在他们的预测和设想中,"代替那存在着阶级和阶级对立的资产阶级旧社会的,将是这样一个联合体,在那里,每个人的自由发展是一切人的自由发展的条件"。[1]可见,自由人的联合体是马克思主义的最高社会理想,是中国特色社会主义始终不渝的价值追求。

自由人的联合体之所以值得追求,最主要的原因就是资产阶级宣扬的"自由、平等、博爱"等所谓"普世价值"的普照之光并没有照到最广大的无产阶级身上。无产阶级固然摆脱了封建时代的人身依附关系,却又陷入了物的依赖性难以自拔,成为除了劳动力商品外一无所有的有名无实的"自由人"。这种"自由人"普遍从事着不自由的异化劳动,被自我否定的不幸感受所折磨。马克思为此曾痛斥自由这一"普世价值"的虚伪性:"先生们,不要一听到自由这个抽象字眼就深受感动!这是谁的自由呢?这不是一个人在另一个人面前享有的自由。这是资本所享有的压榨工人的自由。"[2]在马克思看来,只有在认识历史发展一般规律和趋势的基础上,

---

[1]《马克思恩格斯文集》(第2卷),人民出版社2009年版,第53页。
[2]《马克思恩格斯文集》(第1卷),人民出版社2009年版,第757页。

通过共产主义实践促进生产方式的变革和完善，才能吸纳资本主义的一切优秀文明成果，并从根本上摆脱其局限性。用恩格斯的话说，唯有在共产主义制度下，"真正的自由和真正的平等……才可能实现"〔1〕，"这种制度将给所有的人提供健康而有益的工作，给所有的人提供充裕的物质生活和闲暇时间，给所有的人提供真正的充分的自由。"〔2〕

当然，千里之行始于足下，对于这一高远的社会理想，我们必须分阶段、分步骤地加以实现。当今世界，一方面由于工业化、信息化和经济全球化，极大提高了生产力的发展水平，为人类创造了空前的发展机遇，另一方面由于金融动荡、生态危机和恐怖主义等问题丛生，也使人类面临着全球性的挑战。在这样一种休戚与共的状况下，没有哪个国家能够遗世独立而善其身，世界各国唯有勇于担当历史赋予自己的权利和责任，同心协力打造人类命运共同体才能共度时艰以开盛世。对于坚持社会主义道路的中国来说，打造人类命运共同体并非权宜之计，其远景就是建设自由人的联合体，推进人类共同价值的发展，直到普遍地实现"建立在个人全面发展和他们共同的、社会的生产能力成为从属于他们的社会财富这一基础上的自由个性"〔3〕。具体而言，这也就是要解决好现代文明发展过程中带来的矛盾，以人与人、人与自然和谐相处为目标，实现世界的可持续发展和人的自由和全面发展，"创造一个各尽所能、合作共赢、奉行法治、公平正义、包容互鉴、共同发展的未来"。〔4〕

可见，在后冷战时代构建以合作共赢为核心的新型国际关系，本质上是中国特色社会主义事业的一个环节。我们不能脱离总体的制度选择和社会主义实践来谈人类命运共同体和共同价值。只有高举中国特色社会主义旗帜，明确自己在世界各国中的个性化身份，才能为人类命运共同体建设注入现实的主体性力量，不断丰富和发展人类共同价值，最终在实践中证

---

〔1〕《马克思恩格斯全集》（第3卷），人民出版社2002年版，第482页。
〔2〕《马克思恩格斯全集》（第21卷），人民出版社1965年版，第570页。
〔3〕《马克思恩格斯文集》（第8卷），人民出版社2009年版，第52页。
〔4〕习近平："携手构建合作共赢、公平合理的气候变化治理机制——在气候变化巴黎大会开幕式上的讲话"，载《人民日报》2015年12月1日。

明社会主义较之资本主义的制度优越性。对这种社会主义特色和优越性的强调,并不等于搞"火药味"十足的意识形态对抗,而是坚持我们的主体性。因为在国际合作外还有国际竞争,一定程度的意识形态争论和对抗在所难免,我们唯有求同存异,顺应世界历史大势,掌握主动,赢得发展,才能在世界民族之林中确立中华民族的个性和尊严。改革开放以来,中国人民在中国共产党的坚强有力领导下,全面推进社会主义物质文明和精神文明的发展,曾经长期保持年均近10%的经济增长,经济总量已跃居世界第二,并实现了从低收入国家向中等收入国家的跨越,人均预期寿命在中等收入国家中位居前列,教育事业也取得了长足进展,已实现了高等教育从精英教育向大众化教育的转型,人民的经济生活和文化素质水平都获得了极大提高。当然,也必须看到改革已进入攻坚期和深水区,面临着官员腐化、环境恶化、贫富分化等一系列难题。但我们相信,只要解放思想,实事求是,将改革进行到底,改革的问题就一定能在改革中解决。实践已经证明,并将继续证明:中国特色社会主义道路不仅走得通,而且走得对,走得好。

(原载《理论与评论》2019年第1期)

第二编
马克思主义与道德价值

  甚至人们头脑中的模糊幻象也是他们的可以通过经验来确认的、与物质前提相联系的物质生活过程的必然升华物。因此,道德、宗教、形而上学和其他意识形态,以及与它们相适应的意识形式便不再保留独立性的外观了。它们没有历史,没有发展,而发展着自己的物质生产和物质交往的人们,在改变自己的这个现实的同时也改变着自己的思维和思维的产物。

——马克思、恩格斯《德意志意识形态》〔1〕

  共产主义者不向人们提出道德上的要求,例如你们应该彼此互爱呀,不要做利己主义者呀等等;相反,他们清楚地知道,无论利己主义还是自我牺牲,都是一定条件下个人自我实现的一种必要形式。

——马克思、恩格斯《德意志意识形态》〔2〕

  只有在不仅消灭了阶级对立,而且在实际生活中也忘却了这种对立的社会发展阶段上,超越阶级对立和超越对这种对立的回忆的、真正人的道德才成为可能。

——恩格斯《反杜林论》〔3〕

---

〔1〕《马克思恩格斯文集》第1卷,人民出版社2009年版,第525页。
〔2〕《马克思恩格斯全集》第3卷,人民出版社1960年版,第275页。
〔3〕《马克思恩格斯文集》第9卷,人民出版社2009年版,第100页。

道德·意识形态·历史唯物主义
——以凯·尼尔森《马克思主义与道德观念——道德、意识形态与历史唯物主义》为切入点

自从"塔克-伍德命题"问世以来,分析马克思主义学者重新反思了马克思恩格斯哲学中的"道德悖论",即"马克思恩格斯对于道德化的怀疑、对于道德理论化的敌视,以及他们对于道德的意识形态本质的接纳,却同他们一生之中——在他们的小册子、理论著作和私人通信里——不自觉地做出道德评价的倾向携手并存"。[1]至少从文本分析的细致周密来看,对这一问题的研究已被推进到了新的理论水平。在这一轮研究中,无论是被称为"马克思主义的反道德主义"的罗伯特·塔克(Robert Tucker)、艾伦·伍德、理查德·米勒(Richard Miller)等人,还是被称为"马克思主义的道德主义"的 G. A. 柯亨、诺曼·杰拉斯(Norman Geras)、乔·埃尔斯特(Jon Elster)等人,都能够紧扣马克思恩格斯的文本,充分面对问题的复杂性。因此,就像凯·尼尔森所说,双方"都不是愚蠢的观点。马克思主义的反道德主义……只是一种缺乏道德视角的人文观点,而绝不是对嗜血的现实政治或玩世不恭的操纵手段的提倡。而马克思主义的道德主义,也并非对我们的道德力量报以天真态度,或是对世界的变迁方式报以过于简单的理想主义。它几乎跟马克思主义的反道德主义一样,强调道德在阶级社会中的意识形态功

---

[1] [加]凯·尼尔森:《马克思主义与道德观念——道德、意识形态与历史唯物主义》,李义天译,人民出版社 2014 年版,第 43 页。

能"。[1]仅就马克思恩格斯片段性的文本根据来说,确实存在不同的甚至相反的解释空间,这就使得双方的立场都不是那么无懈可击。尼尔森或许是站在"马克思主义的道德主义"立场,但是给予"马克思主义的反道德主义"以最大程度了解之同情的人。他并不试图为马克思恩格斯做教条式的全方位辩护,但是坚守以历史唯物主义为核心的"正统"立场,力图证明"马克思主义者能够在强调道德是意识形态的同时,依然前后一致地(并且从一种道德观念出发)批判资本主义而捍卫社会主义"。[2]

一、从"马克思主义的反道德主义"说起

伍德等人的"马克思主义的反道德主义"有一条基本思路,即道德作为一种意识形态,总是一定的生产方式的产物,代表当时特定阶级(通常是统治阶级)的利益,不存在永恒的道德真理,也不存在任何客观的道德信念体系,因而马克思恩格斯不仅反对阶级社会的道德,甚至主张废除道德本身。这一思路,尤其是后半段,显然过于激进,从列宁到毛泽东都没有完全接受。然而,伍德派认为其观点有着相当充分的文本根据。譬如,在《德意志意识形态》中,马克思恩格斯说过:

> 我们的出发点是从事实际活动的人,而且从他们的现实生活过程中还可以描绘出这一生活过程在意识形态上的反射和反响的发展。甚至人们头脑中的模糊幻象也是他们的可以通过经验来确认的、与物质前提相联系的物质生活过程的必然升华物。因此,道德、宗教、形而上学和其他意识形态,以及与它们相适应的意识形式便不再保留独立性的外观了。它们没有历史,没有发展,而发展着自己的物质生产和物质交往的人们,在改变自己的这个现实的同时也改变着自己的思维和思维的产物。[3]

---

[1] [加]凯·尼尔森:《马克思主义与道德观念——道德、意识形态与历史唯物主义》,李义天译,人民出版社2014年版,第4页。
[2] [加]凯·尼尔森:《马克思主义与道德观念——道德、意识形态与历史唯物主义》,李义天译,人民出版社2014年版,第4页。
[3] 《马克思恩格斯文集》(第1卷),人民出版社2009年版,第525页。

在伍德等人看来，马克思恩格斯将道德说成没有独立性的意识形态，进而又将意识形态与阶级利益联系起来，这实际上是说：道德和宗教一样都是人们自己异化的本质，是一种异己的虚幻的投影，如果运用历史唯物主义揭示其阶级性和利益本质，"这就对任何一种道德……宣判死刑"。[1] 伍德还援引《共产党宣言》中的话来支持自己的观点。他说："当空想的资产阶级批评家指责'共产主义要废除永恒真理，它要废除宗教、道德，而不是加以革新'时，《共产党宣言》的回应不是拒斥这种谴责的真实性，而是宣告：'共产主义革命就是同传统的所有制关系实行最彻底的决裂；毫不奇怪，它在自己的发展进程中要同传统的观念实行最彻底的决裂。'"[2] 从这些文本出发，伍德断言马克思和尼采一样都是反道德的思想家，其所注重的只是道德在社会生活中的功能，即"支撑某种特定的社会秩序，为阶级利益提供掩饰",[3] 而不是提供某种一般的道德理论。

尼尔森认为伍德关于阶级和正义的一系列论证达到了"马克思主义的反道德主义"的顶峰。他实际上在一定程度上接受了伍德的论证，所以说自己"并不是想否认马克思有时会有这种元信念",[4] 只是想弄清这样一个问题：如果坚持历史唯物主义，是否就一定要拒斥道德，乃至不能对资本主义进行道德评判？对这个问题的回答方式，使尼尔森与伍德分道扬镳，与柯亨等人站在了一起。但是柯亨后来放弃了历史唯物主义，将"马克思主义的道德主义"建立在自然权利观念上，尼尔森又加以反对，认为这种做法有严重缺陷，不足以抗衡伍德式论证的挑战深度。在尼尔森看来，历史唯物主义不仅与"马克思主义的道德主义"是兼容的，而且其科学性恰恰保障了我们道德判断的理性基础。那么，他是如何从伍德式思路

---

[1]《马克思恩格斯全集》（第3卷），人民出版社1960年版，第490页。
[2] [美] 艾伦·伍德："马克思论权利和正义：对胡萨米的回复"，参见李惠斌、李义天编：《马克思与正义理论》，中国人民大学出版社2010年版，第101页。伍德所引《共产党宣言》原文，参见《马克思恩格斯文集》（第2卷），人民出版社2009年版，第51、52页。
[3] [美] 艾伦·伍德："马克思论权利和正义：对胡萨米的回复"，参见李惠斌、李义天编：《马克思与正义理论》，中国人民大学出版社2010年版，第102页。
[4] [加] 凯·尼尔森：《马克思主义与道德观念——道德、意识形态与历史唯物主义》，李义天译，人民出版社2014年版，第305页。

中转向,从而坚持了"马克思主义的道德主义"呢?他又是怎么处理马克思恩格斯那些令人棘手的文本冲突,从而自圆其说呢?

二、道德都是意识形态吗?

在伍德式的理解中,一切道德都属于意识形态。那么,意识形态究竟是什么意思呢?在这个问题上,马克思恩格斯和列宁等后辈马克思主义者的观点有所区别。一般认为,"马克思和恩格斯用'意识形态'这一词的时候,从未赋予之'科学的'意义"。[1]1893年7月14日,恩格斯在给梅林的信中说:"意识形态是由所谓的思想家通过意识、但是通过虚假的意识完成的过程。推动他的真正动力始终是他所不知道的,否则这就不是意识形态的过程了。"[2]按照这种理解,意识形态概念在本质上就是贬义的、非科学的,内在包含对现实的虚假和扭曲的认识。既然道德都是意识形态,当然也就谈不上对现实有理性客观的把握,不够资格来评判社会生活,更不能帮助人们指明历史前进的方向。或许正基于此,马克思恩格斯在《德意志意识形态》中说:"共产主义者根本不进行任何道德说教……例如你们应该彼此相爱呀,不要做利己主义者呀等等;相反,他们清楚地知道,无论利己主义还是自我牺牲,都是一定条件下个人自我实现的一种必要形式。"[3]在这段文字中,俄罗斯学者古谢伊诺夫也读出了"导师的令人震撼的道德虚无主义"。[4]

上述结论是尼尔森不能接受的,但是其论证有理有据,究竟是哪个环节出了问题呢?尼尔森首先回到马克思恩格斯的"道德悖论"这个老问题上:一方面,马克思恩格斯反对道德说教,要将道德词汇当作过时之物加以拒绝,主张在科学而非道德意义上展开对资本主义的批判;另一方面,

---

[1] [波兰] 莱泽克·科拉科夫斯基:《马克思主义的主要流派》,唐少杰等译,黑龙江大学出版社2015年版,第159页。
[2] 《马克思恩格斯文集》(第10卷),人民出版社2009年版,第657页。
[3] 《马克思恩格斯全集》(第3卷),人民出版社1960年版,第275页。
[4] [俄] 古谢伊诺夫:"马克思主义与伦理学",参见安启念主编:《当代学者视野中的马克思主义哲学:俄罗斯学者卷》,北京师范大学出版社2008年版,第200页。

他们的著述又有很多或明或暗的道德判断。以马克思为例，早在《1844年经济学哲学手稿》中，他就控诉过"物的世界的增值同人的世界的贬值成正比",[1]在《资本论》中更充满"无耻的、直接的、冷酷的剥削""现代资本奴隶制""赤裸裸的利害关系和冷酷无情的现金交易"等道德判断。[2]尼尔森进而指出，马克思恩格斯的许多文本的确给人以道德判断都是意识形态偏见的印象，但他们自己无论在论战性著作还是私人通信中，从来都很坦然地给出各种道德判断，"没有丝毫的犹豫、尴尬，或是觉得自己正在说一些意识形态的或主观的或在某种意义上存在问题的东西"。[3]在尼尔森看来，这里就预示着两条针对"马克思主义的反道德主义"的破局之道：一是证明"道德并非都是意识形态"（命题一）；二是证明"意识形态并非都是虚幻观念"（命题二）。只要其中任一命题成立，都可以切断道德与虚幻观念的必然联系，令对手的观点无立足之地。

先看尼尔森怎么证明命题一，我们将之归纳为三个要点：

第一，如果一切道德理念"全都是意识形态，那么所有的理念，包括马克思自己的许多理念在内（如果不是全部的话）就都是意识形态的，这样，马克思就是搬起石头砸了自己的脚"。[4]这就是说，指认某种道德理念是意识形态，总要以某种非意识形态的道德理念为阿基米德点，为参照标准，否则天下乌鸦一般黑，就只能放弃道德话语了。马克思恩格斯既然没有放弃道德话语，可见他们自己的道德理念就构成了判断其他道德理念的标准。这便揭穿了伍德式论证的悖谬，反证了己方的观点，即马克思恩格斯持有非意识形态的道德理念，能够对包括资本主义在内的社会生活进行合理的道德判断。

第二，"道德是意识形态"只是一个社会学命题，而不是传统的哲学命

---

[1]《马克思恩格斯文集》（第1卷），人民出版社2009年版，第156页。
[2] 参见［英］史蒂文·卢克斯：《马克思主义与道德》，袁聚录译，高等教育出版社2009年版，第13页。
[3]［加］凯·尼尔森：《马克思主义与道德观念——道德、意识形态与历史唯物主义》，李义天译，人民出版社2014年版，第134页。
[4]［加］凯·尼尔森：《马克思主义与道德观念——道德、意识形态与历史唯物主义》，李义天译，人民出版社2014年版，第307页。

题，即"非一个道德本体论或认识论的命题，亦非一个元伦理的命题"。[1]尼尔森的言下之意是，社会学命题建基于过去的经验之上，其核心要义是对过去经验的一般概括和总结，而不是得出和形而上学判断一样的永恒真理。因此，马克思恩格斯提出"道德是意识形态"的观点，并非给道德下一个哲学意义上的普遍性定义，只是对阶级社会中道德的功能的一种经验总结，并不能界定无阶级社会的道德特征。道德在无阶级社会完全可以是非意识形态的。

第三，马克思恩格斯中晚年的一些论述表明他们已经纠正了早年对于道德的过激之论。马克思在其执笔的《国际工人协会共同章程》中说："承认真理、正义和道德是他们彼此间和对一切人的关系的基础"；[2]又在《国际工人协会成立宣言》中说："努力做到使私人关系间应该遵循的那种简单的道德和正义的准则，成为各民族之间的关系中的至高无上的准则"。[3]在《反杜林论》中，恩格斯说："只有在不仅消灭了阶级对立，而且在实际生活中也忘却了这种对立的社会发展阶段上，超越阶级对立和超越对这种对立的回忆的、真正人的道德才成为可能。"[4]并且，他在该书第二版序言中强调："本书所阐述的世界观，绝大部分是由马克思确立和阐发的，而只有极小的部分是属于我的，所以，我的这种阐述不可能在他不了解的情况下进行。"[5]在上述引文中，马克思恩格斯都正面使用了道德概念，尤其是恩格斯明确提到了后阶级社会"真正人的道德"。据此可知，共产主义不是要废除道德本身，只是要革新道德的内容，使其不为阶级利益遮蔽而沦为虚幻的意识形态。

我们认为，尼尔森对命题一的证明总体上是成功的，也有一些不足之处。第一个要点采用的是反证法，却有偷换概念之嫌：伍德式论证是建立在事实与价值二分的科学主义思路上，其判定道德虚幻性的阿基米德点不

---

[1] [加]凯·尼尔森：《马克思主义与道德观念——道德、意识形态与历史唯物主义》，李义天译，人民出版社2014年版，第7页。
[2]《马克思恩格斯文集》（第3卷），人民出版社2009年版，第227页。
[3]《马克思恩格斯文集》（第3卷），人民出版社2009年版，第14页。
[4]《马克思恩格斯文集》（第9卷），人民出版社2009年版，第100页。
[5]《马克思恩格斯文集》（第9卷），人民出版社2009年版，第11页。

是另一种道德，而是作为科学的历史唯物主义。鉴于这个论证毕竟揭示了对手未能妥善处理的矛盾，其论证效力还是有的，只是要打上一些折扣。第二个要点将"道德是意识形态"定性为经验性的社会学命题而非一般哲学命题，截断了道德和意识形态的必然联系，达到了对论敌观点釜底抽薪的效果。但是尼尔森未能展现马克思恩格斯跨学科的多维理论视野，其所谓道德社会学一方面使其摆脱了伍德式极端科学主义，另一方面仍然囿于温和科学主义之内，使其在破而后立的马克思主义道德理论建构过程中，将面临难以克服的困难。第三个要点根据马克思恩格斯后期的论述对前期的过激之论进行纠偏，这是"马克思主义的道德主义"的一贯做法，在文本根据上很有力量。在这方面，尼尔森主要借重前人，其本人似并不以引证见长。该要点的归纳只是说尼尔森有此证明理路，具体引证和推演都是我们重构完成的。

三、意识形态都是虚幻观念吗？

或许尼尔森也意识到上述证明并不完满，那么退而求其次，暂时悬置"道德是否意识形态"的问题，转而证明命题二，即"意识形态并非都是虚幻观念"，又会如何呢？很容易设想，假如命题二成立，那么即使道德是意识形态，也未必是扭曲现实的虚幻观念，而可以是真实的，甚至真正科学的。问题在于，按照恩格斯的意识形态定义，意识形态作为"一种以扭曲的方式反映特定阶级利益的虚幻信念的体系"，[1]在本质上就是虚幻观念，在这条理路上根本无法证明命题二。因此，尼尔森主张一种广义的马克思主义意识形态概念，并宣称："我远远不是关心其马克思主义血统的合法性，而是更多地关心它作为意识形态的一种概念化方式所具有的充分性。"[2]这里无疑隐含着对恩格斯定义狭隘性的批评，暗示其不能充分展现意识形态概念的理论潜能。在尼尔森看来，比恩格斯定义更为宽泛的

---

〔1〕[加]凯·尼尔森：《马克思主义与道德观念——道德、意识形态与历史唯物主义》，李义天译，人民出版社2014年版，第44页。

〔2〕[加]凯·尼尔森：《马克思主义与道德观念——道德、意识形态与历史唯物主义》，李义天译，人民出版社2014年版，第118页。

广义意识形态概念，至少可以分为两类：一种是非马克思主义的；另一种仍然是马克思主义的。

非马克思主义的广义意识形态概念或许可以追溯到最早使用这个词的法国学者特拉西（Destutt de Tracy），他用意识形态指代关于观念的科学。后来这个词的意思约略等于社会人类学家所谓信仰系统，"体现为一组（批）描述一个或多个共同体的特征或一个或多个共同体的某种特殊亚文化特征的规范、价值或理想；……它们能够解释经验并为那些行为原则给予合法化证明；……从而提升或至少捍卫群体团结"。[1] 尼尔森认为伯纳德·威廉姆斯（Bernard Williams）等人的这种用法过于宽泛，在实践中几乎就等同于世界观，使"意识形态的世界观"陷入同义反复，还会使"非意识形态的世界观"自相矛盾。与马克思主义的用法相比，这种意识形态概念显得毫无个性，松软轻飘，欠缺现实的论战性力量。

马克思主义的广义意识形态概念也已有了相当长的历史。科拉科夫斯基认为："在斯大林时代，马克思主义才用'意识形态'这一词来表示各种社会意识形式，包括摆脱了神秘化和曲解的社会意识而被认为是对世界的科学解释。"[2] 实际上，至少从列宁开始，马克思主义者已经开始使用"科学的意识形态"[3]"社会主义的意识形态"[4] 等中性的意识形态概念。尼尔森称赞列宁抓住了意识形态概念的本质特征，即"在于它回应阶级利益，而不在于它扭曲了我们对社会现实的理解"。[5] 在此意义上，尼尔森给出了自己的定义："意识形态是一个关于观点、理论、信仰、态度、

---

[1] [加] 凯·尼尔森：《马克思主义与道德观念——道德、意识形态与历史唯物主义》，李义天译，人民出版社2014年版，第124页。

[2] [波兰] 莱泽克·科拉科夫斯基：《马克思主义的主要流派》，唐少杰等译，黑龙江大学出版社2015年版，第159页。

[3] 《列宁全集》（第18卷），人民出版社1988年版，第137页。

[4] 《列宁全集》（第6卷），人民出版社1986年版，第38页。列宁所说"科学的意识形态""社会主义的意识形态"在原译中为"科学的思想体系""社会主义的思想体系"。有学者指出，与"思想体系"对应的俄文原文идеология在此就是"意识形态"之意。参见张秀琴："马克思主义中国化的话语体系探究"，载《学术研究》2017年第1期。

[5] [加] 凯·尼尔森：《马克思主义与道德观念——道德、意识形态与历史唯物主义》，李义天译，人民出版社2014年版，第308页。

规范和社会实践的系统，它（a）是阶级社会的特征，或是阶级社会中某个阶级或其他主要社会集团的特征，而且（b）它一般服务于某个阶级的利益，尤其是这类社会中某个阶级或其他主要社会集团的利益，尽管它至少通常会把自己表现为是对社会全体利益的回应。"[1]他认为这一定义具体指明了意识形态与阶级利益的本质联系，从而能够有效充当阶级斗争的语言武器，并且由于其切断了与虚假观念的本质联系，使得无产阶级能够正面使用这一概念。

在列宁式的理解中，由于意识形态经常代表统治阶级的利益，担负着将其特殊利益说成共同利益的、使社会秩序合法化稳定化的使命，因而意识形态常常成为扭曲现实的虚幻观念。但尼尔森强调，尽管如此，意识形态并不必然就会扭曲现实。他举例说："'资本主义掠夺了工人'这个道德信念，就能够为工人阶级的利益服务，从而成为工人阶级意识形态的一部分，但它仍是一个得到证明的道德信念——也就是说，它可以从某个无私的观点出发而获得证明。"[2]在尼尔森看来，"有些事情可以既是真正的科学，又依然是意识形态（在它回应了某个特定阶级利益的意义上），比如，马克思的《资本论》就是这样"。[3]以《资本论》为代表的马克思主义学说既是揭示历史发展规律的科学，又是代表无产阶级利益，指引其获得解放的社会主义的意识形态。进而言之，马克思主义和空想社会主义都回应无产阶级的利益，是其不同发展阶段的意识形态，区别在于，作为"科学的意识形态"马克思主义运用历史唯物主义和剩余价值学说，揭破了作为"非科学的意识形态"空想社会主义的虚幻观念，才指明并代表了无产阶级的真正利益。

借助列宁式理解，尼尔森否定了意识形态与虚幻观念的本质联系，这就证明了命题二，进而可以得出：道德即使是意识形态，也不一定是虚幻

---

[1] [加] 凯·尼尔森：《马克思主义与道德观念——道德、意识形态与历史唯物主义》，李义天译，人民出版社2014年版，第118~119页。

[2] [加] 凯·尼尔森：《马克思主义与道德观念——道德、意识形态与历史唯物主义》，李义天译，人民出版社2014年版，第309页。

[3] [加] 凯·尼尔森：《马克思主义与道德观念——道德、意识形态与历史唯物主义》，李义天译，人民出版社2014年版，第149页。

的。这可以在列宁那里得到印证：共产主义道德是"科学的意识形态"的有机组成部分，不是马克思恩格斯蔑视的"道德说教"，更不是过时的陈词滥调。在《青年团的任务》一文中，列宁回到《共产党宣言》中马克思恩格斯曾经面临的"共产主义要废除道德"问题。他说："究竟在什么意义上我们否定道德，否定品德呢？是在资产阶级所宣传的道德的意义上……我们否定从超人类和超阶级的概念中引出的这一切道德。我们说这是欺骗，这是为了地主和资本家的利益来愚弄工农，禁锢工农的头脑。……在共产主义者看来，全部道德就在于这种团结一致的纪律和反对剥削者的自觉的群众斗争。"[1]列宁所说的共产主义道德和恩格斯所谓"真正人的道德"含义有别，但有一点是共同的：共产主义否定阶级社会的旧道德，是为了建设共产主义新道德。而在列宁式理解中，这种共产主义新道德是无产阶级意识形态，但它不是虚幻的，而是科学的。

我们认为，尼尔森对命题二的证明，以及在此基础上为"马克思主义的道德主义"的辩护，为构建马克思主义道德理论开拓了空间。经由列宁式理解，尼尔森已经与广大苏联学者站在了一起，他们大多支持列宁的观点——意识形态可以是科学的。有些人还进一步论证："建立一种科学的意识形态必须要以这样一个阶级的存在为前提：这个阶级的利益同社会历史进程的客观趋势是相一致的并且同该阶级拥有一批能够科学地认识这种主客观相统一的意义的思想代表人物和思想理论家也是相一致的。"[2]然而，从反对伍德式论证来说，尼尔森的这一证明是失败的。首先，二者使用的意识形态概念有着重大差别，将"虚幻观念"这层意思拿掉后，尼尔森的意识形态定义已经内在包含了命题二，严格说来这里并无"证明"，只有"说明"。其次，借助恩格斯《社会主义从空想到科学的发展》《反杜林论》等著作的理论逻辑，并不需要扩展意识形态概念，就可以合理地说明道德从意识形态向科学的发展。最后，将科学与意识形态合二为一，不仅使马克思恩格斯的意识形态批判动摇根基，在特定年代还造成意识形

---

[1]《列宁全集》（第39卷），人民出版社1992年版，第303、306页。
[2]［苏］阿尔汉格尔斯基：《伦理学研究方法论》，赵春福等译，中国广播电视出版社1992年版，第175页。

态标签泛滥，严重危害科学独立性的恶果，这也是苏联伦理学界后来出现"道德应由意识形态转变为价值观"[1]等主张的原因。

四、道德情境主义和历史唯物主义

尼尔森通过多重证明，不惜更改恩格斯的意识形态定义，都是为了切断道德与虚幻观念的必然联系，为进一步论证道德和历史唯物主义兼容奠定基础。尼尔森理解的历史唯物主义，也就是我们通常说的唯物史观，由马克思恩格斯在《德意志意识形态》中创立问世，在马克思1859年的《〈政治经济学批判〉序言》中获得经典表述。在历史唯物主义与道德的关系问题上，尼尔森面临两大挑战：①有学者认为，历史唯物主义是一种历史决定论或经济决定论，而决定论瓦解了人类能动性和道德责任；②有学者认为，历史唯物主义主张道德随着历史条件的变化而变化，这就使道德陷入了相对主义。

第一大挑战涉及道德的可能性。在历史决定论语境下，历史发展遵循着铁的规律，无论人们怎样选择，它都一如既往地冲向前去。进而言之，人们怎样选择，并不是出于自由意志，也都是历史先行决定好了的。"世界上存在一些超出人的能动性之外的因果关系，它们是人类之所以做了他们所做的事而没做他们所没做的事的充分必要条件。"[2] "知道历史的必然性，同知道在一个确定的历史环境中什么是应该去做的正确事情，乃是一回事。"[3]这便使康德所谓"应当蕴涵能够"丧失根基，人的能动性和道德责任都成为幻觉了。

对此，尼尔森认为，马克思对生产力和生产关系、经济基础和上层建筑的论述，从未严格到需要冠名决定论的程度，他也常常强调两者之间的相互作用。历史唯物主义只是一种经验性的社会科学理论，"我们无需采

---

[1] 武卉昕：《苏联马克思主义伦理学兴衰史》，人民出版社2011年版，第202页。
[2] [加]凯·尼尔森：《马克思主义与道德观念——道德、意识形态与历史唯物主义》，李义天译，人民出版社2014年版，第311页。
[3] [加]凯·尼尔森：《马克思主义与道德观念——道德、意识形态与历史唯物主义》，李义天译，人民出版社2014年版，第310页。

用这样的哲学学说来攻击这位希望把哲学搁置一旁的马克思"。[1]此外，恩格斯说过："并不是'历史'把人当做手段来达到自己——仿佛历史是一个独具魅力的人——的目的。历史不过是追求着自己目的的人的活动而已。"[2]马克思说得更为辩证："人们自己创造自己的历史，但是他们并不是随心所欲地创造。"[3]可见，一定要从哲学上说的话，马克思恩格斯"是坚持认为在决定论和自由之间不存在冲突的兼容论者"[4]。

笔者认为，尼尔森的反驳有效却不彻底，关键在于未能在哲学高度领会马克思的存在论革命，不理解决定论和自由之间何以能够兼容，更加说不透马克思的社会科学和哲学之间的关系。实际上，马克思在反对传统哲学（唯心主义和旧唯物主义）的同时，确立了人的实践活动在新世界观中的核心地位。因为，一切理论——无论引向神秘主义还是世俗主义，也无论引向社会科学还是自然科学——都能在人的实践中以及对这个实践的理解中得到合理的解释。这种新世界观不仅能够揭破宗教迷信和意识形态偏见，也打破了科学主义的迷梦，指明了科学理论同样不是教条，而是在人的实践活动中获得并将随着实践的发展而修正完善或被证伪淘汰。在哲学上，无论物质还是精神、自然还是社会，也都只有从实践出发去理解，才能与传统哲学划清界限。这就是说，在马克思的社会科学理论之外，还有一个基础性的哲学境域，即实践唯物主义。正如孙伯鍨先生等人所说："历史唯物主义的基础……是'实践的唯物主义'。'实践的唯物主义'不仅扬弃了思维与存在的抽象对立，而且扬弃了主体与客体、因果性与目的性、必然与自由的抽象对立。"[5]只是在实践而非理论中，尼尔森提到的决定论和自由的冲突才能真正被扬弃，因为"决定"和"自由"都是对人

---

[1] [加]凯·尼尔森：《马克思主义与道德观念——道德、意识形态与历史唯物主义》，李义天译，人民出版社2014年版，第311页。

[2] 《马克思恩格斯文集》（第2卷），人民出版社2009年版，第295页。

[3] 《马克思恩格斯文集》（第1卷），人民出版社2009年版，第470页。

[4] [加]凯·尼尔森：《马克思主义与道德观念——道德、意识形态与历史唯物主义》，李义天译，人民出版社2014年版，第312页。

[5] 孙伯鍨、姚顺良、张一兵："重温历史唯物主义——兼评当前历史唯物主义研究中的某种理论偏向"，载《天府新论》1986年第4期。

的实践活动的片面抽象，这种抽象一旦回到现实就会发现二者本来就是兼容的，而现实中具体的矛盾内容也会随着实践的进程不断得到解决。总之，人的能动性是实践活动的题中之义，具备存在论意义上自明的真实，我们的道德责任无可推卸。

第二大挑战涉及道德的客观性。根据历史唯物主义，"(a) 在不同的社会和时代，存在道德标准的多样性，(b) 这些标准具有受到历史局限的不同的功能恰当性，以及 (c) 它们之所以如此，是由于社会的经济结构使然"，[1]很容易令人生发相对主义的忧虑，对道德的客观性报以怀疑的态度。

对此，尼尔森认为，道德的意识形态倾向的确会影响其客观性，但从上述三类事实推不出道德必然不客观的结论。他强调"要拥有客观性，我们不一定非得寻求确定性"，[2]或者说不一定要在具体规范上寻求永恒道德原则。尼尔森提出了一种道德情境主义，并断言其不仅与历史唯物主义兼容，而且为我们提供了"极其充分的""唯一正确的客观性概念"。[3]这种情境主义固然承认道德随情境的改变而改变，但这里"不存在什么相对性，因为正是情境中那些明显客观的状况而非我们的思想或文化的信念体系，证明了信念的变迁是正当的"。[4]他举例说，加拿大育空地区冬天很冷，人们在冬天穿上厚外套是合理的，但这种要求加在赤道附近的居民身上就很荒谬；为非洲饥民捐款是应当的，但若我自己也在挨饿，那就另当别论。"人们的需求以及情境的具体状况（它们在客观上是可辨识的），为非道德层面的评价和道德层面的评价奠定了基础。"[5]进而言之，虽然

---

[1] [加] 凯·尼尔森：《马克思主义与道德观念——道德、意识形态与历史唯物主义》，李义天译，人民出版社 2014 年版，第 175 页。
[2] [加] 凯·尼尔森：《马克思主义与道德观念——道德、意识形态与历史唯物主义》，李义天译，人民出版社 2014 年版，第 17 页。
[3] [加] 凯·尼尔森：《马克思主义与道德观念——道德、意识形态与历史唯物主义》，李义天译，人民出版社 2014 年版，第 9 页。
[4] [加] 凯·尼尔森：《马克思主义与道德观念——道德、意识形态与历史唯物主义》，李义天译，人民出版社 2014 年版，第 11~12 页。
[5] [加] 凯·尼尔森：《马克思主义与道德观念——道德、意识形态与历史唯物主义》，李义天译，人民出版社 2014 年版，第 11 页。

大多数人都会受制于主流意识形态，但并非所有人都如此。从苏格拉底的反诘到马克思的批判，都表明有些人的道德反思力更强，能够对于各方利益乃至整个历史情境进行融贯性思考，从而提出特定情境下较为合理的道德标准或某种达成道德共识的程序。因此，不同于文化相对主义，情境主义认为随着情境的趋同不同文化圈会在道德信念上逐渐达成一致；不同于伦理相对主义，情境主义认为伦理的正当性取决于人们的需求及其对象在客观情境中的关系而不是单纯主观或客观的某种东西；不同于元伦理的相对主义，情境主义认为在罗尔斯（John Rawls）式广泛的反思平衡中，有机结合最好的社会理论即历史唯物主义，可以评判其它道德体系的优劣，并证明恩格斯所说"道德……总的说是有过进步的"。[1]

笔者认为，道德情境主义的提出，是尼尔森《马克思主义与道德观念——道德、意识形态与历史唯物主义》一书最大的亮点。情境主义不是从超感性的上帝、实践理性或欲望等出发考察道德的根据和正当性，而是将之与特定历史情境下现实的人的需求及其对象联系起来，实际上展现了一种价值论的关系主义思维，能够立足主体的内在尺度反思和建构道德规范。但是囿于其对历史唯物主义的纯粹实证科学的定位，未能将其关系主义思维提升到实践观点的高度。正如李德顺先生所说："'关系说'克服了传统的价值主观主义和客体主义局限，充分强调了主客体关系的情境在价值形成上的作用。这种说法显然更加合理并贴近实际。但是，当它的理论基础和背景没有达到对人和人的特殊存在方式有更全面彻底的理解时，也仍未能进一步指出'情境'的意义和实质。"[2]尽管如此，当尼尔森依托历史情境来调和历史唯物主义和道德的关系时，他已经不自觉地站在实践的地基上。在实践中，作为社会科学理论的历史唯物主义致力于求真，道德选择则致力于求善，而求真与求善都是实践的基本形式。从求真来说，道德理论、道德规范或许有虚幻性、局限性，但是求善的道德实践本身，是人类存在的基本方式之一，具备存在论意义上的基础实在性。从求善来

---

[1]《马克思恩格斯文集》（第9卷），人民出版社2009年版，第100页。
[2] 李德顺：《价值论：一种主体性的研究》（第3版），中国人民大学出版社2020年版，第29页。

说，历史唯物主义所求之真，也是善之一种，离开真去求善，往往好心办坏事，导致善之自我否定。可见，求真的历史唯物主义与求善的道德在实践上是相辅相成的，两相结合，我们将达到更加深刻的历史唯物主义，也将收获更加理性客观的道德及其理论。之所以出现二者难以兼容的学术公案，除前文所述原因外，分析马克思主义学者对历史唯物主义的实证化理解方式，也难辞其咎。这种社会学解读模式，只有在哲学的实践观点统摄下，才不至于畸变为科学主义的教条。

当然，许多学者将伍德、尼尔森等分析马克思主义学者一概定性为科学主义的马克思主义，这又过于简单化了。严格来说，只有伍德式"马克思主义的反道德主义"才与阿尔都塞式科学主义的马克思主义一脉相承。而尼尔森、佩弗等"马克思主义的道德主义"者并不满足于证明道德与历史唯物主义兼容，他们还积极投身到与罗尔斯、诺奇克等自由主义者的论战中去，希望进一步系统建构马克思主义道德理论。如果说在《马克思主义与道德观念——道德、意识形态与历史唯物主义》一书中，尼尔森确实站在某种温和的科学主义立场，那么在其另一代表作《平等与自由：捍卫激进平等主义》中，他的理论姿态与其说接近阿尔都塞，不如说接近偏重阶级意识的卢卡奇，不自觉地站在某种人本主义的马克思主义立场。

(原载《教学与研究》2020 年第 1 期)

对卢克斯"马克思主义与道德关系"论的反思与批判

在我国社会主义革命、建设和改革过程中,马克思主义一直是中国共产党的指导思想,社会主义道德建设也贯穿始终,一般认为马克思主义内在包含一种集体主义道德观,马克思主义与道德的关系是和谐一致的。可是一旦深入研究马克思主义哲学史和经典著作,就会发现马克思主义与道德的关系是一个世界学术难题,至今还有不少学者支持马克思主义"反道德"的观点。对于这种马克思主义反道德论的迷误及其根源,英国学者史蒂文·卢克斯认为应该从理论和实践两个方面加以揭示。在《马克思主义与道德》一书中,卢克斯论证马克思主义理论存在着反道德与道德、反乌托邦与乌托邦的似是而非的矛盾,并影响到马克思主义实践中对"手段—目的"的问题的解决。他认为,马克思主义反对的是"法权的道德",支持的是"解放的道德";马克思主义为了自身的科学性等原因自觉地反乌托邦,但这样做却导致欠缺对未来社会现实性的深度反思,在不自觉地论及未来社会道德原则等时重新堕入乌托邦,反而有损于自身理论的科学性;一旦人们将这些带有乌托邦性质的道德原则付诸实践,由于其内在拒斥本不应该拒斥的权利观念,可能会导致为了目的、效果不顾手段、动机的情形,使人们的正当权利受到侵犯;因此只有正视这些"固有缺陷",才能建设性地发展马克思主义。卢克斯的这些观点虽有一定启发性,却失之偏颇,有必要全面梳理其理论逻辑,澄清其中的一些误读,从而有助于我们更加完整准确地把握马克思主义道德观,稳健推进新时代中国特色社会主义道德和法律建设。

一、法权的道德与解放的道德

马克思主义经典作家对道德的态度似乎表现出矛盾，从不同文本出发可以得出截然相反的结论。这使得分析马克思主义分化出"马克思主义的反道德主义"和"马克思主义的道德主义"两大阵营。对此，卢克斯并没有一开始就选边站队，而是力图澄清两大阵营所谓道德的含义是不同的，马克思主义对道德的矛盾态度只是表面上的。在他看来，道德涉及"正当和善的领域以及责任、义务、公平、美德、人格、好的生活和好的社会的本质等问题"[1]，"一旦我们认识到它指责为意识形态和不合时宜的是法权的道德，而采纳为它自己的道德的是解放的道德，马克思主义对道德的态度中似是而非的矛盾就迎刃而解了"。[2]

卢克斯认为马克思主义之所以反对法权的道德，主要有两点理由：第一，法权是掩饰资产阶级利益的意识形态。德语"Recht"（法权）在英语中并没有对应的词汇，英国法学家哈特（Herbert Hart）等人指出，它似乎徘徊在法律与道德之间，划出一个关于正义、公平、权利和义务等的理论领域。在德国古典哲学中，按照康德、费希特的理解，法权是一套独立评价社会关系的合理标准和客观规则；按照黑格尔的理解，法权是最终统一主客观自由达到社会关系规范化、合理化的精神发展方式。马克思则认为法权关系"既不能从它们本身来理解，也不能从所谓人类精神的一般发展来理解，相反，它们根源于物质的生活关系"[3]；这种物质的生活关系的总和——"市民社会"决定着国家形态和法权关系；资产阶级尽管广泛使用正义和权利等概念，却不触动经济关系的私有制性质，因而其法权体现的不是跨阶级的共同利益，只是资产阶级的特殊利益。第二，法权将随着"法权的条件"的消亡而消亡。根据《德意志意识形态》等的分析，法权

---

[1] [英] 史蒂文·卢克斯：《马克思主义与道德》，袁聚录译，高等教育出版社2009年版，第3页。
[2] [英] 史蒂文·卢克斯：《马克思主义与道德》，袁聚录译，高等教育出版社2009年版，第37页。
[3] 《马克思恩格斯文集》（第2卷），人民出版社2009年版，第591页。

"从人们的物质关系以及人们由此而产生的互相斗争中产生"[1]，共产主义反对资产阶级"政治权利、私人权利以及权利的最一般的形式即人权……特权、优先权符合于与等级相联系的私有制，而权利符合于竞争、自由私有制的状态"[2]。根据《哥达纲领批判》等的分析，在"各尽所能，按需分配"的共产主义高级阶段，将不再需要法权的道德及其原则，"因为（1）那些能力和需求将是无限的，也就是说，任何原则都不可能预先限定它们并对它们作出具体的规定；（2）通过马克思所说的共同的（gemeinschaftlich）关系（及列宁的'新的更高的社会关系'），能力将会用于'相互交往的所有个人的共同利益'；（3）因为这些关系，并且因为物质上的丰富，需求将会全部得到满足，而不会有相互冲突的要求"[3]。

在卢克斯看来，马克思主义反对法权的道德，并不意味着反对一切道德，而是支持一种解放的道德。德语"Emanzipation"（解放）的词源学本意是"使妻子儿女摆脱家父权的管束"，在马克思主义中引申指"使人摆脱受奴役受压迫的社会关系"。一个解放了的社会，也就是消除了"个人利益或单个家庭的利益与所有互相交往的人们的共同利益之间的矛盾"[4]的社会。"解放的道德就要求建立一个世界，在这个世界里，法权的道德已不再必要。"[5]当然，就像帕舒卡尼斯所说，这并不意味着一切道德的消亡，"如果从广义的意义上把道德理解为人性的高级发展形式、人向类存在（马克思的术语）的转换，那么道德就没有消失"[6]，而是要求人们"将自我融入集体中，并从中得到最大满足、发现生命的意义"[7]。这

---

[1]《马克思恩格斯全集》（第3卷），人民出版社1960年版，第363页。
[2]《马克思恩格斯全集》（第3卷），人民出版社1960年版，第228~229页。
[3][英]史蒂文·卢克斯：《马克思主义与道德》，袁聚录译，高等教育出版社2009年版，第70页。
[4]《马克思恩格斯全集》（第3卷），人民出版社1960年版，第37页。
[5][英]史蒂文·卢克斯：《马克思主义与道德》，袁聚录译，高等教育出版社2009年版，第43页。
[6][苏]帕舒卡尼斯：《法的一般理论与马克思主义》，杨昂、张玲玉译，中国法制出版社2008年版，第113页。
[7][苏]帕舒卡尼斯：《法的一般理论与马克思主义》，杨昂、张玲玉译，中国法制出版社2008年版，第112页。

种解放的道德,也就是恩格斯在《反杜林论》中所说的"真正人的道德"——"只有在不仅消灭了阶级对立,而且在实际生活中也忘却了这种对立的社会发展阶段上,超越阶级对立和超越对这种对立的回忆的、真正人的道德才成为可能。"[1]

卢克斯的两种道德论在国际学术界颇受赞誉,但也不乏批评者。英国学者肖恩·塞耶斯(Sean Sayers)就批评说,卢克斯所谓解放的道德是一种自然主义的价值,但这种价值并非如卢克斯"所认为的那样,在某种意义上是非意识形态的和非相对主义的。这是因为,这些价值都是以人的诸种需求和人性标准为基础的,而且它们都是社会历史现象"。[2]塞耶斯的批评并未抓住要害。首先,卢克斯从未否认解放的道德以未来的人性为基础,而这种人性是社会历史产物。对此,他曾引用《神圣家族》中的名言——"既然是环境造就人,那就必须以合乎人性的方式去造就环境"。[3]其次,解放的道德确乎是非意识形态的。道德判断是认知和态度的统一,态度固然有主观性,其认知基础才决定这一判断是否为意识形态幻觉。解放的道德在唯物史观指导下,意识到推动自身的历史的"真正动力"[4],这便超出了意识形态的限制。最后,解放的道德也确乎是非相对主义的。至少与传统道德的阶级特殊性相比,它代表真正的人类共同利益,是具有普遍性的。

尽管如此,卢克斯所谓马克思主义反对法权的道德、支持解放的道德的看法,还是有简单化之嫌。马克思主义经典中的确有许多针对法权道德的批判,但这主要是反对将法权原则绝对化,反对脱离社会经济结构和文化发展而运用之,并不妨碍马克思主义者支持以法权原则来协调和解决人民内部矛盾。在《国际工人协会共同章程》中,马克思强调"工人阶级的解放斗争……是要争取平等的权利和义务"[5],"加入协会的一切团体和个

---

[1]《马克思恩格斯文集》(第9卷),人民出版社2009年版,第100页。
[2][英]肖恩·塞耶斯:《马克思主义与人性》,冯颜利译,东方出版社2008年版,第163页。
[3]《马克思恩格斯文集》(第1卷),人民出版社2009年版,第335页。
[4]《马克思恩格斯文集》(第10卷),人民出版社2009年版,第657页。
[5]《马克思恩格斯文集》(第3卷),人民出版社2009年版,第226页。

人,承认真理、正义和道德是他们彼此间和对一切人的关系的基础"[1]。在《哥达纲领批判》中,马克思又预言社会主义阶段"平等的权利按照原则仍然是资产阶级权利,虽然原则和实践在这里已不再互相矛盾"[2]。这说明从无产阶级革命之初直到整个社会主义阶段,马克思都认为法权的道德不可或缺。至于共产主义高级阶段是否超越法权的道德,这要看指的是哪种法权。在马克思主义经典作家"重建个人所有制"等思考中,蕴含着一种有待发展的共产主义法权意识。与资本主义法权主要保障资产阶级利己的人的财产权相比,共产主义法权保障的是从个人到集体的多元主体在共同体中的主体地位。[3]当然,这种主体地位是权利和义务的统一,原则上"没有无义务的权利,也没有无权利的义务"[4]。

二、反乌托邦与乌托邦

在卢克斯看来,两种道德论固然有助于理解马克思主义经典作家的观点,消除其中一些似是而非的矛盾,但还没有深入反省法权的道德和解放的道德的内在关系本身。他提出了一个重大问题:"如果不承认正义原则与权利原则,解放是可以想象的吗?"[5]有时经典作家似乎认为,随着私有制和阶级社会的消亡,尤其是生产力水平极大发展、物质产品极大丰富之后,法权的条件将被超越,那时"侈谈平等和权利就像今天侈谈贵族等等的世袭特权一样显得可笑"[6]。卢克斯认为不能教条主义地理解经典作家的上述观点,法权的条件并不限于生产资料私有制。

法权的条件究竟有哪些呢?卢克斯着重回顾了休谟、罗尔斯和布坎南(Allen Buchann)的观点。休谟说:"正义只是起源于人的自私和有限的慷

---

[1]《马克思恩格斯文集》(第3卷),人民出版社2009年版,第227页。
[2]《马克思恩格斯文集》(第3卷),人民出版社2009年版,第434页。
[3] 参见李德顺:"价值独断主义的终结:从'电车难题'看桑德尔的公正论",载《哲学研究》2018年第1期。
[4]《马克思恩格斯文集》(第3卷),人民出版社2009年版,第227页。
[5] [英] 史蒂文·卢克斯:《马克思主义与道德》,袁聚录译,高等教育出版社2009年版,第113页。
[6]《马克思恩格斯文集》(第9卷),人民出版社2009年版,第354页。

慨,以及自然为满足人类需要所准备的稀少的供应。"[1]罗尔斯说:"只要人们对中等匮乏条件下社会利益的划分提出了相互冲突的要求,正义的环境就算达到了。"[2]布坎南则认真考虑了利他主义背景下法权的条件,包括"少数人被民主程序疏远时;家长式政策干预个人自由时;在什么构成福利或公共利益的问题上存在分歧时;需要强制提供公共物品时;为了后人必须对供给予以指导和限制时"[3]。据此,卢克斯将法权的条件概括为四个方面:匮乏、利己主义、相互冲突的善观念、缺乏精确的信息和理解。他认为只要部分具备这四者,为了保护我们免受彼此有意无意地掠夺和侮辱,就必须仰仗合理分配社会利弊、明确不同主体权利和义务的法权的道德。

首先是"匮乏"。卢克斯强调匮乏有一系列形式:"(1)与生产需求相关的生产投入的不足;(2)与消费需求相关的产品的不足;(3)外部条件对个人目标共同实现的可能性的限制;(4)目标的性质对个人目标共同实现的可能性的限制。"[4]就形式(1)来说,今天的环境污染和资源短缺问题已引起世界性关注,制约着生产投入。就形式(2)来说,人类的消费需求不断创生,永无止境,任何时代都存在某些产品不足问题。就形式(3)来说,一群人能够拥有的外部条件总是有限的,如不可能都占有最好的居住空间和表演时间段。就形式(4)来说,一定的社会共同体中总有些类似节目主持人的社会地位是稀缺的。社会性匮乏永恒存在,如果社会成员还具有利己主义观念,势必发生冲突,需要法权规范加以调解。

其次是"利己主义"。马克思主义并不一般地反对利己主义,关键在于这个所利之"己"是个人的一己之私,还是社会大我的自由和全面发展。马克思和恩格斯都主张通过扬弃私有制改造社会关系,从而改造现实

---

[1] [英]休谟:《人性论》,关文运译,商务印书馆1980年版,第536页。
[2] [英]罗尔斯:《正义论》,何怀宏、何宝钢、廖申白译,中国社会科学出版社2009年版,第98页。
[3] [英]史蒂文·卢克斯:《马克思主义与道德》,袁聚录译,高等教育出版社2009年版,第80页。
[4] [英]史蒂文·卢克斯:《马克思主义与道德》,袁聚录译,高等教育出版社2009年版,第40页。

的人性，使人的需要和享受失去"自己的利己主义性质"[1]。但是，正如恩格斯在《反杜林论》中指出的那样，"人来源于动物界这一事实已经决定人永远不能完全摆脱兽性，所以问题永远只能在于摆脱得多些或少些，在于兽性或人性的程度上的差异"。[2]或许伦理利己主义在共产主义社会将在很大程度上被超越，人类道德的心理利己主义的自然基础却永远不会完全消亡。

再次是"相互冲突的善观念"。即使共产主义社会是完全利他主义的，人们对于善观念的理解仍然会产生冲突，那时"一种观念的无私实践者也会对别的观念的支持者构成威胁，因此，需要正义和权利"。[3]每一种善观念都只支持特定的社会关系和生活方式，其对于个人利益和共同利益的理解总是包含了知识以外的信仰因素，即使在知识的可检验的现实普遍性上能达成共识，信仰的无限可能性也决定了人们的善观念的多元化本质。在此意义上，如英国法学家约瑟夫·拉兹（Joseph Raz）所说，就是在一个由天使组成的社会里，也需要体现正义与权利的法律来协调和解决争端，实现和谐与互利。[4]

最后是"缺乏精确的信息和理解"。在共产主义社会，人们对自然和社会的认识水平将远超阶级社会时期，但永远不可能达到全知全能的境界。"他们可能没有按照他们应该对待别人的方式去对待别人，因为他们不知道该如何去做，或者因为他们出了错，导致责任和利益分配的不均，损害了个人的利益。"[5]为了避免无知酿苦果、好心办坏事，避免对他人利益造成不可挽回的损失，共产主义社会仍然需要贯彻落实民主法治，以权利和义务的形式划定一切社会集体和个人的权力边界，以保障每个人自

---

[1]《马克思恩格斯文集》（第1卷），人民出版社2009年版，第190页。
[2]《马克思恩格斯文集》（第9卷），人民出版社2009年版，第106页。
[3][英]史蒂文·卢克斯：《马克思主义与道德》，袁聚录译，高等教育出版社2009年版，第41页。
[4]参见[英]约瑟夫·拉兹：《实践理性与规范》，朱学平译，中国法制出版社2011年版，第180页。
[5][英]史蒂文·卢克斯：《马克思主义与道德》，袁聚录译，高等教育出版社2009年版，第41页。

由和全面发展的主体地位。

总之,即使在生产资料公有制和利他主义社会中,法权的条件也将继续存在,这是由于"不仅匮乏、有限的利他主义、相互矛盾的道德观、对知识和认识的限制会持续下去;而且,少数人也将总是需要保护以免受最民主程序的侵害,对共同目标的理解也将总是各不相同,还将总是需要以一种对所有个人都不会立竿见影而又都是强制性的方式来保障对公共物品和后代所需的供给"。[1]因此,离开法权的道德去构想解放的道德只能陷入一种道德乌托邦。推而广之,卢克斯认为马克思主义在道德问题上存在的"矛盾",只是一种更深刻的"矛盾"的表现之一,即它"既是反乌托邦的,又是乌托邦的"[2]。

一方面,马克思主义以科学社会主义来自我定位,一开始就力图与一切乌托邦的社会主义划清界限。马克思早在《1844年经济学哲学手稿》中就曾对各种空想社会主义进行过批判。后来恩格斯在《德国农民战争》的序言中,尽管肯定圣西门、傅立叶和欧文位居一切时代最伟大的智士之列,但也毫不含糊地指出他们的学说"含有十分虚幻和空想的性质"[3]。卢克斯具体总结了马克思主义反乌托邦的四个原因:其一,是受到黑格尔关于世界历史的目的论哲学的影响,相信共产主义是"历史之谜的解答,而且知道自己就是这种解答"[4],未来已由科学证明,无须诉诸价值理想;其二,是认为资本主义的罪恶和矛盾显而易见,其不可持续也显而易见,令人向往的无阶级社会触手可及,不必要加以推测;其三,是相信革命胜利后的无产阶级将根据实际情况解决社会安排形式问题,过早预测难免冒失;其四,是担心陷入争论不休的局面,妨碍革命者当下的革命活动。

另一方面,马克思主义对未来获得解放的世界的许多美好设想,又难

---

[1] [英]史蒂文·卢克斯:《马克思主义与道德》,袁聚录译,高等教育出版社2009年版,第113页。

[2] [英]史蒂文·卢克斯:《马克思主义与道德》,袁聚录译,高等教育出版社2009年版,第45页。

[3] 《马克思恩格斯文集》(第2卷),人民出版社2009年版,第218页。

[4] 《马克思恩格斯文集》(第1卷),人民出版社2009年版,第185~186页。

以与乌托邦主义划清界限。卢克斯认为,马克思和恩格斯确实认为"空想社会主义者的想象是不成熟的,是前科学的。但与此同时,他们又综合空想社会主义者对未来的想象并将其纳入了他们自己关于解放的理想之中……几乎没有人比他们对未来寄予过更高的期望"[1];他们不仅消化吸收了圣西门、傅立叶和欧文等人"关于未来社会的积极的主张,例如消灭城乡对立、消灭家庭、消灭私人营利、消灭雇佣劳动、提倡社会和谐、把国家变成纯粹的生产管理结构"[2],而且集过去时代一切乌托邦传统之大成。譬如,与将自然理想化的安乐乡(Cockaygne)相似,共产主义的集体财富源泉将充分涌流,乃至能够按需分配;与将人理想化的道德共和国相似,共产主义将实现真正的自由、平等、博爱,使每个人的自由发展成为一切人自由发展的条件;与世外桃源般的阿卡迪亚(Arcadia)相似,共产主义将在个性更发展、物资更丰裕的情况下实现人与人、人与自然之和谐;与基督教的千年盛世(Millennium)相似,共产主义不求助于弥赛亚,却找到了建立理想社会的现实主体即无产阶级。

必须指出,卢克斯强调马克思主义的乌托邦色彩,不是否认其社会发展理论的科学性,而是肯定其共产主义理想的崇高价值,惋惜"马克思主义未能利用自己继承而又掩盖了的乌托邦主义的……现实的力量"[3]。他认为乌托邦主义并非都是胡思乱想,其高级形式能够通过超越性的思想实验,激发人们的灵感和想象力,建设性地探究实现共产主义社会理想(包含解放的道德于其中)的具体制度和政治形式,这只会增强而非削弱共产主义学说的科学性。

笔者认为,卢克斯在此混淆了乌托邦和社会理想两个范畴。这里所反映的真正问题是马克思主义呼唤哲学价值论的诞生。创立哲学价值论并由此澄清马克思主义关于共产主义社会理想的多维视点,经典作家生前并没

---

[1] [英] 史蒂文·卢克斯:《马克思主义与道德》,袁聚录译,高等教育出版社2009年版,第48~49页。
[2] 《马克思恩格斯文集》(第2卷),人民出版社2009年版,第63~64页。
[3] [英] 史蒂文·卢克斯:《马克思主义与道德》,袁聚录译,高等教育出版社2009年版,第56页。

有来得及去做。在整个苏联马克思主义哲学传统中，由于深陷旧唯物主义客体至上的认知主义思维方式，注重主体性的价值论研究一直被边缘化。直到我国改革开放以后，在返本开新的实践观点指引下，我国学者成功创立了具有中国特色、风格和气派的马克思主义哲学价值论。据此，我们可以将前马克思主义的社会理想分为两类：一类受价值客观论影响，将社会理想实体化为某种超越的完美共同体，以柏拉图的"理想国"和奥古斯丁的"上帝之城"为代表；另一类受价值主观论影响，将社会理想寄希望于人类理性的主观建构，以霍布斯的社会契约论和欧文的空想社会主义为代表。这二者都从观念而非实践出发，终究陷入历史唯心主义，沦为不同形式的乌托邦。

马克思主义的社会理想则立足于价值"实践说"[1]，实现了对价值客观论和主观论的双向超越。首先，从实践主体方面说，共产主义是合乎无产阶级实际利益的价值观念，消化吸收了包括空想社会主义在内的西方乌托邦传统，为最广大人民确立社会理想指明了方向。这说明了共产主义的可欲性。其次，从实践客体方面说，共产主义是马克思在其两大发现基础上科学预言了的未来社会形态，符合历史发展的一般规律和趋势。这说明了共产主义的可能性。最后，从实践关系来说，共产主义的可欲性和可能性统一于实践（革命、建设、改革），它"不是教义，而是运动"[2]，"是那种消灭现存状况的现实的运动。这个运动的条件是由现有的前提产生的"[3]。这说明了共产主义观念、现实和实践的统一性。共产主义的这三重含义是一个有机整体，如果断章取义地理解，就可能犯以下错误：一是将可欲性、价值观念等同于主观性、空想，不去具体分析、比较、检验不同社会理想的合理性，而是笼统地以反乌托邦的名义加以拒斥；二是将表达可能性和趋势的历史科学的"必然性"等同于神学或形而上学的必然

---

[1] 李德顺：《价值论：一种主体性的研究》（第3版），中国人民大学出版社2020年版，第29页。
[2]《马克思恩格斯文集》（第1卷），人民出版社2009年版，第672页。
[3]《马克思恩格斯文集》（第1卷），人民出版社2009年版，第539页。

性，不懂得"我们的理论是发展着的理论"[1]，而"理论的方案需要通过实践经验的大量积累才臻于完善"[2]；三是离开可欲性（价值）和可能性（真理）这两个实践的基本内容和要素开展运动，陷入反人道主义或反科学的为运动而运动的盲动状态。

三、目的是否使手段成为正当

在卢克斯看来，如果一味规避乌托邦研究，有可能使得马克思主义的社会理想过于单薄，不能"对我们必须生活在其中的世界里的正义、权利和手段-目的问题给以足够的解释，因此也就不能对不正义、侵权和诉诸不允许的手段等作出充分的回应"。[3]他一方面认为，西方帝国主义和新殖民主义给人类带来了深重灾难，马克思主义执政者的丰功伟绩与其形成鲜明对照。另一方面又指出，马克思主义在将理论付诸实践时也带来一些新的道德领域的问题，譬如苏联马克思主义在俄国革命中大规模地使用暴力手段，就曾引发国际上许多学者的忧虑和批评。对此，卢克斯着重考察了托洛茨基和杜威之间的争论。

苏联革命家和理论家托洛茨基1938年在《新国际》(New International)发表《他们的道德与我们的道德》一文，主要从手段—目的关系视角对新政权的暴力行为进行了辩护，其要点如下：其一，布尔什维主义政权面临着国内外反动势力的反扑，使用暴力是战争状态下不得已的自卫行为。其二，暴力是阶级社会的产物，要消除之唯有消除阶级社会本身，而统治阶级不会自行退出历史舞台，使用暴力斗争推翻其统治是唯一出路。其三，"一个手段只能由它的目的来使其成为正当"[4]，社会主义目的在某种条件下，能使暴力等手段成为正当。其四，目的使手段成为正当有一个前

---

[1]《马克思恩格斯文集》（第10卷），人民出版社2009年版，第562页。
[2]《马克思恩格斯文集》（第5卷），人民出版社2009年版，第437页。
[3] ［英］史蒂文·卢克斯：《马克思主义与道德》，袁聚录译，高等教育出版社2009年版，第175页。
[4] ［苏］托洛茨基："他们的道德与我们的道德"，参见［美］杜威等：《道德与辩证法》，李书勋译，上海社会科学院出版社2017年版，第81页。

提，即目的本身必须是正当的，马克思主义以人类的解放（从不合理的社会关系和盲目的自然力量统治下解放出来）为目的，其正当性是不言而喻的。阶级社会的旧道德所设定的目的则导向人的异化了的本质，即天上的神或抽象的人性，它以伦理绝对主义的形式遮蔽了阶级压迫和剥削的现实，沦为代表统治阶级利益的意识形态。因此，"从'永恒真理'的观点来看，革命自然是'反道德的'。但这只表示出唯心主义的道德是反革命的，就是说，它是替剥削者服务的"。[1]

美国哲学家杜威（John Dewey）应《新国际》之邀写下了《手段和目的》一文，对托洛茨基的观点进行评论。他也反对那些基于"永恒真理"的伦理绝对主义，认同"结果（consequences）意义上的目的（end）为道德观念和行为提供了唯一的基础，因此也对所使用的手段提供了唯一证明其正当的辩护"。[2]但是，杜威认为托洛茨基未能区分目的的两种不同含义，即（1）观念中所期望的结果、（2）实际的客观结果，最终走向了另一种伦理绝对主义。具体而言，如果局限于目的的含义（1），它就将变成主观的无须检验的东西，只要行动者是真诚的，其任何行动都会被证明为正当。托洛茨基虽然强调对行为道德性"具有决定意义的，不是主观的动机，而是客观的益处"[3]，但是他视为检验根据的"益处"并不是人类解放本身，而是阶级斗争的现实需要，他坚信无产阶级是从社会发展的规律中，首先是从"阶级斗争"的规律中，"抽绎出行为的规则"[4]。这样一来，"公开承认的目的——所期望的结果——人类解放，因此而臣服于作为达到人类解放目的之手段的阶级斗争。目的和手段的相互依赖，被目

---

[1]［苏］托洛茨基："他们的道德与我们的道德"，参见［美］杜威等：《道德与辩证法》，李书勋译，上海社会科学院出版社2017年版，第58页。

[2]《杜威全集·晚期著作》（第13卷），冯平等译，华东师范大学出版社2015年版，第295页。

[3]［苏］托洛茨基："他们的道德与我们的道德"，参见［美］杜威等：《道德与辩证法》，李书勋译，上海社会科学院出版社2017年版，第86页。

[4]［苏］托洛茨基："他们的道德与我们的道德"，参见［美］杜威等：《道德与辩证法》，李书勋译，上海社会科学院出版社2017年版，第82页。

的依赖于手段而手段却非源自目的取而代之"〔1〕,不仅使得人类解放的其他路径闭塞起来,而且也不能对阶级斗争的具体形式和范围加以科学地探讨,难免会造成阶级斗争扩大化之灾难。

卢克斯大体认同杜威对托洛茨基的批判,进而认为马克思主义未能适当解决手段—目的的问题。但托洛茨基的辩护是有一定道理的,只是未能立足实践观点来理解手段和目的的关系,卢克斯的上述批评对这种教条化的苏联马克思主义有一定适用性。然而,若认为整个马克思主义传统都存在类似问题,则失之偏颇了。马克思早在主编《莱茵报》时期就认识到"需要不神圣的手段的目的,就不是神圣的目的"〔2〕。后来他在《国际工人协会共同章程》《哥达纲领批判》中,都曾提出严明的法权规范和分配原则,用以约束实现共产主义的具体手段。尤其在《法兰西内战》中,马克思对巴黎公社的一系列论述,始终站在人民主体立场,紧扣手段—目的的辩证关系,其要义在于,共产主义者要自由地、有原则地实现普遍自由,无论目的还是手段,都要遵循人类解放的精神。

在马克思主义中国化过程中,我们的理论和实践都已扬弃和超越了苏联马克思主义。在手段—目的的问题上,如我国学者李德顺在《价值论》中就深刻地认识到,"首先,要明确目的,使它更完整、全面、系统,不应脱离了目的而就手段说手段。……其次,应该把实施手段的过程当作反映和检验目的的镜子"〔3〕。就第一点来说,要注意作为目的的共产主义理想是由许多具体目的构成的复合整体,必须妥善处理经济、政治、文化、社会、生态等不同领域目的的轻重缓急关系,尤其要兼顾效率与公平、自由与平等、功利与审美、当代与千秋。就第二点来说,要注意根据手段的反馈及时端正目的,有些目的如果穷尽手段也实现不了,那就说明其认知基础不切实际,必须加以革故鼎新。这也是我国改革开放伟大实践的哲学

---

〔1〕《杜威全集·晚期著作》(第13卷),冯平等译,华东师范大学出版社2015年版,第297页。

〔2〕《马克思恩格斯全集》(第1卷),人民出版社1995年版,第178页。

〔3〕李德顺:《价值论:一种主体性的研究》(第3版),中国人民大学出版社2020年版,第86页。

基础,因为"所谓'社会主义社会'不是一种一成不变的东西,而应当和任何其他社会制度一样,把它看成是经常变化和改革的社会"[1]。

四、马克思主义道德观是否属于至善论的结果论?

在卢克斯看来,杜威与托洛茨基的争论抓住了马克思主义道德观的关键,实际上表明"马克思和马克思主义关于行为的目的与结果的思想,并且更为广泛地讲,关于道德的思想,有着一定的独特结构。简而言之,它是一种长远的、至善论的结果论……是极其且始终不渝地反义务论的"[2]。卢克斯进而断言,解放的道德的伦理学基础就是这种至善论的结果论,法权的道德则建基于康德式义务论,若将二者对立起来,便会造成理论和实践的一系列问题。

卢克斯认为这种至善论的结果论是亚里士多德主义和功利主义的混合物,只不过功利主义追求的最佳整体结果是最大多数人的最大幸福,马克思主义追求的"是人的力量、全面的个性在共同体中的最大实现,是每个人的全面和自由发展构成其支配性原则的社会的实现"[3]。然而,正如功利主义难以准确评估行为的后果,马克思主义也不能"对可供选择的手段的可能的、长期的结果进行比较性评估"[4]。这是由于:其一,马克思主义经典作家的反乌托邦情结使得他们的共产主义理想难以得到澄清,也就更难转化为评估行为道德性的明确标尺。其二,教条化的马克思主义陷入极端科学主义,迷信某种意义上业已确定的光明未来,将人的道德理性选择归结为机械的功能选择,特别是"马克思主义结果论关注的是未来人的

---

[1]《马克思恩格斯文集》(第10卷),人民出版社2009年版,第588页。

[2] [英] 史蒂文·卢克斯:《马克思主义与道德》,袁聚录译,高等教育出版社2009年版,第176~177页。

[3] [英] 史蒂文·卢克斯:《马克思主义与道德》,袁聚录译,高等教育出版社2009年版,第179页。

[4] [英] 史蒂文·卢克斯:《马克思主义与道德》,袁聚录译,高等教育出版社2009年版,第181页。

未来利益"[1],排除了"所有它认为与人类解放的事业无关的东西;尤其是,人们的当前利益,既包括受害者(有意的和无意的)的利益,也包括行为者的利益"[2]。

为了克服这些"弊病",卢克斯主张马克思主义应重新评价康德式义务论,并将法权的道德纳入解放的道德之中,因为获得最佳整体结果并不总是正当的,有时不那样做才是正当的,而这唯有通过义务论的法权的道德"施加'边际约束'和'以行为者为中心的限制'"[3]才能加以保障。

卢克斯的上述观点在国际学术界颇有影响,却包含着一些必须澄清的误读。前文已经表明:卢克斯断言马克思主义将法权的道德与解放的道德对立起来,这一点并不确切;他也在一定程度上混淆了乌托邦和社会理想,并且在分析手段—目的的问题时以偏概全了。在这些误读的基础上,他将马克思主义的尤其是马克思的道德观定性为"至善论的结果论",自然就更值得商榷。

对于马克思的道德观的类型定性,国际学术界有着重大争议。根据佩弗(Rodney G. Peffer)在《马克思主义、道德与社会正义》中的总结,与卢克斯观点最为相近的是约翰·萨默维尔(John Somerville)、理查德·米勒等人,他们都认为马克思是非功利主义的结果论者。但是,沙夫、布坎南等人认为马克思是功利主义的结果论者,伯恩斯坦和卡尔·瓦兰德尔(Karl Vorlander)等人认为马克思是一位康德主义者,佩弗和布伦克特(George Brenkert)等人则认为马克思持有一种混合的义务论,即"将(特定的)非道德善的产生作为相关的考量因素,但又认为正当的行为也许不是使非道德善最大化的行为。例如,非道德善的产生也许会被善的分配原则或者其他关于正当的原则所限制,这些原则自身并不能基于产生这些非

---

[1] [英] 史蒂文·卢克斯:《马克思主义与道德》,袁聚录译,高等教育出版社2009年版,第183页。

[2] [英] 史蒂文·卢克斯:《马克思主义与道德》,袁聚录译,高等教育出版社2009年版,第182页。

[3] [英] 史蒂文·卢克斯:《马克思主义与道德》,袁聚录译,高等教育出版社2009年版,第177页。

道德善并使之最大化而获得效力"。[1]

佩弗等人的观点未必是不刊之论,但是有着相当充分的文本根据,对卢克斯的观点构成重大挑战。譬如,在马克思的《哥达纲领批判》中,"按劳分配"和"按需分配"原则都对社会福利总和最大化进行了限制。这里马克思主要考虑的是对消费资料而非所有社会善品(social goods)的分配,但他提出的分配原则是有普遍意义的,"这一点已被马克思——在《共产党宣言》中——对'这样一个联合体,在那里,每个人的自由发展是一切人的自由发展的条件'的要求所证实"。[2]此外,在《国际工人协会共同章程》和《法兰西内战》中,马克思也对如何处理人民内部矛盾给出了带有义务论色彩的原则和范例。马克思并非反对义务论"人是目的"的价值理想本身,而是反对康德将其寄希望于纯粹的善良意志,"哪怕这个善良意志毫无效果他也心安理得,他把这个善良意志的实现以及它与个人的需要和欲望之间的协调都推到彼岸世界"。[3]在马克思看来,一切阶级剥削的本质,无非是统治阶级仅以自身为目的,而以被统治阶级为手段,这恰恰违背了"人是目的"的原则与理想;若将义务论的逻辑彻底化、现实化,它就不能停留在主观性之内,必须考虑到行为的客观效果,转化为真正可普遍化的"绝对命令:必须推翻使人成为被侮辱、被奴役、被遗弃和被蔑视的东西的一切关系"[4]。可见,马克思主义绝非"极其且始终不渝地反义务论",卢克斯在此基础上与马克思主义反道德论作战,是否有些堂吉诃德大战风车的意味呢?

五、余论:对卢克斯相关话题的引申思考

卢克斯对经典马克思主义的道德观有所误读,并不意味着建立在这种

---

[1] [美]罗德尼·G.佩弗:《马克思主义、道德与社会正义》,李旸译,重庆出版社2019年版,第94页。

[2] [美]罗德尼·G.佩弗:《马克思主义、道德与社会正义》,李旸译,重庆出版社2019年版,第125页。

[3] 《马克思恩格斯全集》(第3卷),人民出版社1960年版,第211~212页。

[4] 《马克思恩格斯文集》(第1卷),人民出版社2009年版,第11页。

误读基础上的批评没有理论和现实意义。这是由于不止卢克斯发生了误读，社会主义国家在革命、建设的艰辛探索中，有时也会发生对经典文本的类似误读，甚至以误读的"本本"为行动指南，不自觉地沦为卢克斯批评的"正本"。譬如，为与资产阶级民法及其"法权的道德"基础划清界限，我国1964年完成的《中华人民共和国民法草案（试拟稿）》就将权利等基本概念都抛弃了。[1]这份连权利概念都无处容身的民法草案即使转正了也根本无法处理人民内部矛盾，在改革开放以后的民法典制定中被果断废弃了。我国转而探索中国特色社会主义法权的现实形式，于2020年5月28日颁布实施了一部"体现对生命健康、财产安全、交易便利、生活幸福、人格尊严等各方面权利平等保护的民法典"[2]。又如，通过检索"法权的道德"和"解放的道德"在学术界的实际使用情况可知，不少学者未能把握卢克斯的整体思想逻辑，反而援引其两种道德论来诠释马克思主义道德观。这都表明，卢克斯对马克思主义道德观的批判性反思虽然只是误中副车，但是这些"副车"从属于一定的社会历史现实，有些还落在我国危害着我们的社会主义建设事业，因而批判吸收卢克斯的研究成果，对此类现象中暴露的问题加以审慎考察和建设性解决是非常必要的。

这首先要求加强从伦理学视角对马克思主义经典作家的理论和实践进行研究，以期正本清源，澄清马克思主义道德观的"原本"；进而要求在新的实践基础上做到像卢克斯所说的"发展由马克思自己提出但尚未展开的思想脉络"[3]，尤其是"发展一种纳入了马克思主义自由观的洞察力和想象力的正义理论"[4]，最终建构出更加完整准确的合乎马克思主义基本原理并体现时代精神的马克思主义道德理论。

对于第一种要求，我国学界以罗国杰为代表的马克思主义伦理学研究

---

[1] 参见梁慧星："制定民法典的设想"，载《现代法学》2001年第2期。

[2] 习近平："充分认识颁布实施民法典重大意义 依法更好保障人民合法权益"，载《求知》2020年第7期。

[3] [英]史蒂文·卢克斯：《马克思主义与道德》，袁聚录译，高等教育出版社2009年版，序言第4页。

[4] [英]史蒂文·卢克斯：《马克思主义与道德》，袁聚录译，高等教育出版社2009年版，第185页。

群体著述颇丰，已打下相当基础，但是像宋希仁《马克思恩格斯道德哲学研究》一类能够尽量兼顾经典作家前后期文本开展细致研究的作品还不多见。近年来，刘森林主编的"马克思与西方传统"丛书、段忠桥主编的"当代英美马克思主义研究译丛"、张霄和李义天主编的"新时代马克思主义伦理学丛书"等中的不少译著能够结合西方伦理学传统解读马克思恩格斯的著作，将推动我国学界对经典作家道德观的研究。

对于第二种要求，我国学界也有所尝试，目前正在陆续翻译国外学界在这方面的代表性作品。从已出版的一些译著来看，佩弗等分析马克思主义学者认识到，一种马克思主义道德理论必定与其社会理论是统一的，因而他们致力于提出一种充分的马克思主义道德和社会理论，即"建立在一套正确的、经验性的社会科学理论以及一种充分的（即正确的）道德理论基础之上的理论。……'充分的'或'正确的'道德理论意指最能与我们深思熟虑的道德判断达到广义的反思平衡的那种理论"。[1]在佩弗等人看来，"对罗尔斯理论的一种略微修正的版本可以最好地作为一种充分的马克思主义道德和社会理论的道德成分"。[2]如何评价和借鉴他们的这种理论建构尝试，对于我国学界来说还是一个富有争议的问题。

这里的关键在于，许多分析马克思主义学者的历史唯物主义研究和伦理学研究是割裂的。当研究历史唯物主义的时候，他们是所谓科学主义的马克思主义者，力图"拯救"出经得起"分析"的关于历史发展必然性规律的一般原理。当研究伦理学尤其是正义理论的时候，他们则更像所谓人本主义的马克思主义者，力图脱离具体的历史现实情境抽象地得出社会主义或共产主义的一般价值原则。这势必使得他们的理论不能真正超越伦理社会主义窠臼，无论如何精巧复杂，都既难以撼动晚期资本主义的阶级统治，也不能直接应用于现实存在的社会主义国家。

但若因此完全否定分析马克思主义道德理论对我国社会规范建设破旧

---

[1]［美］罗德尼·G.佩弗：《马克思主义、道德与社会正义》，李旸译，重庆出版社2019年版，第1页。

[2]［美］罗德尼·G.佩弗：《马克思主义、道德与社会正义》，李旸译，重庆出版社2019年版，第414页。

立新的借鉴和启发意义，将之斥为纯粹的主观思想或意识形态偏见，这种过于独断、保守的态度也是错误的。从历史唯物主义立场来看，分析马克思主义是西方发达资本主义社会左翼激进理论的一支，将卢克斯、佩弗等人的道德理论与赖特（Erik Olin Wright）、罗默（John Roemer）等人的阶级理论以及其他社会理论结合起来看，可以获得一个相对完整的晚期资本主义社会图景，有助于增进我们对资本逻辑新的发展动态的认识。此外，分析马克思主义学者对正义和平等进行了分门别类的研究，至少在形式分析上可以给予我们许多借鉴，丰富和发展我们对社会主义核心价值观的认识。

有些学者因分析马克思主义过于认同罗尔斯，似乎不自觉地接受了原子化的契约主体为理论前提，因而就全盘否定或极大忽略其积极意义，这是一种十分形而上学的评价。只要稍微注意到我国正在大力发展和完善社会主义市场经济，力求全面建成社会主义法治国家、法治政府、法治社会和法治文化，就不难理解至少在一定范围内我国人民也会遭遇类似西方契约主体的物质生活情境，在这种情境中无法求助于前现代的伦理传统，像分析马克思主义那样探索有别于自由主义的带有马克思主义性质的伦理原则才是真正具有建设性的。

当然，在整个国家社会生活层面，我们必须超越资产阶级法权的狭隘视野，也不能停留于分析马克思主义的抽象理论建构。从价值的主体性来说，唯有深刻把握我国人民日益增长的美好生活需要这个根本价值尺度，牢固立足于当今中国社会的生产方式现实和历史文化传统，"不忘本来、吸收外来、面向未来"，才能一边澄清经典马克思主义道德观，一边开展好新时代中国化马克思主义的道德理论建设，并营造出更加和谐友爱的社会主义道德风尚。

（原载《湖北大学学报（哲学社会科学版）》2021年第6期）

第三编
马克思主义与正义价值

　　许多人要正义，即要他们称为正义的东西，但他们并不因此就是共产主义者。而我们的特点不在于我们一般地要正义——每个人都能宣称自己要正义——，而在于我们向现存的社会制度和私有制进攻，在于我们要财产公有，在于我们是共产主义者。

　　　　　　——《共产主义者同盟第一次代表大会致同盟盟员的通告信》[1]

　　"正义"、"人道"、"自由"等等可以一千次地提出这种或那种要求，但是，如果某种事情无法实现，那它实际上就不会发生，因此无论如何它只能是一种"虚无缥缈的幻想"。

　　　　　　——恩格斯《民主的泛斯拉夫主义》[2]

　　在这里，同吉尔巴特一起说什么天然正义，这是毫无意义的。生产当事人之间进行的交易的正义性在于：这种交易是从生产关系中作为自然结果产生出来的。……只要与生产方式相适应，相一致，就是正义的；只要与生产方式相矛盾，就是非正义的。在资本主义生产方式的基础上，奴隶制是非正义的；在商品质量上弄虚作假也是非正义的。

　　　　　　——马克思《资本论》[3]

---

〔1〕《马克思恩格斯全集》第42卷，人民出版社1979年版，第431页。
〔2〕《马克思恩格斯全集》第6卷，人民出版社1961年版，第325页。
〔3〕《马克思恩格斯文集》第7卷，人民出版社2009年版，第379页。

从自然法到契约论

——兼评列奥·施特劳斯的正义理论

近年来随着我国社会转型深入，阶层分化剧烈，正义问题成为学术界关注的热点之一。对于该问题的研究，许多学者从新自由主义、分析马克思主义乃至新儒家等不同理论背景出发，在各自领域都取得了不俗成就。但从总体上看，这些研究较少能坚持逻辑与历史的统一，彼此欠缺"了解之同情"，妨碍了对问题进行更深刻的、富有建设性的思考。比如不少研究者支持罗尔斯的观点"正义是社会制度的首要价值"，但相关研究很少借鉴当代哲学价值论研究的方法与成果。有些研究者在古典正义观和现代正义观之间随意取舍，却不曾进入政治哲学史语境，批判地审视正义观从古到今的基本演变轨迹。有鉴于此，本文尝试将价值论研究和政治哲学史研究结合起来，以列奥·施特劳斯在《自然权利与历史》中提出的问题为线索，辩证地揭示正义的历史性本质。

一、"应得"的难题

关于正义的含义，约翰·凯克斯（John Kekes）说过："如果正义的概念得到正确的理解，应得必须被认作它的一个本质的成分。"[1]有些哲学家如罗尔斯反对天赋"应得"论，主张将天赋视为一项社会共同资产。汉普希尔（Stuart Hampshire）进而断言所有利益都不是人们自然得到的，也不是应该得到的，他主张完全抵制"应得"观念在理性和系统的伦理学中

---

[1] [美]约翰·凯克斯：《反对自由主义》，应奇译，江苏人民出版社2003年版，第157页。

占有一席之地。对这些观点略加审视却发现，他们的正义论绝非仅仅着眼于对社会事实的单纯描述，而是都充溢着价值追求，对人们"应得"某种真正公平的生活满怀向往。与其说他们反对"应得"，不如说他们反对以"既得"为"应得"。因此，笔者坚持认为正义就是人人各得其所应得，也即"给每个人——包括给予者本人——应得的本分"[1]。

"应得"只是对正义的形式规定，应得什么？应得的根据何在？这些问题才是正义理论的关键所在。对此，施特劳斯等人认为，正义理论的基本演变轨迹是从自然法（natural law）转为自然权利（natural rights），又从自然权利变成人权（human rights），然而当人权的根据越来越诉诸历史、避讳自然时，现代人便日益堕入虚无主义的深渊。用施特劳斯的话说："今日人们对于自然权利的需要，一如数百年甚至上千年来一样地显明昭著。拒斥自然权利，就无异于说，所有权利都是实在的权利（positive right），而这就意味着，何为权利是完全取决于立法者和各国的法院的。……如果我们不具备自然权利的知识的话，由社会上各种相互冲突的需求所导致的问题就不能得到解决。"[2]

上述引文将 natural right 译为"自然权利"未必确切，因为权利（right）一词并非古已有之，它源于拉丁文 jus——该词首指"正义"或"公正之事"。到 17 世纪，格劳秀斯（Hugo Grotius）等人将 jus 界定为一个人所具备的能够使他正当地拥有某种东西或去做某事的一种道德资格，权利（right）概念始从正义（jus）概念中分化独立（与 jus 的另一含义"义务"相对）。唯有当 natural right 指涉现代正义理论（发轫于马基雅维利，为霍布斯等人所发展）时，其含义才与"自然权利""天赋权利"等相匹配。当它指涉古典正义理论（由苏格拉底始创，为柏拉图等人所发展）时，意思是"自然正当"或"自然正确"。施特劳斯在此用 natural right 一语双关，贯通今古，只为与诉诸人的积极行动的 positive right 形成对比。他认

---

[1] [美] 阿拉斯戴尔·麦金太尔：《谁之正义？何种合理性？》，万俊人、吴海针、王今一译，当代中国出版社 1996 年版，第 56 页。
[2] [美] 列奥·施特劳斯：《自然权利与历史》，彭刚译，生活·读书·新知三联书店 2003 年版，第 2~3 页。

为现代社会科学以历史的名义或事实与价值二分的名义拒斥 natural right，导致人们不再相信任何永恒之事、永恒之物、永恒之理，从此生活变得平面化、稀释化和空洞化。

施特劳斯对现代性危机的这一诊断是否准确？评价是否公允？现代人究竟有无必要、能不能够回归古典政治哲学立场以克服所谓虚无主义？要回答这样的问题，我们既要全面检视西方正义理论传统，又要对人生在世及其意义有深刻反思和体会。

二、自然正义与义务本位

一般认为，苏格拉底是古典正义理论的奠基人。这既不意味着在此之前的人类社会毫无正义可言，也不是说从荷马到赫拉克利特都不具备正义观念。在荷马史诗中，神王宙斯有妻名忒弥斯（Themis），有女名狄刻（Dikē），都被称为正义女神。而赫拉克利特声称一切人法受哺于神法，更使人法正义与自然正义首度相别。[1]可见，在苏格拉底以前，正义观念流传已久，主要存身于"传说、童话、宗教礼仪、习俗、神话中，且当然地被接受"。[2]用罗素（Bertrand Russell）的话说，"这种正义的观念——即不能踰越永恒固定的界限的观念——是一种最深刻的希腊信仰。神祇正像人一样，也要服从正义。但是这种至高无上的力量其本身是非人格的，而不是至高无上的神"。[3]虽然神和人一样都要服从正义，可是正义在神眼中和人眼中并不总是相同，最令人无所适从的是可能出现这样的情况："对于神，一切都是美的、善的和公正的；但人们却认为一些东西公正，另一些东西不公正。"[4]假如事实是这样的话，依照神法制定人法怎么可

---

[1] 参见［德］阿尔图·考夫曼、温弗里德·哈斯默尔主编：《当代法哲学和法律理论导论》，郑永流译，法律出版社 2002 年版，第 56 页。
[2] ［德］阿尔图·考夫曼、温弗里德·哈斯默尔主编：《当代法哲学和法律理论导论》，郑永流译，法律出版社 2002 年版，第 54 页。
[3] ［英］罗素：《西方哲学史》（上卷），何兆武、李约瑟译，商务印书馆 1963 年版，第 53 页。
[4] ［英］罗素：《西方哲学史》（上卷），何兆武、李约瑟译，商务印书馆 1963 年版，第 72 页。

能呢？神和人各自依靠什么认识正义？即使有神谕降临，人又如何分辨真假和洞悉其中的意思呢？正是苏格拉底抓住了这些问题的根本，通过他发明的思想"助产术"使得关于正义的探讨超出意见层次，迈入真理之维。

苏格拉底让哲学从天上回归人间，不是漠视神圣之物和自然之物，而是试图开辟一种了解一切事物的新路径，通俗言之就是"友好辩论"。在关于正义的问题上，苏格拉底一面反对不加批判地接受种种神谕和教条，一面又试图走出智者学派的主观主义和相对主义，经过与这两种意见的友好辩论，他相信"自然律法居于胸中，灵魂给人道德标准，即便外在权威已动摇，人保持这个标准不变"[1]。根据当时的正义观念，由神和人间的君王们所支配的秩序，其实是一种规则森严的等级秩序。了解要求你做什么，就是了解你在该结构中的地位并去做你的角色要求你去做的事情。[2]一个存在者唯有按其自然本性生活，在其分内运作良好，才允称正义，或善而有序。苏格拉底认为肉体不过是表象，灵魂才是本质，整个生物界从灵魂看来秩序分明。人的灵魂高居万物之上，与神为邻，且共有理性。惟人的灵魂受肉体束缚，理性较神为有限。一旦明确了人在万物中的地位，也就明确了人的分内工作和存在方式，那就是力求用灵魂驾驭肉体，过有思想的生活。这样，苏格拉底便给作为类的人在生物界找到了正义生活的标准。他的学生柏拉图将修身之道推及治国之法，进一步给"理想国"中的不同阶级规定了正义的生活方式。

苏格拉底和柏拉图立足于灵魂和肉体二分，使理想国和理念世界高居在现实的国度和世界之上，提出了一种有别于现实正义的理念正义。这种观念影响到亚里士多德，他遂将正义分为"自然的"和"约定的"两类。自然的正义对任何人都有效力，不论人们承认或不承认。约定的正义最初只具有偶然的内容，这样定或那样定并不固定，但一旦定下了，就形成确定的惯例，变得十分重要了。不过，到底有没有自然的正义，亚里士多德

---

[1] [德] 阿尔图·考夫曼、温弗里德·哈斯默尔主编：《当代法哲学和法律理论导论》，郑永流译，法律出版社2002年版，第59页。

[2] 参见 [美] 阿拉斯戴尔·麦金太尔：《谁之正义？何种合理性？》，万俊人、吴海针、王今一译，当代中国出版社1996年版，第21页。

是将信将疑的。当有人提出所有正义都是约定时，他只是不太肯定地说："在神的世界这个说法也许就完全不对。"[1]或许在亚里士多德看来，"一种必然要超越政治社会的权利不可能对人而言是自然的权利，因为人按其本性乃是政治动物。"[2]

为自然正义观念提供强有力支持的是斯多葛派和托马斯·阿奎那的自然法理论。斯多葛派宣称，自然世界展现出一种理性秩序，是他们称为逻各斯的神圣理性之存在与运作所致。从宇宙层次看，逻各斯决定了太阳、月亮和一切星辰的相对位置。从社会层次看，逻各斯决定了上至帝王将相、下至贩夫走卒的阶级和地位。从个人层次看，逻各斯决定了人的灵魂中理性、激情和欲望的成分和关系。如此等等，自人文至天倪，逻各斯皆一以贯之。如果说斯多葛派的自然法学说尚嫌笼统，那么托马斯·阿奎那则"把握住了自然法的实质，并将它变成了一个整体贯通的理论"[3]。阿奎那将法律分为四种类型：永恒法、自然法、神法和人法。永恒法是上帝的统治计划，是指导宇宙中一切运动和活动的神之理性和智慧，只有上帝才知道全部的永恒法。自然法被降格为人类有限理性把握到的永恒法之部分内容和某些原则。神法是指反映在《圣经》中的上帝发布的关于人应当如何生活的一些较为具体的命令。人法则指由世俗统治者制定和颁布的以公共利益为目的的合乎理性的法令。在阿奎那看来，自然法既从属于永恒法，又是人类理性自然判断力的结果，但人类的有限理性必须借助成文法，才能在具体情境中确定什么是正义。最高的自然法命令只包含最一般的基本规范，如趋善避恶，合乎理性行为等。而在具体情境中，法理不外乎人情，"依自我保存之本能，戒杀；依繁衍之本能，结婚和生育；依理性天赋和社会性情感，要讲真话，不伤害他人。这就是自然律法的范围，

---

[1] [古希腊]亚里士多德：《尼各马可伦理学》，廖申白译，商务印书馆2003年版，第149页。

[2] [美]列奥·施特劳斯：《自然权利与历史》，彭刚译，生活·读书·新知三联书店2003年版，第159页。

[3] [法]雅克·马里旦：《自然法：理论与实践的反思》，鞠成伟译，中国法制出版社2009年版，第16页。

原则上，它适于一切人，永远有效"。[1]这当然只是阿奎那的美好设想，在宗教语境中所谓人情注定以异化的面貌出现。

纵览苏格拉底到阿奎那的正义理论，可知古典正义观总体上持一种自然正义思想，奉行价值的客观主义路线，最终将人的权利和义务委诸上帝意志。[2]这种古典的自然正义的原则永恒不变，放之四海而皆准，不仅不以人的意志为转移，甚至超出一切时间、空间的限制。它在本体论上对应着一种目的论的宇宙观和人性观，认定包括人在内的一切存在物都有各自的自然法身份。因此，人作为有理性的存在物，必须节制自己的肉体欲望，过有道德的生活，以证明自己确乎有理性，无愧于人的自然法身份。这种身份不仅表现在人与上帝、万物的类的关系中，也表现在家庭、城邦等共同体成员之间。用恩格斯的话说，"父亲、子女、兄弟、姊妹等称呼，并不是单纯的荣誉称号，而是代表着完全确定的、异常郑重的相互义务"[3]。又如柏拉图主张不同阶级各行其是，相安无扰。这些都是古代身份政治的体现。

无论哪一种自然法身份，都有一种等级秩序倚为背景，或由神而人，或由君而臣，或由父而子等。等级秩序的本质决定了这种自然正义以义务为本位，而权利始终隐而不显。在世俗社会中，不同等级之间名义上互有权利和义务，然而，如孟子与齐宣王之间的对话所示，臣民之间不能尽朋友之义者可以绝交，政府官员不能胜任公职者君主会加以罢免，但若君主本人失职，顾左右而言他，却无人能予以制裁。这便在客观上取消了被统治者的权利。权利要求正当、有效地支配他者意志，实现主体利益。古代社会的臣之于君、子之于父、奴隶之于主人，在很大程度上只是后者的财产，支配他者意志根本无从谈起。在基督教语境中，人的地位愈加卑微，有种种天命不容违背。荣耀上帝，恪尽天职，几乎就是人生的全部意义。

---

[1] [德]阿尔图·考夫曼、温弗里德·哈斯默尔主编：《当代法哲学和法律理论导论》，郑永流译，法律出版社2002年版，第73页。

[2] 古希腊哲学中，亚里士多德等人是有契约论思想的，但是这种契约论很不彻底，通常奠基于一种自然法学说统摄下的等级化的人性论。如亚里士多德将奴隶视为有生命的工具，奴隶是没有资格与城邦公民一道缔结民主契约的。

[3]《马克思恩格斯文集》（第4卷），人民出版社2009年版，第40页。

对于善功得救的疑虑,更见出人的命运操之在神。纵有所得,皆蒙恩典;权利云云,尽属子虚。

总之,无论传统的宗教语境还是世俗社会,人来到世间,就要遵循自然法,向着被神、逻各斯或其在人间的代言人设定的理想人形象迈进。在绝大多数人那里,这无疑是沉重的天降之任,而无关什么神授之权。如亚里士多德所说,这种正义"所促进的是另一个人的利益"[1]。

三、社会契约与权利本位

古典正义观追求自然正义,将灵魂与肉体二分,理性与欲望对立,天国与尘世隔绝,虽也偶尔顾念人之常情,但其主导无疑是克己修德,乃至存天理灭人欲。与神学结盟的自然正义不仅对普通人要求过高,即使在它的卫道士们那里,也常常沦为一种道德理想。或许在物质普遍匮乏的年代,人们被迫寄希望于超验的来世富足和永恒正义,而生产力的发展为现世带来财富,也带来希望。当人间幸福越来越成为可能的时候,天堂的梦想也就离人们越来越远。天主教的腐败每况愈下,世俗的自信与日俱增,许多思想家开始用人的眼光来观察国家和社会。

马基雅维利批评前人"幻想那些从来没有人见过或者知道在实际上存在过的共和国和君主国。可是人们实际上怎样生活同人们应当怎样生活,其距离是如此之大,以致一个人要是为了应该怎样办而把实际上是怎么回事置诸脑后,那么他不但不能保存自己,反而会导致自我毁灭"[2]。在他看来,政治生活的应然不能脱离实然,有关国家的自然规律可以从理性和经验中得出。正义并没有什么超人的、自然的根据,每一具体情境中决定行动合理性的,与其说是道德目的,不如说是势在必行的必然性。现实的国家政权在建立过程中,纯然的正义是不可能的。只有在一定的社会秩序形成之后,才谈得上任何意义上的正义。一切正义都是人为的,而不是自

---

[1] 参见[古希腊]亚里士多德:《尼各马可伦理学》,廖申白译,商务印书馆2003年版,第130页。

[2] [意]尼科洛·马基雅维里:《君主论》,潘汉典译,商务印书馆1985年版,第73页。

然的。

霍布斯赞同马基雅维利反乌托邦的现实主义思想，又不满意其重政治权术甚于道德品行，于是着手在现实主义层面重新发现"自然法"，以期恢复政治的道德原则。他认为古典正义观高估了理性的地位，却不为情感所信任或赞同，因而不能起实际作用。真正的自然法，也即普遍存在于人类心灵中的正义观念，能且仅能从人类的一切情感中最强烈者推演出来。为使这种人皆有之的最强烈情感得以清晰呈现，霍布斯通过分析人类进入文明社会之前的自然生存状态，揭示人性的真相，探寻社会组织的应然原则。他发现人性遵循两条确凿无疑的公理：一为自然欲望公理，即人皆贪得无厌，渴望统治他人。这使人陷入一切人反对一切人的战争状态。二为自然理性公理，人皆怕遭遇凶死，渴望自我保全。这使人追求和平安宁，宁愿给自己加上约束，以免在彼此混战中同归于尽。相较而言，对死于暴力的恐惧以及随之而来的自我保全的欲求，才是人皆有之的最强烈情感。因此，真正的自然法，一切正义和道德的最初的根源，都出于人的自我保全的欲求。"基本的道德事实就不是一桩义务，而是一项权利；所有的义务都是从根本的和不可离弃的自我保全的权利中派生出来的。"[1]霍布斯进而创立了一种社会契约论，认为自然状态的人为实现自我保全，便汇聚起来订立契约，让渡一切权利给一个人或议会，称作主权者，使其掌握最高权力，乾纲独断，以谋公共之和平与保障。

从价值论研究方面看，霍布斯对自然法的新诠释意义重大，实际上完成了正义观从实体思维到关系思维的转变。正义不再被视为不依赖于人的、凌驾于人之上的自然法则，自然也不再被视为秉承着上帝意志或履行着逻各斯的神秘计划。"应得"始于"欲得"，正义发端于一定生存状态带给主体的价值情感（如自由、和平）。唯欲兼得自由与和平，此二者又相冲突，才有了权利和义务之别。享受权利固所愿也，而承担义务，听命于主权者，又为权利实现之必须，亦出于自愿，非他律也。这样，霍布斯借

---

[1] [美] 列奥·施特劳斯：《自然权利与历史》，彭刚译，生活·读书·新知三联书店2003年版，第185页。

助社会契约论完成了国家的正当性论证,也确立起一种权利本位的现代正义观。

洛克继承了霍布斯的主要论证思路,但他反对将自然状态和战争状态混为一谈,认为自然状态是一个和平、亲善、守望互助的状态,人在其中虽然自由,未必放纵,有自然法[1]强制人人服从。他又批评霍布斯的新自然法观念与社会契约论自相矛盾,认为自我保全原则所要求的恰恰是有限政府,而不是专制政府。在洛克看来,自然状态的和平安宁有时会因少数人的非理性行为打破,迫使每个人都成为自己讼案的法官,而没有统一的成文法参照,生出种种不便,滋生更多事端。因此人类缔约结合成国家,将自己的部分权利让渡给政府,由国家保障人民的和平、安全和公共福利。为克服自然状态的局限,国家必须施行法治,有普遍适用的成文法、公正的司法官和使有效判决得以实现的执行力。为防止公权力反噬人民,国家必须分权制衡。政府为实现人民的生命权、自由权和财产权等自然权利而设,人民有权推翻不履行义务的政府。

对于霍布斯和洛克的学说,卢梭有继承亦有批判。他认为自然状态的人不仅不可能像洛克所说的有什么财产权观念,甚至连霍布斯说的理性能力都无从说起。人没有任何限定,他们是自由的动物,一定要说有什么类的特性,那就是可完善性。一方面卢梭批评霍布斯的自然状态不够自然,还可追溯到较前的状态;另一方面他又批评洛克的社会契约论承认既得利益,将由公民社会合法化的不平等当作合乎正义的实际标准。为克服洛克的问题,他赞成霍布斯的观点,主张缔约者将全部权利交付主权者,以取得一种实质平等的公民身份。为克服霍布斯的问题,他主张主权者不是别人,就是人民自身,即缔约者共同体。在卢梭看来,问题的关键在于"要寻找出一种结合的形式,使它能以全部共同的力量来卫护和保障每个结合者的人身和财富,并且由于这一结合而使得每一个与全体相联合的个人又

---

[1] 对于什么是自然法,洛克似未像霍布斯那样深密思考过。在洛克看来:"理性,也就是自然法,教导着有意遵从理性的全人类:人们既然都是平等和独立的,任何人就不得侵害他人的生命、健康、自由或财产。"参见[英]洛克:《政府论》(下篇),叶启芳、瞿菊农译,商务印书馆1964年版,第6页。

只不过是在服从其本人,并且仍然像以往一样地自由"。[1]他的方案是让每个人都听命于代表社会整体的普遍意志,大家结成一体,把每一分子都当作整体不可分的部分看待。人民作为主权者负责立法,立法的过程,也就是形成普遍意志的过程。主权不可代表,不能转让,任何法律都必须经过人民亲自的批准。政府介于主权者和个体公民之间,负责具体政务,遵照普遍意志决断公民的行为。

从价值论研究方面看,如果说霍布斯和洛克的正义原则还求助于某种自然人性,试图在约定法背后寻求现实主义的自然法根据,那么,卢梭却将这一逻辑推至自我否定的境地,最终将自然法消融为约定法,用普遍意志取而代之。一方面,卢梭不承认传统的自然人性论。这意味着正义的第一原则固然不能从神学目的论推出,也不能从人的动物性本能中推出。另一方面,卢梭说人生而自由,但无往不在缧绁之中。的确,人在内为动物性本能所困,在外有"兽的关系"约束,而人之所以为人,就在于他能够不屈地面对内外战事,将克服动物性本能和推翻兽的关系当作自己的本质原则。因此,自由作为根本的权利,同时也就是"在建立无条件的义务时所发挥出来的创造性活动:自由本质上就是自我立法"[2]。若此,订立社会契约,形成普遍意志,既是自由的要求,又是自由的践行。人在行使自由权利之时,也承担着权利带来的义务。但随着人"将自己全部的权利都让渡给了社会,人们就丧失掉了不服从社会的裁定(亦即实在法)而向自然权利申诉的权利:所有的权利都成了社会性的权利"[3]。

纵览马基雅维利到卢梭的正义理论,可知现代正义观源自对古典自然法学说的反动,带有浓厚的人本主义色彩,但由于都从抽象而非现实的人出发,最终走向价值的主观主义路线。在马里旦看来,古典自然法理论的衰落,始于阿奎那之后经院哲学开启的自然法概念理性化运动。这一运动

---

[1] [法]卢梭:《社会契约论》,何兆武译,商务印书馆2003年版,第19页。
[2] [美]列奥·施特劳斯:《自然权利与历史》,彭刚译,生活·读书·新知三联书店2003年版,第287页。
[3] [美]列奥·施特劳斯:《自然权利与历史》,彭刚译,生活·读书·新知三联书店2003年版,第292页。

将永恒法与自然法割裂开来，一方面使上帝变成自然法的纯然守护者，另一方面使自然法变成完全自足的自然命令，遭受到人为性的体系化和理性主义的重铸。于是出现了"一个致命性的错误，自然法——对事物本性的符合是它的本质所在，它不是通过概念性的、推理性的知识被表达、被知晓的——被当成了一种制定法法典，适用于所有的人"。[1]一旦自然法变成人为制定的成文法，几乎每一次交易、每一场战争都会产生一种新的自然法体系，其结果让人无所适从，让自然法权威尽丧。实际上，随着自然科学揭示的新宇宙图景日益取代传统的宗教世界观，上帝的存在最终被划归信仰领域，不再被当作一种知识。当马里旦坚称"人类理性认识自然法的方式不是理性知识而是禀赋知识"[2]时，禀赋知识恰恰面临疑问，就不能为自然法保驾护航了。

来世的幸福同样是无从验证的禀赋知识，当这种幸福显得越来越没有保障的时候，人们便不愿为此向上帝在人间的代言人尽无穷无尽的义务了。人们转而追求只此一生的幸福，为对抗神授君权而倡导天赋人权。于是，传统的正义范畴发生裂变，权利作为义务的对立面走上前台。古典正义观的义务本位被抛弃，现代正义观普遍以权利为起点。在许多启蒙思想家的人性论预设中，利己主义的个人来到世间，不再有任何命中注定的义务，一切义务都是人为了实现自己的权利派生而来的。有些思想家关于人的权利观念还假上帝之名，虽祛除了一切世俗身份带来的先验义务，还多少保留着荣耀上帝的神圣责任。为与神学目的论彻底划清界限，另一些思想家决定将人的权利建立在与神学无涉的人的自然天性之上。霍布斯以自我保全论进行了卓越尝试，但因他对人性的定位太低，未能获得普遍认同。用马里旦的话说，是"卢梭和康德将个体性的人视为上帝，并将上帝绝对而无限的权利给予了个人"。[3]他们确信不是人的自然天性，而是自

---

[1] [法]雅克·马里旦：《自然法：理论与实践的反思》，鞠成伟译，中国法制出版社2009年版，第50页。

[2] [法]雅克·马里旦：《自然法：理论与实践的反思》，鞠成伟译，中国法制出版社2009年版，第25页。

[3] [法]雅克·马里旦：《自然法：理论与实践的反思》，鞠成伟译，中国法制出版社2009年版，第51页。

由让人从自然中独立出来。自由意味着自我立法的权利，它虽带来义务，仍以自身为依归，因而权利为义务之母。

四、要回归古典政治哲学吗？

从自然法到契约论，从义务本位到权利本位，从价值的客观主义到价值的主观主义，大抵便是西方正义理论由古及今的变革主线。这一变革今天不时为人称道，施特劳斯学派却生起一种独特的忧患意识。在施特劳斯看来，即使在发布《独立宣言》的美国，越来越少人坚持人权有自然的和神圣的基础，这个民族在它成熟之后，似乎不再珍视那些它在其中孕育成长的伟大信念。如果我们的社会科学不再相信有某种独立于且高于实在权利的判断是非的标准，不能分辨出人类需要的真假高下之别，那么它在给暴君们和给自由的各民族提供咨询时，就将是同样地称职而又心甘情愿的。一个健康的社会必须相信自身的理念和原则优于任何其他社会，值得为之奋斗献身。反之，"如果我们所依据的原则除了我们盲目的喜好之外别无根据，那么凡是人们敢于去做的事就都是可以允许的。当代对自然权利论的拒斥就导向了虚无主义——不，它就等同于虚无主义"。[1]

怎样克服这种虚无主义呢？施特劳斯学派主张从现代社会科学回归古典政治哲学。这主要出于两个方面考虑。就理论内容而言——古典政治哲人如苏格拉底尽管宣称自知其无知，对自然正义皆抱有坚定信念，而现代政治理论家多以历史或事实与价值二分的名义，判定自然正义为虚妄乌有。就表达形式而言——现代社会科学使哲学与政治合流，古典政治哲学则从严区分哲学与政治。古典政治哲人深谙哲学的癫狂本性，为免其动摇政治社会之和平安宁，往往秘其道而不轻宣。[2]现代政治理论家使哲学的秘密大白于天下，让大众认识到我们社会的价值是无根基的，这一发现必

---

[1] [美]列奥·施特劳斯：《自然权利与历史》，彭刚译，生活·读书·新知三联书店2003年版，第4~5页。

[2] 施特劳斯认为，古典政治哲人都懂得在同一文本中传递两种不同的教导：一种是对社会有用的教导，即俗白教导（the exoteric teaching）；另一种则是政治上有忌讳而不宜直言的真正的教导，即隐讳教导（the esoteric teaching）。

将伴随着绝望、虚无、失落和衰败。[1]

从文化保守主义立场看,施特劳斯学派对当代虚无主义的批判是切中肯綮的。受到这种虚无主义侵蚀后,确乎有不少人信奉人生在世只要活得开心而不受管教,忘却了对于品质高贵、出类拔萃和德性完美的追求。不过,施特劳斯大约高估了虚无主义的影响,低估了启蒙理性传统下现代人的素质。他臆测没有任何坚定信念的现代人很容易受到希特勒式政客的煽动,成为迫害苏格拉底式杰出的少数的暴民,这样一种忧患其实建立在柏林、雅典和芝加哥的时空错位之上。无论如何,今天的东西方法治社会即使存在众多问题,也很难被描述为处于一个迫害卓越、优越和伟大的时代,相对而言,"我们生活在一个尊重运动、科学和艺术成就的时代,我们生活在一个超级运动员、超级英雄和超级模特的时代"。[2]施特劳斯将自然与自由、德性与个性等对立起来,意欲用前者取代后者,他无疑是矫枉过正,过犹不及了。

从价值论研究方面看,超越价值的主观主义并不意味着要回归价值的客观主义。正义作为一种价值范畴,确实是与一定的主观情感相对应的。但我们不能简单地断言这些情感的发生"除了我们盲目的喜好之外别无根据"。情感总是现实的人的情感,现实的人的情感总是与现实的人的社会存在须臾不可分离。价值主体不能被抽象为纯粹的理性或自由意志,现实的人的价值情感总是其来有自,"表达着对主客体之间价值关系的一定客观状态的意识"。[3]譬如,劳动者根据自己感受劳动异化的程度,判断所在社会政治制度的正义指数,这种感受和判断总是与许多不以其意志为转移的自然需要(是否获得满足)联系在一起,很少出于"盲目的喜好"。当然,这些自然需要说到底也是历史的,属于人化自然,而不是施特劳斯学派向往的超感性的自在自然。

---

〔1〕 参见〔加〕沙迪亚·B. 德鲁里:《列奥·施特劳斯的政治观念》,张新刚、张源译,新星出版社 2010 年版,第 274~277 页。

〔2〕〔加〕德鲁里:《列奥·施特劳斯的政治观念》,张新刚、张源译,新星出版社 2010 年版,第 17 页。

〔3〕 李德顺:《价值论:一种主体性的研究》(第 3 版),中国人民大学出版社 2020 年版,第 161 页。

最后，施特劳斯将虚无主义归罪于历史或事实与价值二分等观念是将问题简单化了。马克思和恩格斯说过："资产阶级除非对生产工具，从而对生产关系，从而对全部社会关系不断地进行革命，否则就不能生存下去。……一切社会状况不停的动荡，永远的不安定和变动，这就是资产阶级时代不同于过去一切时代的地方。一切固定的僵化的关系以及与之相适应的素被尊崇的观念和见解都被消除了，一切新形成的关系等不到固定下来就陈旧了。一切等级的和固定的东西都烟消云散了，一切神圣的东西都被亵渎了。"[1]神圣而永恒的自然正义被拒斥，表面上看是受到一些新观念的冲击所致，但观念的新陈代谢不能仅从观念自身出发去理解，其深层根源仍在于物质生产方式的更新换代，使得政治社会中不同阶级和阶层的利益格局和类型发生了变化，这一切必然以观念诉求的形式反映到上层建筑中来。因此，克服虚无主义应与变革社会经济结构联系起来，与其回归古典，不如展望未来。

（原载《哲学研究》2013 年第 11 期）

---

[1]《马克思恩格斯文集》（第 2 卷），人民出版社 2009 年版，第 34~35 页。

试论正义在历史唯物主义中的地位

自"塔克—伍德命题"（Tucker-Wood Thesis）在20世纪70年代初问世以来，许多论者坚称马克思的历史唯物主义是一种实证的科学理论，因此与作为价值范畴的正义即使不是对立的，也是彼此不相干的；或者说，在历史唯物主义中正义只处于副现象的地位，唯有经济基础才是中心。这一观点遭到胡萨米（Ziyad Husami）等人的驳斥。但胡氏论点未能从哲学元理论高度澄清历史唯物主义和正义之间的关系。本文力图在胡萨米一方观点的基础上有所深化，正面回应正义在历史唯物主义中的积极地位问题，并联系中国特色社会主义建设实际，进一步探讨马克思主义正义理论的合理性和可能性。

一、从伍德和胡萨米之争说起

在马克思与正义理论的关系问题上，由伍德和胡萨米之争掀起的理论交锋至今没有拉下帷幕。它不仅在英美分析马克思主义的政治哲学研究中得到深化和发展，也成为当代中国学者反思或建构马克思主义政治哲学的重要出发点。回顾这场理论交锋的源头，伍德与胡萨米争论的焦点主要有三个：①正义的根据或标准是什么？②资本主义剥削是否正义？③共产主义是一个正义社会吗？

在伍德看来，正义在马克思那里是一个法权概念，内在于特定的生产方式之中，是一定的生产关系的自然结果。一个社会的分配模式和平等形式，"只要与生产方式相适应，相一致，就是正义的；只要与生产方式相矛盾,就是非正义的"。[1]就资本主义生产方式而言,使用奴隶,或在商品质量上弄虚作假都是非正义的,但是资本家对工人的剥削,或者说"对剩余价值的占有不仅是正义的,而且,任何阻止资本占有剩余价值的尝试都是绝对不正义的"。[2]因为这种剥削是资本主义生产关系的自然结果,没有剥削也就没有资本主义,没有资本主义也就没有扬弃资本主义的共产主义了。共产主义取代资本主义,并不意味着正义终于在它未曾实现的地方得以实现,而是代表着新的生产方式,随同它的有特色的分配模式和平等形式一道,已从旧形式中脱胎而出。共产主义并不建立在正义的基础上,它本质上是一个超越正义的社会。

在胡萨米看来,伍德式的诠释甚至使被压迫者无法批评其生存状况的不正义,这与马克思道德理论的精神是背道而驰的。伍德"只是把规范同生产方式联系在一起,可事实上,马克思还把规范同生产方式内部的各个社会阶级联系在了一起"。[3]马克思并不总是在狭义的法权意义上使用正义概念,他对正义的思考贯穿社会再生产的全部环节。一旦离开流通领域或商品交换领域,所谓交易正义的不正义实质就会暴露出来。当工人"认识到产品是劳动能力自己的产品,并断定劳动同自己的实现条件的分离是不公平的、强制的,这是了不起的觉悟"[4]。断言资本主义剥削正义的是资本家,而不是马克思或有阶级意识的工人。对无产阶级来说,资本主义社会的分配安排(包括生产资料和产品或收入)分明是不正义的。共产主义运动在扬弃资本主义的过程中重建了更富可欲性的高阶正义原则,"社会主义的正义与平等紧密相联,共产主义的正义则与自我实现相联。这两个正义原则通过废除私有财产权、肯定那种对社会存在条件进行合理的集

---

[1]《马克思恩格斯文集》(第7卷),人民出版社2009年版,第379页。
[2][美]伍德:"马克思对正义的批判",林进平译,载李惠斌、李义天编:《马克思与正义理论》,中国人民大学出版社2010年版,第23页。
[3][美]胡萨米:"马克思论分配正义",林进平译,载李惠斌、李义天编:《马克思与正义理论》,中国人民大学出版社2010年版,第51页。
[4]《马克思恩格斯文集》(第8卷),人民出版社2009年版,第112页。

体控制所具有的重要性,而排除了剥削的存在"[1]。与资本主义相比,共产主义是一个正义社会。

由上可见,胡萨米和伍德在三个焦点问题上是针锋相对的。正是对第一个问题的不同回答,导致了在后两个问题上二者的分歧。第一个问题的实质是历史唯物主义与正义的关系问题。具体地说,就是在历史唯物主义中,作为上层建筑的正义与作为经济基础的生产方式究竟是什么关系?

对此,伍德的观点是:资本主义制度的正义就在于它们的资本主义本质,体现正义的"这些制度和法权关系,依据马克思的历史唯物主义理论,是社会'上层建筑'的一部分,它们仅仅是社会的'生产关系'的法权表述"[2]。这一观点在马克思那里确实有过类似表述。如马克思对工人说过:"难道经济关系是由法的概念来调节,而不是相反,从经济关系中产生出法的关系吗?"[3]马克思还说过:"你们认为公道和公平的东西,与问题毫无关系。问题就在于:在一定的生产制度下所必需的和不可避免的东西是什么?"[4]诸如此类的文本还有许多,兹不赘述。

而在胡萨米看来,"上层建筑的要素,包括道德观念,并不是什么附带现象。《德意志意识形态》作为历史唯物主义第一次最充分的表述,清楚地表明上层建筑会对经济基础起作用。这里,我们再次看到相互作用,看到了马克思辩证范畴的卓越性。……根据马克思的理论,奴隶和无产阶级的相反规范——它们也属于上层建筑——摧毁了各自的社会结构,便是相互作用的一个例证"[5]。这等于指责伍德对马克思的话断章取义,单纯强调经济基础决定上层建筑,不提上层建筑对经济基础起反作用,不能完整、准确地表达历史唯物主义立场。

---

[1] [美]胡萨米:"马克思论分配正义",林进平译,载李惠斌、李义天编:《马克思与正义理论》,中国人民大学出版社2010年版,第59页。

[2] [美]伍德:"马克思论权利与正义:答胡萨米",林进平译,载李惠斌、李义天编:《马克思与正义理论》,中国人民大学出版社2010年版,第79页。

[3] 《马克思恩格斯文集》(第3卷),人民出版社2009年版,第432页。

[4] 《马克思恩格斯文集》(第3卷),人民出版社2009年版,第56页。

[5] [美]胡萨米:"马克思论分配正义",林进平译,载李惠斌、李义天编:《马克思与正义理论》,中国人民大学出版社2010年版,第52~53页。

必须承认在这一问题上，伍德式诠释较之胡萨米式诠释影响更大。许多学者一方面对胡萨米式诠释表示同情，另一方面又坚定认为其缺少文本根据。如我国学者段忠桥认为，马克思的历史唯物主义是一种实证性的科学理论，其正义观念则是源自空想社会主义者的一种规范性见解，二者"在内容上互不涉及、在来源上互不相干，在观点上互不否定"[1]。按照这种解释，胡萨米不仅误读了历史唯物主义，也错认了马克思的正义理论。

伍德式诠释能够获得数量上更多的文本支持，并不意味着就一定比胡萨米式诠释更符合历史唯物主义。对于历史唯物主义，胡萨米用相互作用论来批驳伍德的决定论，已经抓住了这场理论交锋的关键。可惜的是，他没有充分说明和论证其观点，因而未能动摇伍德式诠释的根基。但是延续和深化胡萨米的思路，为其奠定哲学存在论基础，更加完整、准确地说明什么是历史唯物主义，是可以在马克思与正义理论关系问题上给出一种有相当说服力也更富建设性的诠释的。

二、历史唯物主义与正义

从哲学元理论高度来看思想史上的这段公案，伍德式诠释割裂了马克思哲学的存在论与价值论。历史唯物主义有广义和狭义之分。广义历史唯物主义也就是马克思哲学的存在论。它在对旧唯物主义和唯心主义的双重超越中确立自己的形象，将人的实践活动或者说人与自然的现实的感性对象性关系（取代旧哲学的最终实在）置于新世界观（为与旧哲学划清界限，马克思称之为历史科学）的中心。新世界观不同于自我封闭的形而上学，它根植于人类实践并且要在实践中印证和充实自身。这可以从本质上是同一过程的"自然史"（自然界成为人这一过程）和"人类史"（人类社会的产生过程）两个方面去考察。[2] 狭义历史唯物主义通常指马克思的

---

[1] 段忠桥："历史唯物主义与马克思的正义观念"，载《哲学研究》2015 年第 7 期。
[2] 在《1844 年经济学哲学手稿》中，马克思说："全部历史是为了使'人'成为感性意识的对象和使'人作为人'的需要成为需要而作准备的历史（发展的历史）。历史本身是自然史的一个现实部分，即自然界生成为人这一过程的一个现实部分。自然科学往后将包括关于人的科

历史（人类史）观，它是广义历史唯物主义的一个侧面，重在通过生产力与生产关系、经济基础与上层建筑的矛盾运动来揭示人类社会产生和发展的过程，以期发现人类实践活动的具体内容和一般规律。不懂得历史唯物主义这两种含义的区别与联系，人们对历史规律的理解就难免会简单化，乃至陷入前马克思的事实与价值、自然主义与人道主义两分的困境中。

为了说明新世界观是与价值倾向无关的实证科学，人们最常引用的经典原文是："在思辨终止的地方，在现实生活面前，正是描述人们实践活动和实际发展过程的真正的实证科学开始的地方。关于意识的空话将终止，它们一定会被真正的知识所代替。对现实的描述会使独立的哲学失去生存环境，能够取而代之的充其量不过是从对人类历史发展的考察中抽象出来的最一般的结果的概括。"[1]从字面上看，新世界观无疑是一种实证科学。然而，马克思所谓实证科学是指实证的历史科学，并非通常所谓实证的自然科学或社会科学。后者常犯有旧唯物主义的错误，"对对象、现实、感性，只是从客体的或者直观的形式去理解，而不是把它们当做感性的人的活动，当做实践去理解，不是从主体方面去理解"[2]。德国古典哲学从康德开始就反对从客体的形式去理解现实，受此传统熏陶的马克思在其青年黑格尔派时期就对德谟克利特"投入实证知识的怀抱"[3]表示蔑视，后来又指斥孔德的《实证哲学教程》是"实证主义破烂货"[4]。这说明马克思笔下"实证"一词有不同用法：在与思辨哲学比较时，其含义是正面的，意味着新世界观立足人类实践活动，破除了意识的内在性；在与旧唯物主义比较时，其含义是反面的，意味着旧唯物主义割裂了主客体

（接上页）学，正像关于人的科学包括自然科学一样：这将是一门科学。"参见《马克思恩格斯文集》（第1卷），人民出版社2009年版，第194页。在《德意志意识形态》手稿中，马克思和恩格斯说："我们仅仅知道一门唯一的科学，即历史科学。历史可以从两方面来考察，可以把它划分为自然史和人类史。但这两方面是不可分割的；只要有人存在，自然史和人类史就彼此相互制约。"参见《马克思恩格斯文集》（第1卷），人民出版社2009年版，第516页。

[1]《马克思恩格斯文集》（第1卷），人民出版社2009年版，第526页。
[2]《马克思恩格斯文集》（第1卷），人民出版社2009年版，第499页。
[3]《马克思恩格斯全集》（第1卷），人民出版社1995年版，第23页。
[4]《马克思恩格斯文集》（第10卷），人民出版社2009年版，第239页。

在实践中互相构建的本质联系。实证科学只有作为历史科学时，才为马克思所称道，而历史科学以追求着自己目的的人的实践活动为研究对象，事实与价值的统一是其基本特征。

一种内在包含价值倾向的新世界观如何能够是科学的？这可以从哲学原则和运用此原则进行现实研究得出的具体结论两个层次来说明。必须先行指出，此处所谓科学是广义的，主要指关于现实的普遍性命题要以人类的感性经验为根据。这种科学最基本的含义就是广义历史唯物主义原则本身，包括"人和自然界的实在性，即人对人来说作为自然界的存在以及自然界对人来说作为人的存在"[1]"环境的改变和人的活动或自我改变的一致"[2]等存在论表述。说这类表述是科学的，就是说它们不同于思辨哲学，有经验的感觉直观的证明，有无可辩驳的明证性。[3]恩格斯宣称马克思的第一个伟大发现——"人们首先必须吃、喝、住、穿，然后才能从事政治、科学、艺术、宗教等等；所以，直接的物质的生活资料的生产，从而一个民族或一个时代的一定的经济发展阶段，便构成基础；人们的国家设施、法的观点、艺术以至宗教观念，就是从这个基础上发展起来的，因而，也必须由这个基础来解释，而不是像过去那样做得相反"[4]——揭示了人类历史的发展规律，这种规律（元规律）的科学性也在于此。而马克思运用上述原则或规律研究人类历史得出的一些具体结论（具体规律），比如社会发展"五形态说"等，则不过是"从对人类历史发展的考察中抽象出来的最一般的结果的概括"。其所提供的知识的普遍性是以马克思本人的研究实践和作为其研究对象的人类历史片段为限的，不能确定无疑地辐射到过去和未来，将随着人类实践的演进得到进一步的修正和完善。

在充满价值倾向的人类实践活动中之所以能概括出最一般的结果，首先是因为包括正义观念在内的价值倾向并不是人们主观任意的产物。将价值或伦理原则的客观性归结于上帝或实践理性等的做法被马克思扬弃了，

---

[1]《马克思恩格斯文集》（第1卷），人民出版社2009年版，第196页。
[2]《马克思恩格斯文集》（第1卷），人民出版社2009年版，第500页。
[3] 参见邓晓芒："马克思的人学现象学思想"，载《江海学刊》1996年第3期。
[4]《马克思恩格斯全集》（第25卷），人民出版社2001年版，第596~597页。

但随着他将上帝或实践理性等的本质归结为人的本质,我们仍然可以在人的本质中发掘出这种客观性。在人的本质问题上,唯心主义和旧唯物主义都轻率地使用本质和现象的二分法肢解人的现实形象,历史唯物主义则坚持人的自然本性、精神本性和社会本性在实践中的动态统一。马克思在中学时代就意识到价值选择并不是纯粹的精神事件,"我们在社会上的关系,还在我们有能力决定它们以前就已经在某种程度上开始确立了。我们的体质常常威胁我们,可是任何人也不敢藐视它的权利"〔1〕。人们的自然生命决定着吃、喝、住、穿等本能需要构成其价值追求的基本而普遍的内容。人们在最基本的社会关系即生产关系中的不同地位则使得诸阶级必然以各自的阶级利益为依归,如在资本主义社会中,工人要提高工资,资本家却希望占有更多剩余价值。可见,在人们的本能需要、经济利益和其价值倾向之间存在着有望被作为科学来揭示的一般性因果联系。

不过,从本能需要、经济利益去解释价值观念,并不等于说一切价值观念都可以还原为本能需要和经济利益。例如,恩格斯作为自然人,决定他必然要追求吃、喝、住、穿;恩格斯作为资本家,决定他必然要追求剩余价值;然而,恩格斯更是具有崇高精神追求的共产主义革命家,他的毕生心血和经商所得主要都奉献给了人类解放的伟大事业。从经济基础去解释上层建筑,不是先行预设一种经济决定论,而是给出一条经验上通常行之有效的研究线索。要充分贯彻历史唯物主义,则必须具体考察不同历史条件下,人们是如何在其感性物质基础上发展其思想和政治上层建筑的,并客观地描述和评估这些上层建筑对相应的感性物质基础的反作用方式和大小,进而才能在纵向和横向比较中,恰当地概括出某一社会历史片段乃至现实个人的真实形象。这里所谓物质决定精神,不过是指人的精神自由总要受到自然体质和社会关系的本质性限定。限定不是单向度的决定,人之所以为万物之灵,恰恰在于人能在相当程度上改变既有的限定,如通过锻炼强化虚弱的自然体质,通过革命推翻不合理的社会关系,通过舍生取义从根本上超越自己的感性限定。

---

〔1〕《马克思恩格斯全集》(第 1 卷),人民出版社 1995 年版,第 457 页。

至于历史唯物主义与经济决定论一直纠缠不休，恩格斯晚年时坦承："青年们有时过分看重经济方面，这有一部分是马克思和我应当负责的。我们在反驳我们的论敌时，常常不得不强调被他们否认的主要原则，并且不是始终都有时间、地点和机会来给其他参与相互作用的因素以应有的重视"〔1〕；"在这方面我们大家都有同样的过错。这就是说，我们大家首先是把重点放在从基本经济事实中引出政治的、法的和其他意识形态的观念以及以这些观念为中介的行动，而且必须这样做。但是我们这样做的时候为了内容方面而忽略了形式方面，即这些观念等等是由什么样的方式和方法产生的。"〔2〕这就是说，历史上的正义和法权等思想观念，就其内容而言，往往都根源于物质的生活关系，可以从作为基础的经济事实来理解；但就其形式而言，这些思想观念及相应的政治上层建筑，都是人们在现实生活过程中发挥主体能动性的产物，绝不是单一经济因素外在地决定的。用恩格斯的话说："政治、法、哲学、宗教、文学、艺术等等的发展是以经济发展为基础的。但是，它们又都互相作用并对经济基础发生作用。这并不是说，只有经济状况才是原因，才是积极的，其余一切都不过是消极的结果，而是说，这是在归根到底不断为自己开辟道路的经济必然性的基础上的相互作用。"〔3〕

鉴此，作为一种思想上层建筑，正义观念不是经济基础的副现象。"被压迫阶级……意识中的规范要素，乃是破坏和推翻这些社会制度的（客观条件之外的）主观条件。"〔4〕而历史唯物主义揭示的人类历史发展的必然性，作为"从对人类历史发展的考察中抽象出来的最一般的结果的概括"，无非是对社会变革的客观条件与主观条件的认识。但人类历史变革中（如资本主义崩溃）的必然性与自然界演化中（如史前冰川崩溃）的必然性不同，被压迫阶级不公平的道德感及其对历史大趋势的准确认知，

---

〔1〕《马克思恩格斯文集》（第10卷），人民出版社2009年版，第593页。
〔2〕《马克思恩格斯文集》（第10卷），人民出版社2009年版，第657页。
〔3〕《马克思恩格斯文集》（第10卷），人民出版社2009年版，第668页。
〔4〕[美]胡萨米："马克思论分配正义"，林进平译，载李惠斌、李义天编：《马克思与正义理论》，中国人民大学出版社2010年版，第51页。

都是实现这一崩溃的内在条件和环节。离开工人的价值追求和现实革命斗争，资本主义是不会"必然"崩溃的。脱离实践，割裂知识与价值，一味强调历史唯物主义的科学性，实际上已经不自觉地陷入新的形而上学。与伍德等人的理解不同，马克思后来不再就正义谈正义，主要是出于两方面考虑：一方面，他认识到正义是一种价值关系，有着鲜明的主体性立场，有产者鼓吹的正义和无产者热望的正义并不是一回事。因此，马克思不再脱离主体而一般地主张正义，他总是要求无产阶级的正义。另一方面，他看到人们从来不是在他们关于人的理想所决定和所容许的范围内，而是在现有的生产力所决定和所容许的范围内获得正义，换言之，正义绝不能超出社会的经济结构以及由经济结构制约的文化发展。因此，马克思也不再脱离经济结构而一般地主张正义，他总是强调要消灭不正义的所有制根源。在他看来，"许多人要正义，即要他们称为正义的东西，但他们并不因此就是共产主义者。而我们的特点不在于我们一般地要正义——每个人都能宣称自己要正义——而在于我们向现存的社会制度和私有制进攻，在于我们要财产公有，在于我们是共产主义者"。[1]如果我们进一步思考，会发现这里的两方面考虑是一体的。也就是说，马克思并非一般地要正义或反对正义，而是坚持通过共产主义实践不断实现无产阶级的正义，最终实现全人类的普遍正义。

三、在共产主义革命和建设实践中重建正义

无产阶级在与资产阶级斗争过程中，一开始就从敌人那里学会了追求正义的法学思维方式。只是其法学世界观与对立阶级有所不同："一方面，就法律平等必须用社会平等做补充这一点而言，平等的要求是扩大了；另一方面，从亚当·斯密的论点——劳动是一切财富的源泉，但劳动产品必须从劳动者手中分给地主和资本家共享——中得出了一个结论：这种分配是不正义的，必须彻底废除，或者至少把它改变得有利于劳动者。"[2]恩

---

[1]《马克思恩格斯全集》（第42卷），人民出版社1979年版，第431页。
[2]《马克思恩格斯全集》（第21卷），人民出版社1965年版，第547页。

格斯批评这种法学世界观的空想色彩，它没有提到改造生产方式或消灭私有制，可见不懂得共产主义。值得注意的是，共产主义不是这种法学世界观的对立面，而是将它提升到历史唯物主义的高度，实现了它的彻底化和重大发展。由于马克思深刻洞悉财产的主体本质，他的共产主义学说所追求的正义，从根本上说并不指向客体形式的工资或社会产品的平等分配，而是指向主体的自由劳动和自由个性发展的普遍实现（这便与空想社会主义者的正义观念有了本质区别）。而要实现这种共产主义理想，就必须立足现有的社会历史条件，消灭导致阶级对立的自由放任资本主义生产方式。问题的关键在于，人们在改造此生产方式过程中，是否可以不择手段恣意妄为？还是要重建并恪守超越资产阶级法权的共产主义正义？答案是不言而喻的。追求普遍自由的共产主义"不仅包括我做自由的事，而且也包括我自由地做这些事"[1]。在此，基督教和德国古典哲学的人人平等信念，以及对自由规律的认识，都在历史唯物主义基础上达到了自身的否定之否定。

资产阶级思想家推演出一个权利本位的契约社会，断言这是历史的新纪元，然而由于财产权的限制，占社会人口绝大多数的无产阶级只在理论上享有种种权利，事实上却消受不起。真相恰如恩格斯所见，"如果说在野蛮人中间，像我们已经看到的那样，不大能够区别权利和义务，那么文明时代却使这两者之间的区别和对立连最愚蠢的人都能看得出来，因为它几乎把一切权利赋予一个阶级，另一方面却几乎把一切义务推给另一个阶级"[2]。为了彻底改变这种不平等的局面，"工人阶级的解放斗争不是要争取阶级特权和垄断权，而是要争取平等的权利和义务，并消灭一切阶级统治"[3]，建立无阶级的自由人联合体。这一崇高追求内在决定着革命工人群体的权利和义务分配不以财产多寡等为限，"承认真理、正义和道德是他们彼此间和对一切人的关系的基础，而不分肤色、信仰或民族……没

---

[1]《马克思恩格斯全集》（第1卷），人民出版社1995年版，第181页。
[2]《马克思恩格斯文集》（第4卷），人民出版社2009年版，第197页。
[3]《马克思恩格斯文集》（第3卷），人民出版社2009年版，第226页。

有无义务的权利,也没有无权利的义务"〔1〕。一言以蔽之,共产主义运动不仅要求目标正义,而且要求手段正义。

有鉴于此,革命政府与工人的关系就不能理解为统治与被统治的关系,它不过是工人自治的中介系统,由普选体现的民意基础是其最主要的合法性根据,一切公职人员都必须注重实干,清廉自守。如马克思笔下的巴黎公社虽败犹荣——"公社是由巴黎各区通过普选选出的市政委员组成的。这些委员对选民负责,随时可以罢免。其中大多数自然都是工人或公认的工人阶级代表。公社是一个实干的而不是议会式的机构……从公社委员起,自上至下一切公职人员,都只能领取相当于工人工资的报酬。"〔2〕实际上,由于革命斗争的特殊性,一定程度的军事化管理在所难免。巴黎公社的做法并不值得照搬,但其展现的正义风范为国际工人运动赢得了荣誉,也为后来者改造旧社会树立了高标。革命时期的一些政策带有应急性和临时性,只有从长远看来才是合乎共产主义正义的。这在客观上要求新社会必须是一个名副其实的自由人联合体,由此才能证明为革命付出的牺牲确乎是正义的。

从正义理论上看,马克思将共产主义设想为按劳分配和按需分配两个阶段。

在共产主义的第一阶段(社会主义阶段),社会的经济、道德和精神等方面都还带有资本主义痕迹,因而消费资料的分配方式,"通行的是商品等价物的交换中通行的同一原则,即一种形式的一定量劳动同另一种形式的同量劳动相交换"〔3〕。在这一阶段,有别于私有制社会的"不劳而获,劳而不获",人们开始共同使用全部生产工具并按照共同协议来分配全部产品,可说是"各尽所能,按劳分配"。虽然有这种进步,还不能说实现了劳动者之间的实质正义,因为它默认劳动者的不同等的工作能力是天然特权,也未能充分考虑劳动者有不同等的生活需要。只有到了共产主义高级阶段,生产力高度发达,集体财富充分涌流,分配终将超出纯粹的

---

〔1〕《马克思恩格斯文集》(第3卷),人民出版社2009年版,第227页。
〔2〕《马克思恩格斯文集》(第3卷),人民出版社2009年版,第154页。
〔3〕《马克思恩格斯文集》(第3卷),人民出版社2009年版,第434页。

经济考虑，以每个人的自由个性发展为依归，达到所谓"各尽所能，按需分配"[1]，从而彻底超越资产阶级法权的狭隘眼界。恩格斯曾经预言，那时"侈谈平等和权利就像今天侈谈贵族等等的世袭特权一样显得可笑……谁如果坚持要求丝毫不差地给他平等的、公正的一份产品，别人就会给他两份以示嘲笑"[2]。

从共产主义实践上看，马克思和恩格斯是过于乐观了。工业化发展到今天，生态危机和资源危机等一再警示我们，生产力的提高会遇到瓶颈，物质财富更不可能无限丰裕。人类注定永远在一定程度的资源匮乏状态下生存和发展，按需分配充其量就是建成一个高福利社会，使人类不必为谋生而浪费发展自由个性的时间，至于发展自由个性的资源则只能要求社会给予每个人公正的待遇。此外，对于整个现代社会生活来说，离开市场去事无巨细地加以计划，无论是出自领袖意志还是公民的共同协议，只能带来比自由放任资本主义更加恶劣的社会后果，根本谈不上对资产阶级法权的超越。自1867年《资本论》第一卷问世以来，一个半世纪的世界历史证明，扬弃自由放任资本主义的现实道路不是以计划取代市场，而是让二者尽展其长，并互补其不足。[3]

中国特色社会主义理论不再将社会主义本质与市场或计划相联系，而是将之理解为"解放生产力，发展生产力，消灭剥削，消除两极分化，最终达到共同富裕"[4]。这是对马克思主义历史科学的重大突破和发展。一方面，它从实践的高度对社会正义和生产力发展同时提出了要求，表明它没有陷入唯意志论或经济决定论的窠臼，而是准确把握了广义历史唯物主义的辩证蕴涵。另一方面，它以史为鉴，找到了扬弃自由放任资本主义的现实路径，尽管否定了经典作家的具体预言，却丰富了狭义历史唯物主义"从对人类历史发展的考察中抽象出来的最一般的结果的概括"。从这一理论高度着眼，要现实地超越资产阶级法权，不在于用想象中至公全能的共

---

[1]《马克思恩格斯文集》（第3卷），人民出版社2009年版，第436页。
[2]《马克思恩格斯文集》（第9卷），人民出版社2009年版，第354页。
[3] 参见《邓小平文选》（第3卷），人民出版社1993年版，第203页。
[4]《邓小平文选》（第3卷），人民出版社1993年版，第373页。

同协议取代市场来配置资源,而应在社会主义民主基础上建设法治文化和法治政府,一方面保障充分竞争的市场环境,另一方面通过国家主导的各种福利安排纠正市场之偏。换言之,要兼顾效率与公平,用明规则取代潜规则,以便最广大人民得以实现物质上和精神上的共同富裕,以及普遍的自由和全面发展。

(原载《哲学研究》2016年第7期,
《中国社会科学文摘》2017年第1期转载)

正义的多面孔:马克思与罗尔斯

罗尔斯的《正义论》在 1971 年发表后,在国际上掀起了一股研究政治哲学和规范理论的热潮。在马克思主义研究领域,学者们对罗尔斯理论的态度呈现对立之势。一些学者从马克思的意识形态理论出发,坚持认为政治哲学没有自己独立的历史,无论其今天怎么花样翻新,都只是晚期资本主义的意识形态产物。如詹姆逊就说:"类似政治哲学的东西也重新出现了……仿佛人们从刚刚过去的革命世纪的挑战中没有学到任何东西,正是那些挑战迫使传统的资产阶级思想面对着国家中阶级和集体社会存在的种种尖锐矛盾。"[1]按照这一思路,罗尔斯的理论还停留在政治解放的层次,未达到人的解放的水平,并没有资格与马克思对话。另一些学者则认为马克思的科学社会主义理论在福利国家资本主义阶段已经过时,不仅预言中的两大阶级的最后决战没有到来,被视为革命主体的传统无产阶级也日益分化解体,在今天"如果要实现社会主义或共产主义的理想,就要说服人们并使他们相信,这些理想具有道德上的正当性,并且值得追寻。……换句话讲,作为一种历史必然性理论的'科学的'马克思主义的消亡,却换来了作为一种规范政治理论的马克思主义的诞生"。[2]按照这一思路,马克思的历史理论不再重要,当代马克思主义者应积极与罗尔斯对话,将其理论改造为与共产主义价值追求相容或接近的马克思主义规范政治理论。

上述见解都持有一种理论前见,即认为历史唯物主义与正义论是不相

---

[1] Fredric Jameson, *A Singular Modernity*, Verso, 2002, p. 2.
[2] [加]威尔·金里卡:《当代政治哲学》,刘莘译,上海译文出版社 2011 年版,第 178 页。

容的。在詹姆逊等人看来，历史唯物主义是一种经济决定论，对决定的方式和程度可以讨论，但经济基础对上层建筑的最终决定作用是必须坚持的。对柯亨等人来说，建构一种马克思主义的规范政治理论，则意味着要放弃对历史唯物主义的捍卫。这两种观点都对历史唯物主义作了过于狭隘的理解。从广义上说，历史唯物主义是指对唯心主义和旧唯物主义实现了双重超越的新哲学原则，它确立了真理与价值相统一的人类实践的存在论地位，作为价值范畴的正义是其内在要素。从狭义上说，历史唯物主义是指通过生产力与生产关系、经济基础与上层建筑的矛盾运动来揭示人类社会发展的一般规律的历史观，它强调的是包括正义论在内的上层建筑与经济基础的良性互动，而不是纯粹的经济决定论。只有超越斯密、孔德式的一般实证理论和霍克海默、阿多诺式的抽象批判理论的视野，立足于革命和建设实践去理解历史唯物主义，我们才能说这一理论为社会主义从空想到科学的发展奠定了基础。

坚持马克思主义主要在于坚持其基本原理和科学方法，不在于坚持马克思本人的所有言论。上述两种见解的错误不止是由于对马克思主义基本原理理解得不够准确、全面，还有一个重要的原因是马克思本人的解释。在论述通往共产主义的现实路径时，马克思明确地拒绝诉诸规范理论，将之斥为"在某个时期曾经有一些意义，而现在已变成陈词滥调的见解"[1]，并暗示共产主义终将是一个不需要讲求正义和权利的社会。马克思的这些言论将正义、权利等概念主要与消费资料的分配方式联系起来，并与阶级社会的意识形态混同起来，这在特定历史情境下有其道理，一旦被视为教条就难免在理论和实践上都带来不良后果。教条化的理论后果之一就是上述两种见解的错误前见，实践后果则是苏联模式社会主义国家中出现过的法律和道德虚无主义现象。今天的中国特色社会主义在大力发展精神文明，推进国家治理能力现代化的过程中，考察马克思正义思想的个别具体观点，发展和建构一种当代形式的马克思主义正义论就尤为重要。

柯亨等分析马克思主义者虽然较早意识到这个问题，并敏锐地在马克

---

[1]《马克思恩格斯文集》（第3卷），人民出版社2009年版，第436页。

思的文本中发掘出其本人不自觉地实际持有的广义正义概念，但是他们在结合马克思与罗尔斯建构一种马克思主义正义论时，由于摈弃了历史唯物主义，使得这种尝试止于表面。因为单纯就正义论来说，罗尔斯已经深度汲取了马克思正义思想，能够留给分析马克思主义者的，只是一些小修小补的工作。换句话说，将马克思与罗尔斯结合起来的工作，始于罗尔斯本人。我们更应关注的是：罗尔斯是怎样理解马克思正义思想的？他对此的把握是否准确？其正义论能否经得起马克思式的批评？有无必要、能不能够将罗尔斯的正义论与历史唯物主义结合起来？这一结合对中国特色社会主义建设有何现实意义？

一、罗尔斯视野下的马克思正义思想

罗尔斯并没有因为马克思对古典自由主义的激烈批评就将之视为异己，恰恰相反，他非常重视这种批评，并积极从中汲取思想资源。罗尔斯认识到，"一种正义观不可能从原则的自明前提或条件中演绎出来，相反，它的证明是一种许多想法的互相印证和支持，是所有观念都融为一种前后一致的体系"[1]。因此，在哈佛大学开设多年的"现代政治哲学"课程中，罗尔斯除了讲授自由主义哲学家的著作，还专门讲授了自由主义的批评者马克思的著作，从三个方面对马克思的著作进行了深入探讨。

第一，罗尔斯探讨了马克思关于资本主义作为一种社会制度的观点。在马克思看来，资本主义社会号称追求自由、平等、博爱，却分裂为两大对立的阶级：资本家和工人，资本家占有生产资料和自然资源等，工人除了劳动力商品外一无所有，二者共存于一个自由竞争的市场体系，通过貌似公平的雇佣契约结合起来，然而在社会再生产过程中，资本家得到利润，不断实现资本积累，工人则只得到维持最低生活水平的工资。问题在于，为什么资本主义在身处其中的大多数人看来是天经地义的，马克思却从中看到了支配和剥削？罗尔斯认为关键在于马克思的劳动价值论，它

---

[1] [美]约翰·罗尔斯：《正义论》，何怀宏、何包钢、廖申白译，中国社会科学出版社2009年版，第17页。

"挖掘资本主义秩序之外在表象下的深层结构，使我们能够了解劳动时间的花费轨迹，并发现那些使得工人阶级的未付酬劳动或剩余劳动能够被剥夺以及剥夺多少的各种制度安排"[1]。

第二，罗尔斯探讨了马克思与正义概念的关系。根据艾伦·伍德等人的观点，马克思在一些段落中似乎在说资本主义是正义的，至少不是不正义的。而根据柯亨等人的观点，马克思在另一些段落中用"偷盗""劫掠"等词语暗示资本主义是不正义的。罗尔斯据此认为马克思实际上使用了两种正义概念：一种是狭义的正义，指内在于特定社会和经济秩序的作为法律和司法规范的正义；马克思就此而作的意识形态分析并非表明他赞同任何一种狭义的正义，而只是表明：这种正义概念是怎样运作的，其社会功能如何，它怎样塑造统治阶级和被统治阶级共同持有的正义观念。另一种是广义的正义，即"人的劳动是生产的唯一相关要素，……社会所有成员都拥有获得和使用社会的生产资料和自然资源的平等权利"[2]；根据这一标准，所有阶级社会都是不正义的，因为社会的剩余价值"被一个阶级因其在社会体系中所处的地位而侵吞"[3]。

第三，罗尔斯着重探讨了共产主义与正义概念的关系。共产主义超越正义的观点在学术界广为流传，这个说法并不确切。在《哥达纲领批判》中，马克思明确地说过，在共产主义初级阶段（社会主义阶段），生产者之间分配消费资料的"平等的权利按照原则仍然是资产阶级权利，虽然原则和实践在这里已不再互相矛盾"[4]。这说明至少在社会主义阶段，权利和正义观念仍然是必要的。但是在共产主义高级阶段，物质产品极大丰富，每个人都能够自由和全面发展，已不存在休谟和罗尔斯界定的正义的

---

[1] [美]约翰·罗尔斯：《政治哲学史讲义》，杨通进、李丽丽、林航译，中国社会科学出版社2011年版，第342页。

[2] [美]约翰·罗尔斯：《政治哲学史讲义》，杨通进、李丽丽、林航译，中国社会科学出版社2011年版，第368页。

[3] [美]约翰·罗尔斯：《政治哲学史讲义》，杨通进、李丽丽、林航译，中国社会科学出版社2011年版，第336页。

[4] 《马克思恩格斯文集》（第3卷），人民出版社2009年版，第434页。

环境,即"客观环境中的中等匮乏"和"主观环境中的利益冲突"。[1]那时即使实现了罗尔斯所谓广义的正义,"它在实现这种正义时并不依赖于人们的正当感与正义感"[2]。就此而言,马克思确实相信共产主义是超越正义的理想社会。

在前两个方面,罗尔斯即使不是完全支持马克思的观点,也是抱有充分的"了解之同情";在第三个方面则提出了根本性的批评。在罗尔斯看来,从生态危机、资源危机等方面入手,对马克思的无限富足的理念加以驳斥是容易的,但更深刻的问题在于:正义的逐渐消失并不值得欲求,"总是随着我们自己的心愿去行动,从不担心或意识不到他人的权利——这种生活将会是这样一种生活,它完全意识不到体面的人类社会所必须的根本条件"[3]。这就是说,由于匮乏和冲突始终存在,正义和权利观念将不可避免,也不应该避免。马克思"对正当与正义观念的表面上的轻视态度可能会给社会主义带来严重的长期后果"[4],客观上使得在苏联模式社会主义国家中,人们很难认真对待正义和权利,并借此维护自己和他人的正当利益。

二、对罗尔斯正义论的马克思式批评

尽管对马克思拒斥正义规范理论的思想深表遗憾,罗尔斯仍然认为马克思作为理论经济学家和政治社会学家取得了英雄般的成就,特别是他揭示了自由放任的资本主义制度的本质,并指出其许多致命缺陷,而"这些缺陷应当得到承认并通过一些根本性的途径加以改革"[5]。或许正是由于

---

[1] 参见[美]约翰·罗尔斯:《正义论》,何怀宏、何包钢、廖申白译,中国社会科学出版社2009年版,第98页。

[2] [美]约翰·罗尔斯:《政治哲学史讲义》,杨通进、李丽丽、林航译,中国社会科学出版社2011年版,第385页。

[3] [美]约翰·罗尔斯:《政治哲学史讲义》,杨通进、李丽丽、林航译,中国社会科学出版社2011年版,第385~386页。

[4] [美]约翰·罗尔斯:《政治哲学史讲义》,杨通进、李丽丽、林航译,中国社会科学出版社2011年版,第350页。

[5] [美]约翰·罗尔斯:《政治哲学史讲义》,杨通进、李丽丽、林航译,中国社会科学出版社2011年版,第336页。

这种从根本上改革的愿望是如此迫切，使得马克思未能系统、深入地探讨正义问题。在罗尔斯看来，马克思仅仅将正义与消费资料的分配联系起来是没有道理的，一种广义的正义理应包括对生产资料的分配，甚至自我实现的机会的分配。这些恰恰是马克思的共产主义所追求的。在最理想的意义上，自我实现的机会的分配（统摄其他一切分配）是普遍的（按需分配），人们彼此没有冲突，因而不需要讲什么正义。但由于资源不可能无限富足，每个人的个性和需要也不同，一种合乎情理的考虑就是追求次优方案，即平等分配自我实现的机会。

然而，每个人的自我是不同的，都有着自己个性化的核心关切，在资源有限的情况下，不可能让人人都去九天揽月、五洋捉鳖。罗尔斯相信，无论一个人的核心关切是什么，总有些东西对他是越多越好的，这就是基本善。基本善有些是自然的，如人的体力和智力等；有些是社会的，如权利、权力和财富等。在各不相同的自然的基本善基础上，人们要怎样分配社会的基本善，才算得上平等分配自我实现的机会呢？在对各家理论的反思平衡中，罗尔斯给出了两个正义原则：第一个原则："每个人对与所有人所拥有的最广泛平等的基本自由体系相容的类似自由体系都应有一种平等的权利"；第二个原则："社会和经济的不平等应这样安排，使它们：①在与正义的储存原则一致的情况下，适合于最少受惠者的最大利益；并且，②依系于在机会公平平等的条件下职务和地位向所有人开放。"[1]第一个原则简称平等的自由原则，优先于第二个原则；第二个原则第一部分简称差别原则，第二部分简称公平的机会平等原则，后者优先于前者。

对此，罗德尼·G.佩弗认为，罗尔斯的正义论"基本上是正确的，并且在平等主义的连贯逻辑和马克思主义经验性理论的最小集的影响下，这种理论将使马克思主义基本规范性政治立场得到证成"[2]。丹尼尔·贝尔（Daniel Bell）甚至认为，"在罗尔斯方面，我们看到现代哲学最全面地

---

[1] [美]约翰·罗尔斯：《正义论》，何怀宏、何包钢、廖申白译，中国社会科学出版社2009年版，第237页。

[2] [美]罗德尼·G.佩弗：《马克思主义、道德与社会正义》，李旸译，重庆出版社2019年版，第414页。

努力支持一种社会主义的道德"[1]。不过，也有许多左翼学者对罗尔斯的理论展开了激烈批评。艾伦·布坎南在《马克思与正义》中总结了对罗尔斯正义论的十大马克思式批评，他分析后认为其中大多出于误解，但有四个问题可能对罗尔斯体系构成挑战，对此我们试作进一步探讨。

第一，有学者批评，罗尔斯假定在原初状态中选择正义原则的时候，各方具有关于人类生活的一般知识，只是处于不知自己核心关切的无知之幕后，但他有时又强调缔约者是作为理性自律的目的选择者的康德式的个人，而理性自律就代表一种核心关切，这便违背了他自己的设定，并排除了其他一些核心关切，包括马克思所重视的共同体和团结的美德。这一批评仍然误解了罗尔斯的观点。罗尔斯确实承认"原初状态可以被看成是在经验理论的框架内对康德的自律和绝对命令观念的一个程序性解释"，但他表示自己"在有些方面离开了康德的观点"[2]。譬如，罗尔斯将在康德那里一个本体自我的选择假设为一个集体的选择。集体中的个人选择必须考虑到别人的利益，考虑到自己选择的后果是否会为对方所接受，这实际上已经用功利主义的后果论对康德的义务论进行了纠偏，以致有些学者产生"这种正义观是利己主义的错觉"[3]。这都是仅关注原初状态的个别因素所导致的误解。至于提到马克思所重视的共同体和团结的美德，根据笔者前面的分析，这种自由人的联合体不同于亚里士多德和黑格尔式的共同体，它被设定为个人利益和公共利益的真实统一体，这恰恰要通过一种平等分配自我实现的机会的制度正义来保证。

第二，有学者批评，罗尔斯没有向我们说明一个不正义的社会要怎样才能过渡到良序社会，他过多地依赖于个人的正义感，忽略了物质利益的支配性影响，因而其理论是乌托邦的，马克思对空想社会主义的批判思路也适用于此。这一批评指出的问题是确实的。不过，"一旦承认马克思自

---

[1] [美]丹尼尔·贝尔：《后工业社会的来临——对社会预测的一项探索》，高铦、王宏周、魏章玲译，新华出版社1997年版，第486页。

[2] [美]约翰·罗尔斯：《正义论》，何怀宏、何包钢、廖申白译，中国社会科学出版社2009年版，第202页。

[3] [美]约翰·罗尔斯：《正义论》，何怀宏、何包钢、廖申白译，中国社会科学出版社2009年版，第115页。

己关于向共产主义转换的理论是有缺陷的，或至少是严重不完善的，且甚至可能需要一个赋予道德原则以主要的动机作用的论述来补充的话，那马克思主义关于罗尔斯的理论是乌托邦的和理想主义的批判力量就可能被明显削弱。"[1] 此外，罗尔斯相信当代发达社会距离良序社会并不遥远，一旦人们出于某种权宜之计接受了两个正义原则，它就将在实践中证明自己的价值，逐渐赢得人们的普遍忠诚，从而化虚为实。因为与功利主义等其他正义类型相比，"第一，它一劳永逸地确定了基本权利和自由的内容，使这些保证无须列入政治议事日程，也使它们超越于社会利益的计算。第二，它的推理形式是清晰明白的，而且是凭自己本身就是完全可靠的。第三，它的自由的公共理性观念鼓励了合作性的政治美德"[2]。这些说法还构不成一种过渡理论，但是在佩弗看来，"对罗尔斯理论的一种略微修正的版本可以最好地作为一种充分的马克思主义道德和社会理论的道德成分"[3]。照此思路，若将罗尔斯的理论转化吸收到马克思主义中，将开创兼有过渡理论和规范政治理论的马克思主义新境界。

第三，有学者批评罗尔斯犯有自由主义理论的通病，低估了公民平等和政治平等对于经济平等的依赖性，而马克思曾指出，政治解放还不是人的解放，只是在形式上承认了人的平等自由。正是出于对马克思有关洞见的重视，使罗尔斯偏离古典自由主义，向社会主义靠拢。在罗尔斯看来，自由对所有人是平等的，自由的价值或者说在每个人那里实现的程度是因人而异的，但这并不意味着平等的自由就流于形式。正义的第一原则对第二原则的优先性要求，已经内在包含着对权威和财富等不平等的限制。为了使平等的自由名副其实，罗尔斯虽然不像马克思一样走到要消灭私有制的地步，但他也没有排除生产资料公有制的选项，明确反对自由放任的资本主义和福利国家资本主义所容许的财富的巨大和世袭的不平等，强调"通

---

[1] [美]艾伦·布坎南:《马克思与正义》，林进平译，人民出版社2013年版，第186页。
[2] [美]罗尔斯:《作为公平的正义——正义新论》，姚大志译，上海三联书店2002年版，第320页。
[3] [美]罗德尼·G.佩弗:《马克思主义、道德与社会正义》，李旸译，重庆出版社2019年版，第414页。

过有关继承和遗赠的法律使资本和资源的所有权持久稳定的分散"[1]。至于"一项既定的权利是否对于不同个体会有平等效力或价值将依赖于很多不同因素，而其中一些因素是不可能也不适宜受制于社会控制或社会调节的。因此，同等效力（或价值）的目标是无法实现和不适当的，且可能导致对自由的严重侵犯"。[2]这一批评主要指向差别原则的正义性问题，所涉问题还可进一步讨论。

第四，有学者批评，罗尔斯提出的差别原则在制度安排上很难落实，比如确定最大化最少受惠者的前景问题，要么在众多不确定性中作无法估量的比较，要么因现实条件的约束不得不向现存的不平等妥协。这一批评是具体而敏锐的。从逻辑层面来说，罗尔斯指责功利主义的最大幸福原则将使我们陷入无法衡量的人际效用比较，而与他的差别原则相关的效用分析同样面临着这个难题。譬如，即使在罗尔斯界定的最少受惠者群体中，同属收入低下的非熟练工人，懒惰者肯定比勤劳者的处境更加不利，若按照差别原则补贴懒惰者将不能激励勤劳者努力工作，势必减损勤劳者和整个社会的共同利益，走向差别原则主旨的反面。从现实层面来说，罗尔斯认为受到每个国家传统、制度和社会力量等的影响，包括差别原则在内的正义观总是要与现实条件妥协，以变体的形式发挥作用，这便难免会将现实的不平等合法化。譬如，"在有足够多的掌权人士相信巨大的刺激对激起努力是必要的地方，当刺激递减时，足够的努力就不可能是随之而至。生产力可能会下降，最穷困者的前景可能会降低"。[3]在这种情况下，差异原则的变体就可能起反作用。这一批评既指出差别原则本身是需要修正的，又暗示其得以实现的现实条件应与之相匹配。

根据上述分析，罗尔斯对马克思正义思想的解读是细致的，其正义论体系经受住了大多数来自左翼学者的马克思式批评。最终的争论集中在两个问题上：差别原则的正义性问题；过渡理论缺失问题。差别原则的正义

---

[1] [美] 约翰·罗尔斯：《正义论》，何怀宏、何包钢、廖申白译，中国社会科学出版社2009年版，修订版序言第5页。

[2] [美] 艾伦·布坎南：《马克思与正义》，林进平译，人民出版社2013年版，第190页。

[3] [美] 艾伦·布坎南：《马克思与正义》，林进平译，人民出版社2013年版，第160页。

性可以得到进一步辩护。罗尔斯继承了马克思对生而有之的社会地位应得和天赋应得的批评,有条件地吸收了共产主义高级阶段按需分配的理想,不仅试图超越支持不劳而获的传统的资产阶级法权,还希望克服主张按劳分配的共产主义初级阶段法权的局限性。在平等的自由原则和公平的机会平等原则的优先性有制度性保障的前提下,差别原则与马克思所谓"每个人的自由发展是一切人的自由发展的条件"是意蕴相通的。早在《1844年经济学哲学手稿》中,马克思就痛斥过那种到处否定人的个性、追求绝对平均主义的粗陋的共产主义:"它想把不能被所有的人作为私有财产占有的一切都消灭;它想用强制的方法把才能等等抛弃。"[1]从制度正义来说,要使每个人的天赋才能成为真正的社会共同资产,运用激励机制让有才能者尽展其长是必须的,也是建设性的。至于"较有利者的较大期望大致会抵消训练费用或符合组织的要求","由别的一些原则确立的条件,能保证使可能产生的等级差别比人们常常在过去忍受的等级差别要小得多"。[2]总之,如果不是孤立地看待差别原则,而是将其置于罗尔斯体系中来确定其性质,那么差别原则与马克思正义思想的兼容性、互补性是大于冲突性的。

当然,差别原则面临的挑战还有很多。在左翼学者批评其不够平等的地方,右翼学者则批评其不够自由,特别是忽略了责任与权利的统一性。此外,它在实施过程中的细节掌控也面临种种困难。从马克思主义立场来看,尽管还存在着不少值得商榷的问题,差别原则的正义性大体上是有保证的。而要解决过渡理论缺失问题,则有必要进一步将罗尔斯的正义论与马克思的历史唯物主义结合起来。

三、坚持辩证的历史唯物主义,确立良序社会的主客观条件

将马克思的正义思想与罗尔斯的正义论相结合,我们可以得到如下启

---

[1]《马克思恩格斯文集》(第1卷),人民出版社2009年版,第183页。
[2] [美] 约翰·罗尔斯:《正义论》,何怀宏、何包钢、廖申白译,中国社会科学出版社2009年版,第122页。

示：无论共产主义以何种形式扬弃私有制，它都应当是一种讲求正义和权利的良序社会。然而，罗尔斯没有能够令人信服地说明怎样从现实社会过渡到良序社会的问题。罗尔斯从后形而上学语境出发，有意限制自己的工作目标，使其规范政治理论与统合性学说的宏大叙事保持距离。这种做法割裂了价值论与存在论的本质联系，一方面固然超脱于存在论的独断主义嫌疑，另一方面也使自身成了丧失根基的空中楼阁。从马克思主义价值论看来，正义是一个主体性范畴，过渡理论缺失的实质是价值选择的主体错位所致。同一制度安排对于不知自己特殊利益的原初状态各方既是正义的，也是值得欲求的；对于已知自己特殊利益的现实社会主体就算是正义的，也未必是值得欲求的。要使两个正义原则既能在原初状态被选择，又能在现实社会中被落实，现实主体的正义感和利益结构就不能距离原初状态各方被设定的存在状况过远。那么现实主体的正义感和利益结构怎样才能转变为类似原初状态各方的情形呢？解答这个问题，必须求助于以现实主体的实践生活为研究对象的历史唯物主义。它不仅能够解释人类主体产生和发展的历史，而且主张在认识历史的一般规律和趋势的基础上改造社会关系，从而也改造现实主体的本质和观念。这便从存在论高度指明了从现实社会向良序社会过渡的现实路径。

从主体正义感的内容来说，自由和平等是现代人的追求，古代人的追求不同于此。在以家族为单位的社会中，每个人都受他人限制，形成各种各样的人身依附关系。古代人的正义感很多时候只是这种等级制的人身依附关系在人的观念中的折射而已。现代人的正义感不同于古代人，这是由于其社会关系发生了剧烈变化。16世纪以来新兴生产力突飞猛进，社会物质交换无远弗届，使单个人摆脱旧式共同体独自生活成为可能。到了18世纪在市民社会大踏步走向成熟的过程中，才有了"卢梭的通过契约来建立天生独立的主体之间的关系和联系的'社会契约'"[1]。用恩格斯的话说，"大规模的贸易，特别是国际贸易，尤其是世界贸易，要求有自由的、在行动上不受限制的商品占有者，他们作为商品占有者是有平等权利的，

---

[1]《马克思恩格斯文集》（第8卷），人民出版社2009年版，第5页。

他们根据对他们所有人来说都平等的、至少在当地是平等的权利进行交换。……社会的经济进步一旦把摆脱封建桎梏和通过消除封建不平等来确立权利平等的要求提上日程,这种要求就必定迅速地扩大其范围……就很自然地获得了普遍的、超出个别国家范围的性质,而自由和平等也很自然地被宣布为人权"。[1]作为人权的自由和平等虽然由资产阶级提出来,在反对教会和贵族的封建特权时,起初是代表包括无产阶级在内的社会共同利益的。只是随着资产阶级成为新的统治阶级,这种暂时的共同利益发生了分化,自由和平等遂局限于资产阶级内部,对无产阶级来说成为有名无实的意识形态。早期无产阶级政党还寄希望于用社会正义补充法律正义,马克思则认为资本主义生产方式存在着结构性缺陷,资本家和奴隶主、封建主一样是靠占有他人无酬劳动发财致富的,而"作为纯粹观念,平等和自由仅仅是交换价值的交换的一种理想化的表现"[2],只要这种生产方式不变,真正的自由和平等就不可能来临。

可见,在历史唯物主义视野下,罗尔斯预设的追求自由和平等的原初状态的主体,在现实中只能是现代市场经济的产物。而在自由放任的资本主义阶段,尽管两大阶级名义上都追求自由和平等,资产阶级却背叛了自己早先提出的社会核心价值,不愿意将其彻底化或落到实处。自由放任的资本主义"仅仅保证形式的自由,而否认平等的政治自由的公平价值和公平的机会平等。它的目标是经济效率和经济增长,而制约经济效率和经济增长的东西仅仅是一种相当低的社会最低保障"[3],这显然不能与两个正义原则相匹配。在马克思看来,这一社会形态的人们摆脱了人身依附关系,又陷入物的依赖性,只有实现从生产方式到社会制度的总体性变革,才能克服生产资料私有制和社会化大生产之间的矛盾,在新的生产方式基础上造就真正追求自由和平等的社会主体。这一思路直接引导了苏联的社会主义实践,又反过来影响到自由放任的资本主义向福利国家的转变。但

---

[1]《马克思恩格斯文集》(第9卷),人民出版社2009年版,第110~112页。
[2]《马克思恩格斯全集》(第30卷),人民出版社1995年版,第199页。
[3][美]罗尔斯:《作为公平的正义——正义新论》,姚大志译,上海三联书店2002年版,第228~229页。

在罗尔斯看来,苏联模式的指令性经济漠视民主程序和市场机制,"违反了平等的基本权利和自由,更不用提这些自由的公平价值了"[1];福利国家虽然能够提供一种像样的社会最低保障,但"调节经济不平等和社会不平等的互惠性原则却没有得到承认"[2]。

必须指出,指令性经济的失败使我们确信市场经济在现代社会是不可或缺的,对私有制的扬弃不等于简单粗暴地加以消灭,而应重视国家和市民社会的良性互动,立足民主法治来对财产权进行适当限制、规范和引导。苏联模式社会主义用国家吞噬市民社会,不受限制的官僚政治使人身依附关系借尸还魂。福利国家的市民社会仍然主宰着国家,不受限制的财产权使物的依赖性如影随形。为了克服二者的局限性,罗尔斯构想了一种财产所有的民主制,并赞赏罗默等人提出的自由社会主义。在财产所有的民主制中,"在每一个时期开始的时候使生产性资产和人力资本(即教育和经过培养的技巧)的所有权都分布得更为广泛……在适当的社会平等和经济平等的基础上使所有公民都处于自己管理自己事务的位置"[3]。在自由社会主义中,有一个民主的政治体制,生产资料为社会所有,但是有一套自由竞争的市场体系,"经济权力是分散于众多企业之中的",而"企业的指挥和管理是由它自己的劳动力来决定"[4]。在罗尔斯看来,这两种政体"都建立了民主政治的框架,保证了基本自由以及政治自由的公平价值和公平的机会平等,而且使用相互性原则,如果不是差别原则的话,来调节经济不平等和社会不平等"[5]。这就是说,现实社会如果实现了这两种政体,也就过渡到了良序社会。

---

[1] [美] 罗尔斯:《作为公平的正义——正义新论》,姚大志译,上海三联书店2002年版,第229页。

[2] [美] 罗尔斯:《作为公平的正义——正义新论》,姚大志译,上海三联书店2002年版,第229页。

[3] [美] 罗尔斯:《作为公平的正义——正义新论》,姚大志译,上海三联书店2002年版,第231~232页。

[4] [美] 罗尔斯:《作为公平的正义——正义新论》,姚大志译,上海三联书店2002年版,第230页。

[5] [美] 罗尔斯:《作为公平的正义——正义新论》,姚大志译,上海三联书店2002年版,第230页。

从根本上说，上述两种良序社会构想都深受马克思总体性变革的思路影响，其实质都是从立法优化生产方式结构入手，使市民社会和国家实现良性互动和协调发展，兼顾效率与公平，一手抓自由竞争的市场经济，一手抓带有社会主义性质的民主法治。可惜的是，对自由放任的资本主义、福利国家资本主义以及苏联模式社会主义的超越，这两种方案虽然提出了一些富有启发性的观点，主要还停留在理论上。真正走在这条超越之路上，在实践中取得重大成就也面临严峻挑战的是中国特色社会主义。只要坚定不移地发展社会主义市场经济，建设社会主义法治国家，就一定能建成一个社会主义良序社会。这也是将罗尔斯的正义论与马克思的历史唯物主义结合起来所带给我们的启示。

首先，发展社会主义市场经济，不只为了经济效率。正如罗尔斯所说，"虽然市场经济在某种意义上是最佳体系这一观念是由所谓资产阶级经济学家仔细考察的，但自由市场与资产阶级的联系是历史的偶然，因为至少从理论上说，一个社会主义政权自身也能利用这种体系的优点"[1]。这一观点在中国曾经饱受争议，最后由改革开放的总设计师邓小平一锤定音，"计划和市场都是方法嘛。只要对发展生产力有好处，就可以利用。它为社会主义服务，就是社会主义的"[2]。可见，发展社会主义市场经济的主要动机，最初就是为了提高经济效率，发展生产力。较少有人注意到，"市场体系还有另一个更有意义的优点，即在必要的背景制度下，它是和平等的自由及机会的公正平等相协调的"[3]。在民主决策下，政府通过宏观调控来调节经济环境，不必实施广泛的直接干预，这使得企业和家庭能够独立地作决定，公民能够自由地选择职业和工作。进而言之，没有市场经济的发展，马克思所谓最初的社会形态"人的依赖关系"就不可能发展到第二大社会形态"以物的依赖性为基础的人的独立性"，也就不可

---

[1]〔美〕约翰·罗尔斯：《正义论》，何怀宏、何包钢、廖申白译，中国社会科学出版社2009年版，第213~214页。

[2]《邓小平文选》（第3卷），人民出版社1993年版，第203页。

[3]〔美〕约翰·罗尔斯：《正义论》，何怀宏、何包钢、廖申白译，中国社会科学出版社2009年版，第214~215页。

能为未来的第三大社会形态"建立在个人全面发展和他们共同的、社会的生产能力成为从属于他们的社会财富这一基础上的自由个性"[1]创造主客观条件。伴随着市场经济的发展,人的社会关系才丰富起来,才有了多方面的需求和全面的能力。只有越来越多的人走出乡土社会,在自由组织的各类新式共同体中培养出理性自治的能力和习惯,建设良序社会的主体力量才有望发展成熟。

其次,建设社会主义法治国家,也不只为了政治解放。尽管市场经济在现代社会生活中有着本质重要的作用,其副作用同样严重,"垄断的限制、信息的匮乏、外部经济效果和外部不经济等现象必须得到认识和纠正。而且,市场在公共利益的场合完全失去了作用"[2]。在市场经济中发展成熟起来的市民社会,其成员在反对封建特权时宣称追求自由和平等,彼此间却常常陷入"一切人反对一切人的战场"[3]。对此,马克思起初认为国家和法应该代表普遍利益,能够约束和协调市民社会的特殊利益,维护每一位公民自由和平等的权利。后来他认为在阶级社会中,国家只是虚假的共同体,法与正义都是阶级性的,而权利仅仅符合竞争、自由私有制的状态,共产主义是不需要讲求正义和权利的。今天看来,还是前一种看法更有建设性,后一种看法过于理想化了。姑且不谈无限富足问题,即使在利他主义者组成的最理想的共产主义社会中,围绕"什么是共同利益"和"如何实现共同利益"问题,也会陷入严重的冲突,另如不受限制的家长式行为更难免"为了提高一个人全部的自主或者他将来的自主而限制他的自由"[4]。解决这类问题离开正义和权利是不可能的。何况国际共产主义实践已经证明,市场经济和利益分散的市民社会将长期存在。通往良序社会的出路不是要消灭市民社会,拒斥正义和权利,而是要建立真正的民主制,克服国家和市民社会的二元对立,使国家和法的统治"物质地贯穿

---

[1]《马克思恩格斯文集》(第8卷),人民出版社2009年版,第52页。
[2][美]约翰·罗尔斯:《正义论》,何怀宏、何包钢、廖申白译,中国社会科学出版社2009年版,第214页。
[3][德]黑格尔:《法哲学原理》,范扬、张企泰译,商务印书馆1961年版,第309页。
[4][美]艾伦·布坎南:《马克思与正义》,林进平译,人民出版社2013年版,第208页。

于其他非政治领域的内容",真正成为"人民的自我规定"[1]。这方面马克思只开了个头,罗尔斯的《正义论》是集大成之作,其意义不仅在政治解放,更在于人的解放。

(原载《哲学研究》2017年第8期,
《中国社会科学文摘》2018年第1期转载)

---

[1]《马克思恩格斯全集》(第3卷),人民出版社2002年版,第41页。

第四编
马克思主义与法权价值

至于谈到权利,我们和其他许多人都曾强调指出了共产主义对政治权利、私人权利以及权利的最一般的形式即人权所采取的反对立场。请看一下"德法年鉴",那里指出特权、优先权符合于与等级相联系的私有制,而权利符合于竞争、自由私有制的状态;指出人权本身就是特权,而私有制就是垄断。

——马克思、恩格斯《德意志意识形态》[1]

法的关系正像国家的形式一样,既不能从它们本身来理解,也不能从所谓人类精神的一般发展来理解,相反,它们根源于物质的生活关系,这种物质的生活关系的总和,黑格尔按照18世纪的英国人和法国人的先例,概括为"市民社会",而对市民社会的解剖应该到政治经济学中去寻求。

——马克思《〈政治经济学批判〉序言》[2]

在共产主义制度下和资源日益增多的情况下,经过不多几代的社会发展,人们就一定会达到这样的境地:侈谈平等和权利就像今天侈谈贵族等等的世袭特权一样显得可笑;同旧的不平等和旧的实在法的对立,甚至同新的暂行法的对立,都要从实际生活中消失;谁如果坚持要求丝毫不差地给他平等的、公正的一份产品,别人就会给他两份以示嘲笑。

——恩格斯《〈反杜林论〉的准备材料》[3]

---

[1] 《马克思恩格斯全集》第3卷,人民出版社1960年版,第228-229页。
[2] 《马克思恩格斯文集》第2卷,人民出版社2009年版,第591页。
[3] 《马克思恩格斯文集》第9卷,人民出版社2009年版,第354页。

孔子、马克思与法治

——论法治话语的两种非典型构境

党的十八届四中全会提出了全面推进依法治国的总目标，并强调要"汲取中华法律文化精华，借鉴国外法治有益经验，但决不照搬外国法治理念和模式"。[1]2017年5月3日，习近平总书记在中国政法大学考察时再度指出，"全面推进依法治国是一项长期而重大的历史任务，要坚持中国特色社会主义法治道路"。[2]这都要求我们立足中国国情、民情和党情的实际情况，充分重视和汲取世界范围内的法治理论资源和实践经验。

对于什么是法治，古希腊大哲学家亚里士多德有一个著名的观点："法治应包含两重意义：已成立的法律获得普遍的服从，而大家所服从的法律又应该本身是制订得良好的法律。"[3]在亚里士多德看来："谁说应该由法律遂行其统治，这就有如说，惟独神祇和理智可以行使统治；至于谁说应该让一个个人来统治，这就在政治中混入了兽性的因素。常人既不能完全消除兽欲，虽最好的人们（贤良）也未免有热忱，这就往往在执政的时候引起偏向。法律恰恰正是免除一切情欲影响的神祇和理智的体现。"[4]可见，亚里士多德主要是从法治优越于人治的角度来立论的。

亚里士多德的这一观点在国际学术界本来是常识，但是在我国国内一直不乏反对者。这些反对者常常也充满理论自信，一个重要的原因就是他

---

[1]"中共中央关于全面推进依法治国若干重大问题的决定"，载《人民日报》2014年10月29日。

[2]"习近平在中国政法大学考察"，载《人民日报》2017年5月4日。

[3][古希腊]亚里士多德：《政治学》，吴寿彭译，商务印书馆1963年版，第199页。

[4][古希腊]亚里士多德：《政治学》，吴寿彭译，商务印书馆1963年版，第168~169页。

们将孔子或马克思引为同道，认为这两位大思想家和他们一样也是反对法治的。这种看法或多或少是出于误读，因为孔子和马克思批评的法治都只是某种狭义的法治，前者批评的是刑治，即专务刑罚的法治，后者批评的是有阶级局限性的资产阶级法治。就法治的一般含义和根本精神来说，孔子、马克思和亚里士多德一样都丰富和发展了法治理论。

一、孔子：法治与礼治、德治

先看儒家的至圣先师孔子和法治的关系。在这方面，人们经常引用《论语》中的话。譬如，"为政以德，譬如北辰，居其所，而众星共之"；"道之以政，齐之以刑，民免而无耻；道之以德，齐之以礼，有耻且格"。（《论语·为政》）就法律作为刑律这一狭义而言，孔子主张礼治和德治，确实反对纯粹的法治；但就法律作为社会普遍规范这一广义而言，孔子的礼治思想则包含着与法治相通的意蕴。清人孙星衍在《重刻故唐律疏议序》中说"律出于礼"，"周公寓刑于礼，不制刑书"[1]。孔子一生以恢复周礼为己任，他只是反对外在于礼的刑律，并不反对作为礼的一部分的刑律。这种内在包含刑律但更注重道德教化的礼就是孔子心目中的国家根本大法，礼治也就是孔子式的良法善治。当然，在孔子的时代，对于礼中蕴含的道德的理解还比较粗疏和独断，不能区分梁启超所谓私德和公德，或者李泽厚所谓宗教性道德和社会性道德，这就使得礼中混杂着一些不宜作为社会普遍规范尤其是法律规范的狭隘观念，这是我们需要指出并克服的。

有人以孔子说过"为政在人，取人以身，修身以道，修道以仁"（《礼记·中庸》）一类话为根据，断言孔子主张人治而反对法治。萧公权在《中国政治思想史》中批驳了这种观点，他说孔子"爱惜周道之伤，故亟图以人治救方策之弊。故孔子之注重'君子'，非以人治代替法治，乃寓人治于法治之中"[2]。这就是说，孔子在强调为政在人的时候，并没有后

---

[1]（清）孙星衍："重刻故唐律疏议序"，参见（唐）长孙无忌等：《唐律疏议》，刘俊文点校，中华书局1983年版，第667页。
[2] 萧公权：《中国政治思想史》（上册），商务印书馆2011年版，第78页。

世心性儒学那种忽视制度偏重道德的倾向，只是希望通过一时的人治恢复周礼，补救和修正当时已遭破坏的制度。在孔子心目中，周礼乃至殷礼、夏礼与人的主观任性无关，都是圣贤们研究宇宙人生的一般规律之后，从人类生存和发展的现实需要出发而制定的，可谓"先天而天弗违，后天而奉天时"（《周易·乾卦·文言传》）。试引周礼的集大成者周公的话为证："旦闻禹之禁：春三月，山林不登斧，以成草木之长；夏三月，川泽不入网罟，以成鱼鳖之长。且以并农力执，成男女之功。夫然，则有生而不失其宜，万物不失其性，人不失其事，天不失其时，以成万财。万财既成，放此为人。此谓正德。"[1]这大概是环境保护法的原始形态吧！大禹和周公等人设下这样的禁令，其礼法之治在孔子看来是出于清明之理智而非偏私之情欲。

从孔子近似法治的礼治思想中，我们可得出如下启示：

第一，法治的形式正义一定要能体现实质正义，故有"德礼为政教之本，刑罚为政教之用"[2]"德又礼之本也"[3]等说。

第二，法治的实质正义必须通过制度化的形式来加以落实，故有"道德仁义，非礼不成"（《礼记·曲礼》）、"动容周旋中礼者，盛德之至也"（《孟子·尽心下》）等说。

第三，法治的实质正义是以人为本的，彰显了人作为万物之灵的主体地位，故有"使人以有礼，知自别于禽兽"（《礼记·曲礼》）、"制礼义以分之，以养人之欲，给人之求"（《荀子·礼论》）等说。

当然，也不必讳言，孔子学说的人治色彩仍然很浓郁，其所谓礼治并不是共同体成员民主自治的表现形式，说到底仍然是一种圣贤政治或精英政治。孔子虽然也重视人类理智和自然规律，但重视程度是远远不足的。因此，在使礼或广义的法律超越地方的狭隘性和个人的主观性方面，他只是寄希望于当权者复古改制，而欠缺对政体本身的深刻反思。这样，即使得遇明君能收一时之效，也难免人亡政息的结果。一些后世儒家将礼教条

---

[1] 黄怀信等：《逸周书汇校集注》，上海古籍出版社1995年版，第430~431页。
[2] （唐）长孙无忌等：《唐律疏议》，刘俊文点校，中华书局1983年版，第3页。
[3] （宋）朱熹：《四书章句集注》，中华书局1983年版，第54页。

化更走向以人为本的反面，出现鲁迅所批评的那种假礼教之名而"吃人"的现象。

二、马克思：法治与社会主义

再看无产阶级的伟大导师马克思与法治的关系。马克思 1835 年进入波恩大学法律系学习，第二年转入柏林大学法律系。他修读过《法学纲要》《自然法》《罗马法史》《罗马法全书》等多门课程，并广泛阅读了相关文献。一开始他对康德和费希特的法治理论感兴趣，并试图创立某种法哲学体系贯穿整个法的领域，"根据一种不是来自任何事实、不可能寓于任何事实的规律，对事实进行评判"[1]。但是马克思很快意识到这种"体系的虚假，体系的纲目近似康德的纲目，而执行起来却完全不是那样"[2]。康德和费希特式的法哲学体系虽然看起来体大思精，然而在德国的专制现实面前显得软弱无力，完全不能落到实处。到 1837 年马克思已觉得它不仅不能改变世界，甚至也不能解释世界。他在一首题名《黑格尔》的小诗中写道："康德和费希特在太空飞翔，对未知世界在黑暗中探索；而我只求深入全面地领悟，在地面上遇到的日常事物。"[3]

这时候黑格尔哲学强烈吸引了马克思，因为它宣称能不断扬弃现有和应有之间的矛盾，并断言这是作为主体的实体的基本存在方式。马克思据此相信"在生动的思想世界的具体表现方面，例如，在法、国家、自然界、全部哲学方面……我们必须从对象的发展上细心研究对象本身，决不应任意分割它们；事物本身的理性在这里应当作为一种自身矛盾的东西展开，并且在自身求得自己的统一"。[4]不过，马克思对黑格尔的皈依并没有持续多长时间。1842 年他主编《莱茵报》时遇到要对所谓物质利益发表意见的难事，那时他便开始对国家和法的一般精神能否扬弃市民社会的原子化状态将信将疑了。根据黑格尔的逻辑，国家对于个人是以国家的身份

---

[1] 《费希特著作选集》（第 1 卷），梁志学等译，商务印书馆 1990 年版，第 193 页。
[2] 《马克思恩格斯全集》（第 40 卷），人民出版社 1982 年版，第 13 页。
[3] 《马克思恩格斯全集》（第 40 卷），人民出版社 1982 年版，第 651~652 页。
[4] 《马克思恩格斯全集》（第 40 卷），人民出版社 1982 年版，第 10~11 页。

出现的,其义不容辞的职责就是把事情办得符合自己的理性、自己的普遍性,保护每一位公民生存和发展的权利,可是在实际生活中,国家却常常使自己降到私有制的与理性和法相抵触的水平。

在费尔巴哈的启发下,马克思领悟到黑格尔只是在思维中扬弃了感性世界诸矛盾的思维形式,比如用国家的概念扬弃市民社会的概念,这一思辨游戏根本没有穿透意识的内在性,并不能揭示、更不能解决现实的国家与市民社会之间的矛盾。在正义理想和不正义现实之间,黑格尔较之康德和费希特至多是"五十步笑百步"而已。于是马克思对黑格尔法哲学展开批判分析,结果发现:"法的关系正像国家的形式一样,既不能从它们本身来理解,也不能从所谓人类精神的一般发展来理解,相反,它们根源于物质的生活关系,这种物质的生活关系的总和,黑格尔按照18世纪的英国人和法国人的先例,概括为'市民社会',而对市民社会的解剖应该到政治经济学中去寻求。"[1]

在这一思路下,马克思得出了一些激进结论。他对工人说过:"难道经济关系是由法的概念来调节,而不是相反,从经济关系中产生出法的关系吗?"[2]他还说过:"你们认为公道和公平的东西,与问题毫无关系。问题就在于:在一定的生产制度下所必需的和不可避免的东西是什么?"[3]这些表述都将法权观念视为生产关系的副现象,或者说不具有自身独立性的上层建筑。恩格斯后来解释说,马克思和他以往总是从经济基础来解释法权观念,这主要是针对资产阶级唯心史观进行纠偏,确切说来,"政治、法、哲学、宗教、文学、艺术等等的发展是以经济发展为基础的。但是,它们又都互相作用并对经济基础发生作用。这并不是说,只有经济状况才是原因,才是积极的,其余一切都不过是消极的结果,而是说,这是在归根到底不断为自己开辟道路的经济必然性的基础上的相互作用"[4]。

恩格斯的解释并没有完全打消人们对于马克思主义法学的疑虑。哈贝

---

[1]《马克思恩格斯文集》(第2卷),人民出版社2009年版,第591页。
[2]《马克思恩格斯文集》(第3卷),人民出版社2009年版,第432页。
[3]《马克思恩格斯文集》(第3卷),人民出版社2009年版,第56页。
[4]《马克思恩格斯文集》(第10卷),人民出版社2009年版,第668页。

马斯就认为马克思主义缺乏一个令人满意的法学传统。[1]阿图尔·考夫曼（Arthur Kaufman）甚至说："人们对克伦纳提出的'马克思主义法律理论留下了什么'之问，只能以确实没有来回答，尽管马克思作为哲学家无疑将与世长存。"[2]也有一些学者如博登海默（Edgar Bodenheimer）等人接受了恩格斯的修正式解释。拉德布鲁赫（Gustav Radbruch）还进一步发挥道："把这个经济利益和权力'转化和改写'为法律的文化形式，就促使法律本身固有的规律性逐渐摆脱了经济利益的主宰。"[3]他的意思是说，我们通常认为资产阶级的法权革命仅仅实现了政治解放，无关超越阶级的人的解放，实际上作为普遍人权的自由一旦在政治层面得到确认，也会惠及无产阶级，例如"各种自由中的结社自由也为斗争中的无产阶级发挥过作用，而且变成了反对资产阶级的斗争工具，而这个自由本来是来源于资产阶级的利益的"。[4]

就法治理论的构建而言，拉德布鲁赫的观点富有建设性，但还没有抓住问题的要害。因为按照经济决定论的思路，只是要求资产阶级的国家和法能够代表资产阶级的全局利益和长远利益，并不排除它在一定程度上包含无产阶级的利益，偶尔也损害某些具体的资本家的利益。真正的问题在于：能否确立一种有别于资产阶级法权的社会主义法权，使后阶级社会的自由人联合体也成为一个法治共同体？我们认为答案是肯定的。过去学界对马克思的《黑格尔法哲学批判》这部书的解读，通常只抓住"市民社会决定国家"[5]这一事实描述方面，相对忽视"真正的民主制"[6]这一规范建构方面。有些学者虽然注意到马克思讲的民主制，却将之与资产阶级民主制混为一谈，认为这不过是马克思思想不成熟的表现。实际上资产阶级民主制和马克思讲的民主制存在重大差别，前者是国家和市民社会二元

---

[1] 参见郁建兴：《自由主义批判与自由理论的重建》，学林出版社2000年版，第352页。
[2] ［德］阿图尔·考夫曼：《当代法哲学和法律理论导论》，郑永流译，法律出版社2002年版，第105~106页。
[3] ［德］拉德布鲁赫：《法哲学》，王朴译，法律出版社2005年版，第22页。
[4] ［德］拉德布鲁赫：《法哲学》，王朴译，法律出版社2005年版，第22页。
[5] 参见《马克思恩格斯全集》（第3卷），人民出版社2002年版，第10~12页。
[6] 《马克思恩格斯全集》（第3卷），人民出版社2002年版，第41页。

对立框架下的一种资产阶级国家政体，后者则力图扬弃国家和市民社会的二元对立，使法的统治贯穿市民社会的物质性内容，成为"人民的自我规定"[1]。如果说"市民社会决定国家"代表一种冷峻而理性的社会科学阐释，那么建设"真正的民主制"则代表一种充满人文关怀的实践旨趣。只有将这两方面统一起来，在准确把握历史一般规律和趋势的基础上推进社会主义民主法治实践，才能现实地超越政治解放实现人的解放。

从马克思的法学思想中，我们可以得出如下启示：

第一，法治的资本主义形式不同于社会主义形式。在资本主义社会中，由于资本家和工人在生产关系中的不平等地位，"强者的权利也以另一种形式继续存在于他们的'法治国家'中"。[2]社会主义法治则消除阶级分化，限制强者的权利，保障弱者的权利，建设以最广大人民为主体的真正的民主制。

第二，法治和平等权利一样都是历史的产物，只是随着近代市场经济的发展，市民社会与国家分离后，限制公权力、保障公民平等权利的法治才有望较普遍地成为现实。用恩格斯的话说："要从这种相对平等的原始观念中得出国家和社会中的平等权利的结论，要使这个结论甚至能够成为某种自然而然的、不言而喻的东西，那就必然要经过而且确实已经经过几千年。"[3]

第三，只有大力推进社会主义市场经济，解放和发展生产力，使以人身依附关系为本质特征的传统农业社会向现代工商业社会和信息社会转型，培植和促进社会主义"市民社会"在我国发展成熟，进而实现"市民社会"与"国家"[4]的良性互动，才能为中国特色社会主义法治创造现实的主客观条件。

必须指出，马克思在使社会主义从空想发展到科学的过程中，越来越

---

[1]《马克思恩格斯全集》（第3卷），人民出版社2002年版，第41页。
[2]《马克思恩格斯文集》（第8卷），人民出版社2009年版，第12页。
[3]《马克思恩格斯文集》（第9卷），人民出版社2009年版，第109页。
[4] 在马克思主义经典理论中，共产主义社会无所谓市民社会和国家，但是世界历史的发展尚未证实这一预言。至少在我国当前的社会主义初级阶段，促进某种社会主义意义上的"国家"和"市民社会"的良性互动，进而建设广义的法治文化生态，相对于教条主义地反对这些改革要更有利于最广大人民的根本利益。

倚重实证分析,集中论证资本主义社会的内在矛盾运动必将激起无产阶级革命,但革命过程中和成功后通过何种制度使"每个人的自由发展是一切人的自由发展的条件"[1]成为可能,他后来并没有沿着《黑格尔法哲学批判》中建立"真正的民主制"的思路深入下去。马克思甚至没有完成其政治经济学批判的宏大计划,更加没有时间回到这个至关重要的论题上去。根据马克思早期著作提供的思想线索,他一直希望帮助人类实现"定在中的自由"[2]。他之所以从事政治经济学批判,就是要深入研究人的定在、人在市民社会中的现实存在,为最终扬弃这种定在的不合理形态而奋斗。从实践的观点看,这一理想的实现除了要掌握历史发展的一般规律和趋势,更重要的是要能动地进行制度建构,实现良法善治。尽管马克思没有具体深入地探讨未来社会的制度建构问题,但是在《国际工人协会共同章程》《法兰西内战》等著述中,我们还是隐约可见一些扬弃资产阶级法权的新的政治价值原则。

三、中国特色社会主义的法治理论和实践

在21世纪的中国建设社会主义法治国家,我们绝不能教条主义地照搬古人的思想,必须立足我们的国情、民情、党情等实际,以史为鉴,博采天下之长为我所用。联系孔子和马克思的有关思想,笔者认为值得借鉴的至少还有:

第一,法治是以民为本的,更确切地说,是以人民为主体的。如金耀基所说,孔子的"政治思想固不足以称民主主义,但实含浓厚之民本思想。……其种种主张,如尊王也,正名也,表面观之似系为封建君主说法,实则,骨子里无一而非为生民立命也"。[3]孔子的民本思想上承《尚书》中民为邦本的古训,下启孟子民贵君轻的石破天惊之语。尽管我们不能像康有为那样将孔子说成是民主先驱,却应该承认他对执政者的谆谆告诫始终是以民为本的,以民为中心的。封建统治者是听不进这种逆耳忠言

---

[1]《马克思恩格斯文集》(第2卷),人民出版社2009年版,第53页。
[2]《马克思恩格斯全集》(第1卷),人民出版社1995年版,第50页。
[3] 金耀基:《中国民本思想史》,法律出版社2008年版,第58~59页。

的，只有到今天共产党执政的人民共和国，中央才一再申明治国理政都要"以人民为中心"[1]。党的工作以人民为中心并不是否定马克思主义传统中人民的主体地位。恰恰相反，党作为人民的先锋队内在于人民之中，党领导广大群众建设中国特色社会主义，正是人民当家作主在当代中国的具体方式。党的十九大报告深刻指出："人民是历史的创造者，是决定党和国家前途命运的根本力量。必须坚持人民主体地位，坚持立党为公、执政为民，践行全心全意为人民服务的根本宗旨，把党的群众路线贯彻到治国理政全部活动之中，把人民对美好生活的向往作为奋斗目标，依靠人民创造历史伟业。"[2]

第二，法治不是严刑峻法之治，而是与德治相统一。为了防止历史上德治传统的人治的、专制的因素冲淡社会主义法治作为民主自治的核心意涵，笔者曾撰文指出："德治的各种提法，其含义始终未能超出古代儒家以德治国的水平；而法治的各种提法，必须严格区分两种含义：一种含义源自古代法家，主张君主用严刑峻法来治理臣民；另一种含义源自西方启蒙思想家，主张人民平等地订立社会契约，选举并监督自己的代表来处理公共事务。作为执政理念，只有法治的第二种含义才属于现代政治文明，有望从根本上解决廉政建设问题。"[3]有鉴于此，笔者曾对法治与德治并提表达了疑虑。从最新的中央文件精神看，尽管一些地方再度出现了法治与德治并提，但二者的地位不是等量齐观的。习近平总书记明确指出，我们党已经把"依法治国上升为党领导人民治理国家的基本方略"[4]。在这个大前提下，他也强调法治和德治的相互作用，即"法律是成文的道德，道德是内心的法律，法律和道德都具有规范社会行为、维护社会秩序的作用。治理国家、治理社会必须一手抓法治、一手抓德治，既重视发挥法律的规范作用，又重视发挥道德的教化作用，实现法律和道德相辅相成、法治和德治相得益彰"[5]。

---

[1]《习近平谈治国理政》（第3卷），外文出版社2020年版，第16页。
[2]《习近平谈治国理政》（第3卷），外文出版社2020年版，第16~17页。
[3] 倪寿鹏："从德治到法治：中国廉政建设的必由之路"，载《学术探索》2012年第12期。
[4]《习近平谈治国理政》（第2卷），外文出版社2017年版，第114页。
[5]《习近平谈治国理政》（第2卷），外文出版社2017年版，第116页。

第三，法治是形式正义和实质正义的统一。由于纯粹的德治难以摆脱个体的主观性，必须以制度化的形式加以落实，由黑格尔所谓道德法发展为国家法。没有宪法等根本的制度保障，而指望圣君贤相的时代已经一去不复返了。即使偶有历史的逆流，大势所趋之下，料也难翻出多大的浪花。康有为断言孔子托古改制，似不能说全是杜撰。孔子的复古主张对当时的社会制度构成了尖锐的批判，这与马克思面向未来的制度批判有异曲同工之妙。二者的出发点和落脚点都是以人为本，矛头所向都是唯利是图的不正义社会。只不过在孔子时代，统治阶级恃强凌弱是赤裸裸的，在马克思时代，资产阶级剥削无产阶级则披上了一层公平交易的面纱。孔子的义利之辨一目了然，马克思则要深入社会再生产的整个环节，才能揭示资本主义正义观的虚伪性。但是，二者都注重形式正义和实质正义的统一。孔子说："人而不仁，如礼何？"（《论语·八佾》）没有仁的精神贯通内外，孤立的礼法是没有生命力的。马克思特别指出法的阶级性，他对资本家说，"你们的观念本身是资产阶级的生产关系和所有制关系的产物，正像你们的法不过是被奉为法律的你们这个阶级的意志一样，而这种意志的内容是由你们这个阶级的物质生活条件来决定的"。[1] 阶级社会的法的正义性往往流于形式，具有阶级局限性，共产主义就是要将法的普遍性落到实处。

总之，为了中国特色社会主义的法治理论和实践，应将孔子的礼治思想和马克思的法治思想结合起来。孔子强调规范之治，并将规范立足于人的理性化的情感，注重道德教化和性情陶冶。马克思强调规范的历史背景，探索规范演变的内在逻辑，注重生产关系结构的变革和完善，从而现实地推进包括法律体系在内的社会规范体系建设。从历史唯物主义观点看来，孔子重视法治作为上层建筑的能动作用，马克思强调法治在经济基础层面的前提条件，这二者是可以通过综合创新而取长补短的。

（原载《法治的哲学之维》第 5 辑，当代中国出版社 2021 年版）

---

[1]《马克思恩格斯文集》（第 2 卷），人民出版社 2009 年版，第 48 页。

从"电车难题"看价值多元与法治共同体建设

随着全球化的发展,人与人之间的交往关系不断丰富,过去地域性的相对单一的价值观受到前所未有的挑战。在世界性的多元文化影响下,我国社会的价值观也日益显示出多元化的样态,人们在许多问题上难以达成共识。在家庭内部,不仅为"谁去做饭"能大吵一架,据报载一对哲学博士夫妻竟然因对黑格尔的不同理解而分道扬镳。伦理学领域的"电车难题"不仅在大学哲学课堂上被研讨,而且风靡到学术圈以外,这就是当代价值多元的一种具体表现。对此,只有积极建设社会主义法治文化,打造社会主义法治共同体,合理分配每个人的权利和责任,才能切实推动社会的和谐与进步。

一、"电车难题"引发的争论

英国哲学家菲莉帕·富特(Philippa Foot)1967年在《牛津评论》上最先提出"电车难题",这引起了哲学界乃至社会各界人士的浓厚兴趣。美国哲学家朱迪思·贾维斯·汤姆森(Judith Jarvis Thomson)1985年在《耶鲁法律学刊》上就提出了一个旁观者视角的新版本。自从哈佛大学迈克尔·桑德尔(Michael Sandel)教授2009年以"电车难题"开讲的视频公开课上线以来,"电车难题"的讨论热度在世界范围内再度提升。美国学者托马斯·卡思卡特(Thomas Cathcart)2013年出版了《电车难题》一书,同样受到了东西方广大读者的欢迎,2014年就有了中文版。

在卡思卡特版的"电车难题"中,奥克兰居民达夫妮·琼斯(Daphne Jones)女士在街上行走时,发现一辆失控的电车高速行驶,而前方轨道上有五个人。危急时刻,琼斯女士看见手边有个道岔,她立即扳动道岔将电车引入岔道,挽救了那五个人的生命,却造成事发时刻站在岔道上的旧金山居民切斯特·法利(Chester Farley)先生身亡。琼斯女士的所作所为是对是错?许多社会成员给出了迥然相异的评价。

获救的五人之一萨利·乔·卡利亚吉蒂斯(Sally Jo Kariakidis)说:"我当然对法利先生的家人表示同情,但我觉得琼斯女士减少伤亡的举动是大多数人都会作出的选择,而她并不应当为此受到谴责。"[1]法利先生的女儿桑德拉·法利(Sondra Farley)则要帮助父亲讨一个说法,主张对琼斯女士进行定罪。

有意思的是,旧金山市长给琼斯女士颁发了见义勇为奖,表彰她的非凡机智和勇气。区检察官克利夫兰·坎宁安(Cleveland Cunningham)却认为琼斯女士犯有非预谋故意杀人罪,因为"琼斯女士私做主张,认定法利先生一人的死优于另五人丧生,但她'无权扮演上帝'"[2]。

然而,事发当日巡警请示旧金山警察局总部,总部指示认为琼斯女士的行为符合第192条杀人罪第3款例外:"为避免自己或他人丧生或重伤,造成他人死亡的,不论是否故意,不构成杀人罪。"[3]或许也由于此,该案在市、州两级法院都没有公诉立案,最终由全民民意法庭开庭审理。全民民意法庭是民主国家的最高法庭,具有改变宪法、创造新法的能力,因此可以超出具体法条,基于全民民意来判定琼斯女士是否有罪。为了充分体现全民民意,法庭请各方人士发表意见。从哲学上看,这些意见的理论根据主要有功利主义、义务论、伦理直觉主义等。

辩方律师玛莎·鲍姆加滕(Martha Baumgarten)女士援引了英国伦理学家边沁的功利主义观点。在边沁看来,一个行为是否正确应以其造成的

---

[1] [美] 托马斯·卡思卡特:《电车难题》,朱沉之译,北京大学出版社2014年版,第14页。
[2] [美] 托马斯·卡思卡特:《电车难题》,朱沉之译,北京大学出版社2014年版,第13页。
[3] [美] 托马斯·卡思卡特:《电车难题》,朱沉之译,北京大学出版社2014年版,第20页。

社会后果为标准,"最多数人之最大幸福"应成为我们的行为准则。这种道德观注重现实的功利后果,属于典型的"后果论"。从功利主义的后果论看来,琼斯女士杀一救五的行为无疑是道德的,是应该予以嘉许的。但是,在大众心目中,抽象的五大于抽象的一,具体的五未必大于具体的一,生命的价值是很难计量的。伦敦大学政治学讲师阿比沃顿·恩泽欧格乌(Abiodun Nzeogwu)说,被牺牲的"那个人如果名叫钱宁·埃尔斯沃思三世(Channing Ellsworth III),一个有着私人游艇的亿万富翁;或者是一个名叫拉特雷尔·佩顿(Latrell Payton)的清洁工——这在美国人眼里会不会有所不同。"[1]或者,被牺牲者如果是一位救死扶伤的顶级医生,获救的五人是正在密谋恐怖袭击的极端分子呢?而且,这种为多数牺牲少数的做法一旦普遍化,社会上会人人自危,其连锁效应未必就符合社会的最大功利。

区检察官坎宁安则援引了与功利主义针锋相对的德国哲学家康德的义务论观点。在康德看来,我们应从实践理性的绝对命令出发,将人当成目的而非手段,并依照我们希望成为普世法则的规则行事。从义务论道德观看来,琼斯女士的"见义勇为"是以法利先生为手段来达成的,她并没有将法利先生当作目的,而是剥夺了他的生存权。这种做法辱没了人的尊严,是不道德的。如果放任甚至鼓励这种行为,费城的罗德尼·梅普斯(Rodney Mapes)医生也可以为他擅自摘取一名送医的轻伤员的器官移植给另外五名重伤员寻求道德支持了。坎宁安质问公众:"如果国家随时可以破门而入将你抓捕,摘取你的两颗肾脏,因为这样可以挽救两名肾衰竭的病人,你们希望生活在这样一个社会吗?"[2]

针对坎宁安对琼斯女士的指控,鲍姆加滕女士为琼斯女士进行了辩护。她特别否定了琼斯案与梅普斯案属于同一类型的说法,强调后者与前者不同,"涉及了故意(而非预见)的不良后果,涉及了对于被害人的直接

---

[1] [美]托马斯·卡思卡特:《电车难题》,朱沉之译,北京大学出版社2014年版,第133页。
[2] [美]托马斯·卡思卡特:《电车难题》,朱沉之译,北京大学出版社2014年版,第39页。

（而非间接）的行为，以及新危险的造成（而非对既存危险的转移）"。[1]她认为对大多数人来说，"我们'感觉'到达夫妮一案和梅普斯医生一案之间存在区别，但至于能否讲明区别究竟在哪儿，这并不重要。凭感觉来判决达夫妮一案，我们无需感到不好意思。哲学家们甚至给这种方法起了个高级的名字：伦理直觉主义"。[2]从伦理直觉主义出发，善恶都是自明的。问题是人们的直觉有时较为一致，有时又几乎是相反的。直觉总是受到自然和文化的深刻影响，在直觉发生冲突的时候，我们又应该以谁的直觉为准呢？

在《公正：该如何做是好？》一书中，桑德尔教授对解决"电车难题"的上述思路都不满意，但他没有正面回答这个问题。从全书来看，他希望超越功利主义、义务论等道德观，回到亚里士多德的德性主义，在理论上强调"公共善优先于个体权利"，在实践中探索"一种道德参与的政治"[3]。他认为在重大道德是非问题上，政府和公民都应该积极介入。不过，究竟"怎样才能既承认共同体的道德分量，同时又给人类自由留下余地？"[4]如果承认公共善优先于个体权利，其内容怎样确定呢？诸公共善若发生冲突，哪一种最应该遵从呢？难道功利主义和义务论不也是以自己的方式提出某种公共善吗？对于这些问题桑德尔教授在该书中并没有给出令人信服的说明。

从马克思主义的价值"实践说"看来，上述观点都属于哲学上的价值独断主义，即人们对自己价值判断的立场和适用范围缺少反省就断然下了结论。价值独断主义者把自己所追求的价值，看作与主体的生活情境无关，看作代表着对对象的唯一正确把握、和客观真理一样放之四海而

---

[1] [美] 托马斯·卡思卡特：《电车难题》，朱沉之译，北京大学出版社2014年版，第51页。

[2] [美] 托马斯·卡思卡特：《电车难题》，朱沉之译，北京大学出版社2014年版，第52~53页。

[3] [美] 迈克尔·桑德尔：《公正——该如何做是好？》，朱慧玲译，中信出版社2011年版，第305页。

[4] [美] 迈克尔·桑德尔：《公正——该如何做是好？》，朱慧玲译，中信出版社2011年版，第252页。

准。李德顺先生在《价值独断主义的终结：从"电车难题"看桑德尔的公正论》一文中认为，桑德尔反对功利主义和义务论的独断，这些方面他的观点是有道理的，但他回到了一种更古老的德性主义的独断。德性主义的问题不在于对人类德性的信奉，而在于信奉者总是把自己所认同的某种规范看作最高的"德性"，而无视其主体性条件和范围。在"电车难题"中，各方参与者都围绕"琼斯女士是否有罪"来争论，也可说都想找到某种"最高德性"来下决断，结果只是徒劳。这一方面是不懂得价值的主体性特征，混淆了价值与真理所致；另一方面是不了解多元主体的层次结构，将不同场域的权利和责任胡乱搭配所致。只有通过精准化的法治尺度，尽可能明确不同主体在不同社会关系场域中的权利和责任，才能最大程度地消解价值多元带来的矛盾。这实际上也是推动构建社会主义法治共同体的过程。

二、法治：价值多元的底线规范

从霍布斯和休谟以来，许多哲学家就明确地认为价值不是客观自在的，而是与主体的情感相关的。李德顺先生在马克思主义价值论领域的一大贡献，就是进一步揭示出这种价值情感的实践基础，从存在论高度将价值的本质理解为一种客体主体化的关系质态。由于同一客体与每一具体主体之间都构成一种特殊的价值关系，因而其在不同主体的价值意识中必然获得不同的评价，被认为有着不同的价值。就此而言，价值在本质上就是多元的、因人而异的，不能指望它像客观真理一样放之四海而皆准。一种价值规范对这群人有利，对那群人就可能不利；对同一群人此时此地有利，异时异地就可能相反。在"电车难题"中，人们从各自的主体性立场出发，在法律条文有待明确的情况下，对"琼斯女士是否有罪"发生争议是正常的；侵害人和受害人观点完全一致才违背常理。

在迎来个性解放的全球化时代，社会上价值多元是普遍现象。针对这一现象带来的理论和实践困境，与其徒劳地追求言人人殊的实质正义，不如优先建立健全法律制度追求程序正义。程序正义虽然不能保证结果一定符合各方心目中的实质正义，但它至少是稳定的、明确的、一视同仁的，各方可借此合理规划自己的生活。程序正义也不是纯粹形式的，对这种形式的采用本身就蕴含着一种尊重各方主体地位的实质正义。如果没有这种程序正义，人们用功利主义、义务论和德性主义等各种版本的具体的实质正义党同伐异，必然陷入霍布斯所谓"人对人是狼"的丛林状态，或黑格尔所谓"一切人反对一切人的战场"。通过法治明确主体在不同社会关系中的权利和责任，才能在一定程度上使价值独断主义走向终结，使价值多元演化为百花齐放的社会主义精神家园。

李德顺先生指出，现实的人作为主体是有多个层次的，我们不必在个人主体和共同体主体之间进行非此即彼的选择。在多元多维的社会关系网络中，每个人、每个群体都有多重主体身份，也相应地有着多重权利和责任。"对人的主体角色及其权责定位不准或辨认不清，甚至将个体和共同体的权责彼此混淆颠倒，往往是使价值判断不能准确公正的真正原因。"[1]在"电车难题"中，我们可以说琼斯女士是"扳道岔"这一具体行为的主体，却不能说她是"见义勇为"这一一般规范的主体。规范的主体只能是整个社会。琼斯女士选择了扳道岔，这是在社会上受到多年教育熏陶的结果。她是作为社会的成员、国家的公民采取了符合主流价值观的行为。因此，旧金山市长代表社会对她给予奖励是合乎情理的。但是，国家对待公民应该一视同仁，琼斯女士有她的权利和责任，法利先生也有他的权利和责任。无论琼斯女士的行为是犯罪还是见义勇为，法利先生无辜枉死总要有人负责。琼斯女士的行为可算作紧急避险而免于处罚，其所带来的损失受害者家属可申请国家补偿。如果像书中一样，代表公权力的旧金山市长只记得给琼斯女士发锦旗，却忘了慰问和抚恤法利先生的家属，那是非常失职的。

李德顺先生进一步指出，在许多人还将"电车难题"视作无解之谜的时候，一些法律实践已走在了哲学争论的前头。这些法律实践其实也蕴含着一种主体哲学，即以每个主体在其不同社会关系中的具体身份为根据，

---

[1] 李德顺："价值独断主义的终结：从'电车难题'看桑德尔的公正论"，载《哲学研究》2018年第1期。

寻求其权利和责任的统一。一言以蔽之，就是让个人的归个人，团队的归团队，国家的归国家，人类的归人类。只有具体的主体身份清楚，权责统一，各有担当，才是解决纷争的出路。如果说价值独断主义经常让人"怎么做都不对"，陷入进退两难的困境；那么用精准化的法治尺度来评判，明确每个人的权利和责任，就是要让人们"怎么做都对"，充分体验"'从心所欲不逾矩'的自由"[1]。要达到"从心所欲不逾矩"，在儒家主要是"心"的修养境界问题，在马克思主义价值论中则主要是"矩"的制度合理性问题。这二者应该是相辅相成的。

针对卡思卡特版的"电车难题"，李德顺先生提出的解决思路是非常有启发性的。不过，在对法条或主流价值观有疑问的情况下，法利先生的家属未必会接受国家补偿，或者虽然接受了国家补偿，但是反对紧急避险的案件定性。紧急避险能否以生命权为客体？这是一个历代法学家争论不休的问题。在法律思想史上，卡斯东·斯特法尼（Gaston Stefani）、理查德·A. 波斯纳（Richard Allen Posner）、平野龙一、我国学者张明楷等持"肯定说"，汉斯-海因里希·耶赛克（Hans-Heinrich Jescheck）、托马斯·魏根特（Thomas Weigend）、木村龟二、我国学者马克昌等持"否定说"。世界各国对这一问题的法律规定也不相同。可见，这一难题在法律实践中并没有被真正解决。从某种意义上说，"电车难题"不是哲学家杜撰出来的思想试验，而是法律实践等面临的现实难题在哲学理论层面的反映。这里的关键或许不在于琼斯女士的行为能否被认定为紧急避险，而在于是否有一套实现民主法治的程序使同类行为获得一视同仁的裁决。

为了克服价值多元带来的困境，李德顺先生强调主体的权利和责任必须统一，这一点也是有真知灼见的。不过，单纯的权利与责任统一似乎只能达到一般主体的概念，却达不到自由、平等的主体的概念。不难设想，在某种家国同构的政治制度中，最高统治者像大家长一样拥有很大的权利和责任，普通人拥有很小的权利和责任，每个人的权利和责任都是对等

---

[1] 李德顺："价值独断主义的终结：从'电车难题'看桑德尔的公正论"，载《哲学研究》2018年第1期。

的、统一的,但这显然不是一个自由、平等的社会主义社会。在马克思构想的"真正的民主制"社会中,最高领导人的权利和责任或许比普通人仍然大得多,但这种权利和责任是民主赋予的,并在法治程序约束下通过特定的职位来行使,它与其说属于领导者个人,不如说属于体制的公共主体。要达到这种效果,除了强调每个主体的权利和责任必须统一,我们还要强调对权利和责任的公正分配。在"电车难题"中,人们既纠结于每个人的权利和责任是否对等、统一,又纠结于应该分配给每个人多少权利和责任。有一点是明确的,就是要解决"电车难题",首先要建立一种法治共同体。

三、共同体:在国家与社会的良性互动中发展

在历史唯物主义视野中,法治共同体不是从来就有的,而是历史的产物。要建立法治共同体,不能仅仅靠少数哲学家的先知先觉,只有大多数人都有"要法治不要人治"的意愿,才有建设成功的指望。先知先觉者的启蒙和引导固然十分重要,但思想的力量只有与当事人的利益相似或一致,才能真正落到实处。对于整个社会利益格局的变动情况,唯有通过生产方式的发展来加以解释才能呈现出清晰的历史逻辑。

古代人受制于落后的生产力水平和不发达的交换制度,"越往前追溯历史,个人,从而也是进行生产的个人,就越表现为不独立,从属于一个较大的整体"[1]。那时单个人离不开家族,正如单个蜜蜂离不开蜂房一样。在以家族为单位的社会中,每个人必然受他人限制,形成各种各样的人身依附关系。概括地说,古代人的法权观主要是这种人身依附关系在人的观念中的折射。在这种人际关系网络中,主体的权利和责任通常取决于其在等级秩序结构中的身份,而不取决于其通过个人努力而成就的自由个性。这种身份的高度同质化和等级化决定了社会生活中价值的单调性和统合性。由于很少有自主把握命运的可能性,所以人们习惯于等待和依靠彼岸的神明和世俗的明君贤相来主持公道,这便造成了人类历史悠久的人治文

---

[1]《马克思恩格斯文集》(第8卷),人民出版社2009年版,第6页。

化传统。

在人类发展的资本主义阶段,生产力突飞猛进,社会物质交换遍及全球,使单个人摆脱家族独自生活成为可能,这便带来了有关正义的新的呼声。用恩格斯的话说:"大规模的贸易,特别是国际贸易,尤其是世界贸易,要求有自由的、在行动上不受限制的商品占有者,他们作为商品占有者是有平等权利的,他们根据对他们所有人来说都平等的、至少在当地是平等的权利进行交换。……社会的经济进步一旦把摆脱封建桎梏和通过消除封建不平等来确立权利平等的要求提上日程,这种要求就必定迅速地扩大其范围……就很自然地获得了普遍的、超出个别国家范围的性质,而自由和平等也很自然地被宣布为人权。"[1]在这一时期,资产阶级市民社会蓬勃发展,逐渐脱离了封建国家的掌控,最终反过来主导了国家权力。于是人们不再迷信教会和国王的权威,用一种法学世界观取代了神学世界观,起码在形式上致力于建设自由、平等的法治共同体,这才开辟了人类政治文明的法治之路。

在自由放任的资本主义发展阶段,资产阶级和无产阶级的利益严重分化,自由和平等仅仅停留在法律条文上,"人的解放"止步于"政治解放"。世界无产阶级被迫掀起了波澜壮阔的共产主义运动,最终建立了苏联等社会主义国家。在这些社会主义国家中,人们曾经认为推行计划经济就能实现对资本主义的超越,实践证明这种教条主义的马克思主义是没有出路的。过度集中的政治体制通过计划指令经济制造了新的社会等级身份,同样使得人们的权利和责任失衡,这构成苏联模式社会主义失败的一个重要因素,并在一定程度上促成社会主义中国的改革开放。有学者认为,改革开放四十多年以来,我国的政治体制已发生显著变化,"一是,国家权力恢复其公共权力的本来面目,职能逐渐缩小,并服从于人民整体利益和市民社会需要,同时也保留着必要的政治性质和职能;二是,逐渐缩小的政府职能不断地还原为社会成员普遍的平等自由权利,使'人民为

---

[1]《马克思恩格斯文集》(第9卷),人民出版社2009年版,第110~112页。

着自己的利益重新掌握自己的社会生活'"[1]。这种变化的实质就是要通过推进社会主义民主法治,一方面限制和规范国家的权力和职能,另一方面培植繁荣和成熟的社会主义市民社会,保障每个人自由和全面发展的权利,使国家和社会实现良性互动,力争成功建设社会主义法治共同体。这也是对社会主义市场经济下主体多元、价值多元的承认和协调,必将有助于"电车难题"等的解决。

综上所述,由于生产方式的演进,社会形态的发展,导致更加个性化的多元主体出现,社会生活面临价值多元的挑战,形成各式各样的"电车难题"等困境。对此,我们不能因为看到社会主义民主政治及其经济基础有这样那样的副作用就因噎废食,而要积极发展更加规范、完善的社会主义市场经济,不断推动构建社会主义法治共同体,使不同种类、不同层次的价值都能在统一的法律体系中获得合乎情理的安顿,从制度上保障"每个人的自由发展是一切人的自由发展的条件"[2]。

(原载《法治的哲学之维》第 6 辑,当代中国出版社 2022 年版)

---

[1] 马长山:《国家、市民社会与法治》,商务印书馆 2002 年版,第 234 页。
[2]《马克思恩格斯文集》(第 3 卷),人民出版社 2009 年版,第 53 页。

社会变革中权力与权利关系的哲学反思

权力（power）与权利（right）是跨哲学、法学、政治学、社会学等多个学科的重要理论范畴，无论其含义还是二者的关系，都在这些学科中引发了人们经久不衰的讨论。改革开放以来，我国学术界尤其是法学界关于法学以何为本位的争论，再度激起了学者们对这一议题的研究热情。然而，我们发现不少学者至今仍将权力归结为国家权力，又将权利归结为个人权利，使得二者一开始就被限定于不同的主体，权力与权利的关系被塑形为国家与个人的二元对立关系。这在概念史上并不符合实际情况，在思想史上仍停留于古典自由主义的理论框架。尽管在改革开放过程中，这一突出个人权利的法学思潮客观上曾起到解放思想、推动社会进步的作用，但是从马克思主义哲学立场看，该思潮背后的理论基础并不稳固。要推进中国特色社会主义法治事业，必须扬弃古典自由主义理论，将权力、权利及二者关系重建在历史唯物主义基础上。

一、权力与权利的概念辨析

学界对于权力与权利关系的一些误读和错判，部分是出于对这两个概念的含混理解，先行对此进行一些辨析是很有必要的。

先看权力（power）。在英语中，power 可溯源至拉丁文 potential 和 potestas，这两个词的动词形式是 potere，意指"能够"。罗马人用 potential 泛指某人或某物影响他人或他物之能力，而用 potestas 特指人们通过协作产生的集体力量，故西塞罗有"权力在于人民，权威在于元老院"之说。这一时期权力的含义较为中性，并无很浓的强制意味。17 世纪以来，在机械唯物主义影响下，权力的含义发生了变化。霍布斯将"原因—结果"与"权力—行动"相对应，将权力界定为主动出击者和被动承受者之间的因果关系。到20世纪，马克斯·韦伯也认为权力是社会交往中一个行为者将自己的意志强加于他人的可能性。至此，尽管依旧有争议，大多数论者都同意：权力主要指一个行为者或机构影响其他行为者或机构的行为和态度的能力。[1]

在汉语中，权力是复合词。据《广雅·释器》的解释，权原指一种测定物体重量的秤锤。其衍生义作名词时，指权势、权柄、权贵等政治经济上能使他人屈从的优势力量。韩非子曾说："贤人而诎于不肖者，则权轻位卑也；不肖而能服于贤者，则权重位尊也。"（《韩非子·难势》）其衍生义作动词时，指权衡、权变等衡量审度之义。孔子有言："谨权量，审法度，修废官，四方之政行焉。"（《论语·尧曰》）力的含义较为单纯，就是力量、效能。在现代汉语中，权力两字连用，通常指政治上的强制力量或职责以内的支配力。[2]

可见，我们用权力来翻译 power，对应的主要是其近代用法，侧重对他人的支配和控制之义，并未传达出 power 的较为中性的古义，即主体自身由于禀赋或团结获得行动自由的能力。这就使得权力与权威、强制，甚至暴力联系在一起，不大能够展现西塞罗所谓"权力在于人民"的含义。

再看权利（right）。在英语中，right 可溯源至拉丁文 rectum 和 jus。rectum 有真实、正当、正确等义；jus 也作 ius，最早出现在罗马法中，指根据法律对各方当事人的利益和义务进行公正分配。[3] jus 的用法不断变化，到14世纪英国修道士奥肯的威廉（William of Occam）那里，有了归个人所有、受法律保护的意思。到16、17世纪，西班牙神学家弗朗西斯科·苏亚雷斯（Francisco Suárez）认为 jus 意指每个人都拥有其财产等所有物的道德权力，荷兰法学家胡果·格劳秀斯则认为它指一个人能够公正地

---

[1] 参见邓正来主编：《布莱克维尔政治学百科全书》，中国政法大学出版社1992年版，第595页。

[2] 参见王莉君：《权力与权利的思辨》，中国法制出版社2005年版，第12页。

[3] 参见舒国滢："权利的法哲学思考"，载《政法论坛》1995年第3期。

占有某种东西或做某种事情的道德资格,这标志着 right 从 jus 的原始含义中独立出来了。

在汉语中,权利起初也是复合词。权的意思如前所述,利的意思是利益、功用。在古汉语中,这两字连用表示权势和货利。《荀子·劝学》有谓:"权利不能倾也";《史记·魏其武安侯列传》有言:"家累数千万,食客日数十百人。陂池田园,宗族宾客为权利,横于颍川。"这里所谓权利与 right 的含义相去甚远。直到 1864 年,美国传教士丁韪良(William Martin)翻译《万国公法》时将 right 译为权利,他在后来翻译的《公法便览》"凡例"中解释说:"即如一'权'字,书内不独指有司所操之权,亦指凡人理所应得之分,有时增一'利'字,如谓庶人本有之权利,云云。此等字句,初见多不入目,屡见方知为不得已而用之也。"[1] 严复也曾认为将 right"强译'权利'二字,是以霸译王,于理想为害不细"[2],只是迫于约定俗成,最终才沿用此译。

可见,由于古汉语中权利也可解作权衡之下的好处,以此译 right 难免功利主义和实用主义色彩。right 从 jus 中独立出来,的确强化了利益之义,但是这个利益仍然受到 jus 节制,只有公正分配的利益才能被称为 right。而权利的权字虽然能作权衡来理解,但是权衡的标准不清,难免会淡化甚至遮蔽 right 中内蕴的 jus(公正)的含义。

二、权力与权利是二元对立吗?

权力与权利是什么关系呢?我国法学界多数人主张权利本位:权利决定权力;少数人主张权力本位:权力决定权利;还有一小部分人反对在二者之间确立本位。但有一点据说是共识,那就是"中国法学也好,外国法学也好,权利和权力概念都是区分开了的:在法律上前者是属于公民等社会个体之'权',后者是由国家或国家机关行使之统治'权'"[3];换言

---

[1] 参见 [美] 吴尔玺:《公法便览》,丁韪良等译,(清)同文馆光绪三年(1877 年)版,凡例第 2 页。

[2] 王栻主编:《严复集》,中华书局 1986 年版,第 519 页。

[3] 童之伟:"法律关系的内容重估和概念重整",载《中国法学》1999 年第 6 期。

之,"权利的主体是公民,权力的主体是国家"〔1〕。这种将权利和权力二元分立的观点,其最著名的文本根据之一,就是被马克思誉为"第一篇人权宣言"〔2〕的美国《独立宣言》中的一段话:"我们认为以下真理是不言而喻的:人人生而平等;人人都享有上帝赋予的某些不可转让的权利,其中包括生命权、自由权和追求幸福的权利。为了保障这些权利,人们建立其正当权力来自被统治者同意的政府。"〔3〕如果进一步往前追溯,还可以在洛克等人的古典自由主义中找到理论渊源。

洛克等人的观点是以其自然法学说和社会契约论为基础的。他们主张天赋人权,即在未有国家和法律之先,由上帝或自然法确立人之为人的基本权利。他们讲的权利确实是指个人权利,而权力主要指国家权力,就其原则来说,个人权利决定国家权力。在反对封建贵族和教会僧侣的特权的时代,这种古典自由主义无疑"在历史上曾经起过非常革命的作用"〔4〕,"以前,经济关系和社会关系是由教会批准的,因此曾被认为是教会和教条所创造的,而现在这些关系则被认为是以权利为根据并由国家创造的"。〔5〕但是,在经历过马克思主义的深度批判之后,简单地回到这一立场将面临许多难以克服的困难。

第一,权力的主体只能是国家吗?除非像黑格尔一样,将国家神化为最高的伦理实体,将个人、家庭、市民社会都湮没其中,我们才能在归根到底的意义上说国家是权力的唯一主体。从马克思主义立场看来,权力作为主体按照自己意志支配自己、他人行为和有关资源的社会力量,其主体是多元的。在具体的社会关系网络中,家族有家族之权力,公司有公司之权力,社团有社团之权力。"权力作为一种实现自己意志的力量,是任何主体、包括自然人、法人都必须具备的一种素质,没有这种素质即使法律上规定了权利,他也无能力行使,所以法律才有关于无行为能力人和限制

---

〔1〕 张光博:《坚持马克思主义权利义务观》,吉林人民出版社2006年版,第71页。
〔2〕 《马克思恩格斯全集》(第21卷),人民出版社2003年版,第24页。
〔3〕 美国国会众议院法律修订咨议局编:《美国法典:宪法行政法卷》,中国社会科学出版社1993年版,第5页。
〔4〕 《马克思恩格斯文集》(第2卷),人民出版社2009年版,第33页。
〔5〕 《马克思恩格斯全集》(第21卷),人民出版社1965年版,第546页。

行为能力人的规定。"[1]在《共产党宣言》中，马克思恩格斯也说过，"共产主义并不剥夺任何人占有社会产品的权力，它只剥夺利用这种占有去奴役他人劳动的权力"。[2]将权力等同于国家权力，或者政党权力、组织权力，显然是过于狭隘了。在福柯的全景敞视主义视野下，现代规训社会中的微观权力无处不在，每个人、每个群体都在权力主体或客体两种身份之间变幻来去。

第二，权利的主体只能是个人吗？将权利等同于个人权利，与现代法学的许多说法不符。不仅一般国内法承认法人组织的权利主体地位，国际法也承认国家和国际组织的权利主体资格。权利作为主体追求和维护自己利益的资格和能力，其主体同样是多元的。除了公民个人权利外，还有国家、民族、阶级、政党、企事业单位和其他社会团体等的群体权利，"没有群体权利的存在和发展，个体权利包括单独的个体权利的存在和发展是不可能的"[3]。至于古典自由主义虚拟的自然状态中只有个人权利，从哲学上看这里并没有论证，只是同义反复，因为自然状态中的人已经被先行设定为原子式的、非社会的。一旦我们将目光投向现实的社会的人，其在法律关系中必定呈现为多元多层主体。黑格尔虽然未能从实践入手去理解人的社会关系本质，但也坚决反对洛克等人从个人主义出发去界定权利，认为"法定的权利，不论是私人的或是国家的、市镇的等公共的，原先就称之为'自由'"[4]。这里黑格尔对公共权利的认定，马克思早期思想与其是一脉相承的。

第三，国家权力就不能是国家权利吗？卢梭说过："即使是最强者也决不会强得足以永远做主人，除非他把自己的强力转化为权利，把服从转化为义务。"[5]任何一种国家权力，即使其是通过暴力获得的，只有用法

---

[1] 孙国华："法学基础范畴的理论反思"，参见王莉君：《权力与权利的思辨》，中国法制出版社2005年版，序一第2页。

[2] 《马克思恩格斯文集》（第2卷），人民出版社2009年版，第47页。

[3] 张光博：《坚持马克思主义权利义务观》，吉林人民出版社2006年版，第71页。

[4] 周辅成编：《从文艺复兴到19世纪资产阶级哲学家、政治思想家有关人道主义人性论言论选辑》，商务印书馆1966年版，第681页。

[5] [法]卢梭：《社会契约论》，何兆武译，商务印书馆2003年版，第9页。

律和道德规范给自己授权，使自己合法化，才能有望长治久安。我们通常讲法治的基本精神是保障公民权利和限制公权力，限制公权力首先就要将其纳入法律的明文规定之下，具体转化为各级机关和公职人员的法律权力，并清晰界定其边界。正如孙国华教授所说："国家主权在国际法上就是国家权力对内至高、对外独立不受其他权力干涉的一种权利；并且国家还可以通过制定法律，把它的一定权力确定为法律上的权利（权限、职权），授予一定的机关或公职人员行使。"[1]在《关于林木盗窃法的辩论》中，马克思也说过："国家对于被告享有某种权利，因为国家对于这个人是以国家的身分出现的。因此，就直接产生了国家的义务，即以国家的身分并按照国家的方式来对待罪犯。"[2]这一时期马克思和黑格尔一样认定国家也是权利的主体，只是发现它受制于私人利益，才走上了扬弃私有制的共产主义道路。

第四，个人权利就不包含个人权力吗？李德顺教授曾经主张"right（权利）= power（权力）+ interest（利益）"[3]。笔者不赞成这一公式，但是很同意权利内在包含着权力和利益。在以往对权利所下的著名定义中，有强调权力的，比如英国法学家托马斯·霍兰德（Thomas Holland）认为权利是通过社会的强力影响他人行为的权力；有强调利益的，比如德国法学家耶林（Rudolph von Jhering）认为权利是法律所保护的利益；也有同时强调权力和利益的，比如美国法学家霍菲尔德（Wesley Newcomb Hohfeld）在《基本法律概念》中提到有人认为权利"包含了财产、利益、权力、优先权、豁免以及特权等多种含义"[4]。从哲学高度看，这里的多种含义是可以概括为"权力+利益"的，而利益的主体本质也是一种广义的权力，代表着主体对自身、他人行为和有关资源的支配力量。于是，我们也可进一步将利益归结为权力，得出权利包含权力（乃至个人权利包含个

---

[1] 孙国华："法学基础范畴的理论反思"，载王莉君：《权力与权利的思辨》，中国法制出版社2005年版，序一第2页。

[2] 《马克思恩格斯全集》（第1卷），人民出版社1995年版，第261页。

[3] 李德顺："公平是一种实质正义——兼论罗尔斯正义理论的启示"，载《哲学分析》2015年第5期。

[4] [美]霍菲尔德：《基本法律概念》，张书友编译，中国法制出版社2009年版，第29页。

人权力）的结论。但权力是对象性的支配力量，而权利是对实际力量关系具有正当性的价值判断，二者仍有重要差别，"权力表征的是一种有效的约束力，而权利则融合了正当性和有效性的双重属性"〔1〕。权利本质上是"被认为正当的权力"〔2〕。离开了正当性的权力和利益，都不能说是主体的权利。

第五，国家权力的正当性基础是保障个人权利吗？美国政治社会学家莱曼（Edward Lehman）认为，一种权力要现实地起作用，离不开三种权力资源：功利性资源、强制性资源和规范性资源。功利性资源诱之以利，用物质上的好处换取他人的服从；强制性资源威之以害，用暴力等胁迫他人服从；规范性资源则通过信念、信仰等价值观方面的情感共鸣，以声望和德行感化他人服从。国家权力的前两种资源很多时候是相似的，第三种资源则有很强的历史性。只有到了个人主体意识觉醒的资本主义社会，国家权力才会诉诸个人权利来获取正当性基础。在前资本主义时代，即使非常亲民的孔孟学说，也只会说"养生丧死无憾，王道之始也"（《孟子·梁惠王上》），这里并无个人权利的意味，就是说没有个人因其自身的存在就有资格向社会主张"养生丧死无憾"的意思。说国家权力的正当性基础是保障个人权利，只是近代的事情。时代继续发展，阶级重新分化，古典自由主义固守国家和市民社会的二元对立，其权利理论蕴含的自由、平等和博爱之光不能从"政治—国家"层面进入"经济—社会"层面，普照到广大无产阶级身上，于是便转化为资产阶级粉饰太平的意识形态。

尽管古典自由主义的自然法学说和社会契约论的历史功绩不容否定，如它们打破了君权神授的专制主义神话，但是其哲学根基和神学一样，仍然建立在对人的抽象理解的基础上，有些思想家还继续仰赖神的权威，因而它们的形而上学性和个人主义色彩都招致了许多批评。在马克思主义经典作家看来，洛克等人从抽象的人出发，抽象掉了现实的人在经济地位上

---

〔1〕 王莉君：《权力与权利的思辨》，中国法制出版社2005年版，第8页。
〔2〕 孙国华、孟强："权力与权利辨析"，载《法学杂志》2016年第7期。

的差异，因此，所谓平等的权利和公平的分配，本质上"全都是资产阶级偏见，隐藏在这些偏见后面的全都是资产阶级利益"[1]，将国家权力建立在这种个人权利之上，其实质便是建立在资产阶级利益之上。

必须指出，我们追随马克思主义经典作家否定古典自由主义的个人权利，并不是否定个人权利本身。个人权利的宗教和形而上学基础虽然受到质疑，但它作为历史中形成的、代表时代精神的人类共同价值"人权"及其具体形式，已经得到了包括我国宪法在内的众多国家宪法的承认。我们批判古典自由主义对权力与权利关系的简单化理解，不是要否定其追求自由、平等和博爱的社会理想，而是要指出这一理论框架既不能解释现实的人类政治生活，也不能真正达成其社会理想。当然，有些学者回到古典自由主义寻找理论资源，是由于他们认为马克思主义在相关问题上过于激进，尤其在历史唯物主义视野下，甚至整个法学的地位都变得可疑。这里存在着对马克思主义经典著作的一些误读，还有对历史唯物主义的狭隘理解，我们试着围绕国家权力和个人权利关系问题予以进一步考察。

三、历史唯物主义视野下的权力与权利关系

马克思早年和古典自由主义学者一样，一方面非常注重个人权利，如他在《评普鲁士最近的书报检查令》中强调，"我的行为就是我为之要求生存权利、要求现实权利的唯一东西，而且因此我才受到现行法的支配"[2]；另一方面也对国家权力保障公民权利和自由抱有信心，他在《关于出版自由和公布等级会议记录的辩论》中说："法律不是压制自由的手段，正如重力定律不是阻止运动的手段一样……法律是肯定的、明确的、普遍的规范，在这些规范中自由的存在具有普遍的、理论的、不取决于个别人的任性的性质。法典就是人民自由的圣经。"[3]然而，他很快发现国家权力的现实面目与理论形象相差甚远，它并不能代表普遍的个人权利，因为特殊

---

[1]《马克思恩格斯文集》（第2卷），人民出版社2009年版，第42页。
[2]《马克思恩格斯全集》（第1卷），人民出版社1995年版，第121页。
[3]《马克思恩格斯全集》（第1卷），人民出版社1956年版，第71页。此处译文似较1995年版更为准确，故沿用之。

的"私人利益的空虚的灵魂从来没有被国家观念所照耀和熏染,它的这种非分要求对于国家来说是一个严重而切实的考验。……私人利益希望并且正在把国家贬为私人利益的手段"〔1〕。对这种物质利益难题的分析,使马克思逐渐深入到政治经济学中,从经济关系去解释法权关系。在权力与权利关系问题上,马克思的观点也极大地深化了。在他与恩格斯合著的《德意志意识形态》中,有这样一段话:

如果像霍布斯等人那样,承认权力是法的基础,那末法、法律等等只不过是其他关系(它们是国家权力的基础)的一种征兆,一种表现。那些决不依个人"意志"为转移的个人的物质生活,即他们的相互制约的生产方式和交往形式,是国家的现实基础,而且在一切还必需有分工和私有制的阶段上,都是完全不依个人的意志为转移的。〔2〕

这段话的表面含义非常清楚,那就是经济关系决定权力关系,权力关系决定法权关系。马克思在此进行了一项意识形态批判工作,就是揭示传统哲学对权力和法(权利)的关系探讨都过于思辨,未能立足于现实的人类生活从生产方式和交往形式(生产关系)出发去加以说明,这就导致相关理论仅仅表达了哲学家们的理想,不足以解释和回应现实的物质利益难题。然而,这段话又很容易遭到误读,即混淆事实与价值,把马克思和恩格斯对阶级社会的事实性描述误以为是其规范性主张,得出国家权力应该决定个人权利的结论。这种解读支持一种庸俗唯物主义的权力本位论。在苏联的维辛斯基法学中,法律被一般地说成"上升为法规的统治阶级意志",这就将经典作家对阶级社会法律的意识形态功能的事实性描述,误读为对法律的规范性主张。中华人民共和国成立以后也曾经受到维辛斯基法学的消极影响,在阶级斗争扩大化时期,法学上"这个本位从字面上看是'统治阶级意志',从法学的角度结合当时的实际情况看则是权力本位"〔3〕。这种权

---

〔1〕《马克思恩格斯全集》(第1卷),人民出版社1995年版,第261页。
〔2〕《马克思恩格斯全集》(第3卷),人民出版社1960年版,第377页。
〔3〕童之伟:"权利本位说再评议",载《中国法学》2000年第6期。

力本位的法学在实践中造成了诸多恶果。李德顺教授指出："维辛斯基法学的主要错误和危害，一个是强烈的宗派主义情结，另一个是根深蒂固的'法律工具主义'思维方式。以为法只是一种统治工具，使得有些人脑袋里的法治，就不会超过'依法治刁民'的层次，达不到马克思主义的精神境界，更不能把握社会主义法治的精神实质。"[1]

就事实层面而言，经典作家虽然揭示了经济关系对于权力与法归根到底的"决定"作用，但并没有否认反作用。1890年10月27日，恩格斯在《致康·施米特》的信中强调："如果政治权力在经济上是无能为力的，那么我们何必要为无产阶级的政治专政而斗争呢？暴力（即国家权力）也是一种经济力量！"[2]同时他还提到，"以家庭的同一发展阶段为前提，继承法的基础是经济的。尽管如此，也很难证明：例如在英国立遗嘱的绝对自由，在法国对这种自由的严格限制，在一切细节上都只是出于经济的原因。但是二者都对经济起着很大的反作用，因为二者都影响财产的分配"[3]。这说明经济的决定作用并不是绝对的，一旦权力与法在一定的经济基础上发展起来，它们就有了相对独立性，对经济基础产生反作用并相互作用，成为推动或阻碍历史进步的现实力量。拉德布鲁赫在《法哲学》中指出："对市民自由的要求……来源于不断壮大的资产阶级的利益和权力。但是……因为自由是被当作他们的权利来要求的……那么这种自由就应该是所有人的自由，所以各种自由中的结社自由也为斗争中的无产阶级发挥过作用，而且变成了反对资产阶级的斗争工具"[4]。可见在现实中，个人权利并不像古典自由主义期望的那样决定国家权力，但也不像经济决定论者想象的那样全然是经济关系的副现象。

就规范层面而言，马克思主义（尤其是历史唯物主义）与道德的关系是一个世界性难题。在分析马克思主义中，史蒂文·卢克斯认为马克思主义支持"解放的道德"，反对"法权的道德"，拒斥正义、权利等道德或法

---

[1] 李德顺："厘清马克思主义法治观"，载《北京日报》2018年8月13日。
[2] 《马克思恩格斯文集》（第10卷），人民出版社2009年版，第600~601页。
[3] 《马克思恩格斯文集》（第10卷），人民出版社2009年版，第598页。
[4] [德]拉德布鲁赫：《法哲学》，王朴译，法律出版社2013年版，第24页。

权用语，将之视为人与人分离的表征。罗德尼·G. 佩弗则具体列举了马克思主义反对道德的四种语境：第一，主张用经济规律解释道德，反对用道德真理解释经济；第二，认为不同的阶级有不同的道德，反对用道德带来相对主义混乱；第三，认为意识形态有合法化现存秩序的功能，反对作为意识形态的道德；第四，主张通过共产主义革命实现无产阶级解放，反对用道德遮蔽社会变革的现实路径。[1]就权力与权利问题而言，马克思主义认为共产主义将扬弃国家和市民社会的二元对立，在自由人联合体中，公共权力趋于消亡，权利也将逐渐失却人与人分离的存在基础而变得多余。

卢克斯和佩弗等人的分析很有借鉴意义，但是他们对马克思主义道德和规范理论的理解偏于狭隘。第一，反对用道德真理解释经济，不等于反对道德的相对独立性；第二，反对道德相对主义，不等于道德就不能有理性客观的基础；第三，反对阶级社会的道德意识形态，不等于反对后阶级社会的"真正人的道德"[2]；第四，反对特定情境下使用道德话语，不等于一切情境下都不能使用道德话语。在共产主义不需要公共权力与权利的问题上，我们并不否认经典作家有过相关表达，但是在他们的"重建个人所有制"等提法中，又蕴含着某种新的公共权力和权利构想。的确，阶级差别的消失，并不意味着竞争和冲突也会消失。即使在彻底的利他主义社会中，人们仍然会在何为共同利益、怎样实现共同利益等问题上产生严重分歧。[3]无论生产力怎样发展，匮乏都将是一个问题，比如人们的时间和合作行为注定是有限的，"在追求各种目标的过程中这些善品必须定额配给，所以物质匮乏这一状况永远不能得到彻底克服……国家必须作为体现着这种适度匮乏条件的社会中的一种社会组织形式而继续存在"[4]。相应地，公共权力和个人权利都不可或缺。

问题在于，经历了历史唯物主义的洗礼之后，一种超越古典自由主义

---

[1] 参见［美］罗德尼·G. 佩弗：《马克思主义、道德与社会正义》，李旸译，重庆出版社2019年版，第363~367页。

[2]《马克思恩格斯文集》（第9卷），人民出版社2009年版，第100页。

[3] 参见［美］布坎南：《马克思与正义》，林进平译，人民出版社2013年版，第218页。

[4]［美］罗德尼·G. 佩弗：《马克思主义、道德与社会正义》，李旸译，重庆出版社2019年版，第360~361页。

的权力与权利关系如何可能？早在《黑格尔法哲学批判》中，马克思已有所提示。许多学者读这部手稿时，往往只抓住"市民社会决定国家"[1]这个命题，而对破解其所揭示的二元对立困境的"真正的民主制"[2]视若无睹。或者虽然注意到这个提法，但认为难以与资产阶级民主制划清界限，只是一种不成熟的见解。实际上，资产阶级民主制以国家和市民社会二分为前提，马克思主张的民主制恰恰是要打破这种二元对立，使法的统治贯穿市民社会的物质性内容，成为"人民的自我规定"[3]。市民社会决定国家，只是马克思对资产阶级国家本质的一种事实性的社会学揭示，而不是对国家的一般本质给出的哲学说明。真正的民主制是马克思用以批判资产阶级国家的一种价值标准，它固然意味着与市民社会相对立的政治国家的消亡，但也预示着一定历史条件下某种共产主义国家的可能性。

怎样才能建立真正的民主制？在马克思那里，对此的回答就是实现共产主义。在《哥达纲领批判》中，他构想了共产主义不同阶段的分配原则。在初级阶段施行按劳分配，但是"在这里平等的权利按照原则仍然是资产阶级权利，虽然原则和实践在这里已不再互相矛盾，而在商品交换中，等价物的交换只是平均来说才存在，不是存在于每个个别场合"[4]。由于劳动价值论和工资理论自相矛盾，古典自由主义所谓平等的权利只能是镜花水月，只有在生产资料公有制下，多劳多得的"资产阶级权利"才能从原则上贯彻到底。但是，按照共产主义高级阶段的按需分配标准，考虑到劳动者不同的禀赋和需求，"权利就不应当是平等的，而应当是不平等的"[5]。由于匮乏、竞争和冲突始终存在，彻底的按需分配尚难预期，但是它所追求的普遍的自由个性社会，指明了人类自我解放的方向。罗尔斯《正义论》中的差别原则将增进社会弱势群体的利益（以保障其权利）纳入正义标

---

[1] 参见《马克思恩格斯全集》（第3卷），人民出版社2002年版，第10~12页。
[2] 《马克思恩格斯全集》（第3卷），人民出版社2002年版，第41页。
[3] 《马克思恩格斯全集》（第3卷），人民出版社2002年版，第41页。
[4] 《马克思恩格斯文集》（第3卷），人民出版社2009年版，第434页。
[5] 《马克思恩格斯文集》（第3卷），人民出版社2009年版，第435页。

准，就被贝尔等人视为是对社会主义道德中按需分配原则的支持。[1]在佩弗等人对罗尔斯理论的修正和改造中，对马克思权利和正义思想的借鉴和汲取更为鲜明。

笔者认为，可以构建一种介于按劳分配和按需分配之间的社会主义正义原则，一方面使得国家权力的公共性名副其实，另一方面使得个人权利的分配合乎社会主义正义标准。在这样的社会主义正义理论中，与古典自由主义相比：第一，权力和权利并非来自上帝或自然法，而是在历史中形成，受到一定的生产方式制约；第二，一切权力属于人民，每个社会成员以人民一员的身份拥有权力，国家及其各级机关乃至一切社会团体的权力由人民授予，为人民服务；第三，一切权利同样属于人民，每个社会成员以人民一员的身份拥有权利，社会上的多元多层主体也依法享有各自的权利，诸权利的认定和协调由归根到底是人民自身权力的各级公权力依照社会主义正义标准加以保障；第四，社会上没有原子个人，一切权利都是社会权利，不能像诺奇克等人一样将个人权利绝对化；第五，真正的国家是自由人联合体，国家权力并不外在于个人，不能像黑格尔等人一样将国家权力绝对化；第六，无论国家权力、个人权力，还是其他社会团体权力，本身都是中性的，唯有依法转化为权利才有正当性；第七，无论个人权利、国家权利，还是其他社会团体权利，都是依法享有的正当权利，神圣不可侵犯。

(原载《江海学刊》2021年第2期)

---

[1] 参见［美］贝尔：《后工业社会的来临——对社会预测的一项探索》，高铦、王宏周、魏章玲译，新华出版社1997年版，第486页。

附 录

哲学视域中的生命教育

——兼评冯友兰人生四境界说

一

我国的青少年教育事业进展迅速,只是长期以来未能摆脱浓厚的功利主义色彩,近年来教育产业化的风潮更加剧了这种状况。由于大中学校多偏重知识的输送和技艺的培养,相对忽视对学生进行生命本质及意义的教育,使得一些青少年在遭遇挫折时容易自暴自弃,少数人甚至走向自杀的极端。前些年富士康公司员工的连环跳楼惨剧和层出不穷的大学生自杀事件,都一再敲响了青少年生死教育的警钟。古罗马哲学家西塞罗曾感叹:"少年殒命,兰摧玉折,老者故世,果熟离枝。"青少年自杀现象既是当事人及其家庭的悲剧,也是时代和社会的悲剧,值得所有关爱生命的人们认真思考和研究。

生死教育在美国已发展为一项热门学科,不仅在大学中有院系争相开设"死亡与死亡过程"等课程,[1]还早在1976年就成立了"死亡教育与咨商学会"(现为全球最大的死亡教育组织)。我国的生死教育起步较晚,港台较大陆为领先,但即使在大陆,也不断有学者呼吁加强青少年生死教育,让"死亡教育真的能走进课堂"[2]。今天,死亡教育已确乎进入我国

---

[1] 参见傅伟勋:《死亡的尊严与生命的尊严》,北京大学出版社2006年版,第11页。

[2] 庞振超、曹保印:"生命中不能承受之重——关于青少年自杀现象的调查与思考",载《班主任之友》2002年第3期。

大中学校的课堂，只是一般"考虑到我们国家忌讳死亡的文化传统，直接提出'死亡教育'过于突兀，因此，以'生死教育'或'生命教育'取代之"[1]。

生命教育正视死、研究死，其落脚点仍在于生。所谓"向死而生"，既是一桩事实，需要正视；又是一种价值，需要担当。从哲学视域看，正是由于人终有一死，我们才会产生"为什么活着"以及"应该如何活着"的问题，才会有时光不再的紧迫感，才会有对生活的热爱与眷恋。[2] 毫无疑问，"每个人的'生命'都有一个诞生、成长、衰老及死亡的过程，对'生命'之'生'与'死'的理解和阐释在生命教育健康开展及其实效性方面有着重大的基础性作用，应当认真学习与深刻理解，并运用于我们每一个人的人生实践之中"[3]，使知死而后生，知生而后死，"生如夏花之绚烂，死如秋叶之静美"（泰戈尔《飞鸟集》）。

人们习惯将生与死相提并论，如常说"生死相继""生死相依""生死一线""生死之交"等等，这背后都是人类理性力量的展现，试图从总体上把握自身命运。用齐美尔话说，"我们如何理解生命？如何理解死亡？这是同一基本态度的两个方面"[4]。反思生死，也就是反思人生的全部旅程。在恩格斯看来，"今天，不把死亡看做生命的本质因素、不了解生命的否定从本质上说包含在生命自身之中的生理学，已经不被认为是科学的了，因此，生命总是和它的必然结局，即总是以萌芽状态存在于生命之中的死亡联系起来加以考虑的。辩证的生命观无非就是如此。……生就意味着死"[5]。生命包含着生存和死亡，死亡是生命的必然结局和最后环节，"个人的整个一生只不过是使他自己诞生的过程；事实上，当我们死亡的

---

[1] 宋晔："一个亟待关注的课题：生死教育"，载《上海教育科研》2003年第2期。
[2] 参见张志伟、马丽：《生与死》，河北人民出版社1996年版，第3页。
[3] 参见郑晓江、张名源：《生命教育公民读本》，人民出版社2010年版，第78页。
[4] [德] G. 齐美尔：《桥与门——齐美尔随笔集》，涯鸿等译，上海三联书店1991年版，第37页。
[5] 《马克思恩格斯文集》（第9卷），人民出版社2009年版，第546页。

时候，我们只是在充分地出生"〔1〕。

当然，死亡毕竟是死亡，生命的舞台落下帷幕，曲终人散，万籁俱寂。一念及此，人们心中常不免升起对死亡的恐惧。莎士比亚在《一报还一报》中绘声绘色地写道："死了，到我们不知道的地方去，长眠在阴寒的囚牢里发霉腐烂，让这有知觉有温暖的、活跃的生命化为泥土；一个追求着欢乐的灵魂，沐浴在火焰一样的热流里，或者幽禁在寒气砭骨的冰山，无形的飓风把它吞卷，回绕着上下八方肆意狂吹；也许还有比一切无稽的想像所能臆测的更大的惨痛，那太可怕了！只要活在这世上，无论衰老、病痛、穷困和监禁给人怎样的烦恼苦难，比起死的恐怖来，也就像天堂一样幸福了。"〔2〕文学终归源自生活，美国生死学家鲁苏在研究中发现，濒死病人常有五个连续阶段的心理反应。一是"否认"，这种反应使病人镇静自己，随后动用各种防御。二是"愤怒"："为什么是我？"三是"磋商"，用以延缓死亡宣告的执行。四是"忧郁"，这阶段病人会衡量死亡的恐怖代价。五是"接受"，最终屈服于自己的死亡宣告。〔3〕她的结论是："死亡仍旧是恐惧、吓人的事情，而且死亡的恐惧是全球性的恐惧，尽管我们认为我们已经在许多层次上控制了它。"〔4〕对个人而言，死亡全盘否定了他的自然、社会和精神生命，可谓四大分散，五伦顿失，万念俱灰。因此，死亡以及与死亡偕来的一切，在绝大多数时候，确乎是令人恐惧的。

二

叔本华认为，我们所以恐惧死亡，"事实上是怕个体的毁灭，死也毫无隐讳地把自己表现为这种毁灭。但个体既是在个别客体化中的生命意志

---

〔1〕 联合国教科文组织：《学会生存——教育世界的今天和明天》，教育科学出版社1996年版，第197页。
〔2〕《莎士比亚全集》（第1卷），朱生豪等译，人民文学出版社1994年版，第329页。
〔3〕 参见［美］鲁苏：《论死亡与濒死》，谢文斌译，牧童出版社1979年版，第14页。
〔4〕［美］鲁苏：《论死亡与濒死》，谢文斌译，牧童出版社1979年版，第28页。

自身，所以个体的全部存在都要起而抗拒死亡"[1]。为了抗拒死亡，人类始终在自觉不自觉地想办法，几乎穷尽了一切可能不可能的手段。依照冯友兰先生的概括，人们尝试的方案主要有以下四类：

第一类方案是求长生不死。像秦皇汉武这样的"大人物"，他们的事业越大，越不愿他们的"我"失其存在。他们晚年都崇信方士之说，"尚采不死药，茫然使心哀"（李白《古风其三》）。在一些方士和道士们看来，尽管生死是一种自然程序，若随顺此程序，则人形死神亦灭，但他们可用一种"逆天"的方法，使形不死，或形虽死而神不灭，由凡人修炼成为长生不死的神仙。[2]神仙自然神通广大，"能存能亡，能晦能光。出化机之表，入太漠之乡。无心而朗鉴，无翼而翱翔。嬉明霞之馆，宴羽景之堂。欢齐浩劫而无疆，寿同太虚而不可量"[3]。

第二类方案是求名垂后世。人皆有死的现实从未被打破，长江后浪推前浪，世上新人换旧人。许多人不再梦想长生，而是希冀在自然生命和精神生命消逝后，能够身死名垂，通过名声来延续自己的社会生命。屈原在《离骚》中就曾悲叹："老冉冉其将至兮，恐修名之不立。"古诗云："人生非金石，岂能长寿考？奄忽随物化，荣名以为宝。"（《古诗十九首》）更有甚者，有些人发现"荣名""修名"难立，竟退而求"恶名""骂名"。如东晋权臣恒温说："男子不能流芳百世，亦当遗臭万年。"（司马光《资治通鉴·晋纪二十五》）

第三类方案是及时行乐。有些人认为"人死如灯灭"，即令有名，死者已矣，无知无识，虚名何益？所谓"仁圣亦死，凶愚亦死。生则尧舜，死则腐骨；生则桀纣，死则腐骨。腐骨一矣，孰知其异？且趣当生，奚遑死后？"（《列子·杨朱》）他们对长生不死也没有信心，所谓"万岁更相送，贤圣莫能度。服食求神仙，多为药所误。不如饮美酒，被服纨与素"（《古诗十九首》）。这等人只求活在当下，对酒当歌，及时行乐。可是，行乐不能自在，却要"及时"，若乐未至而死先来，更是莫大的悲哀了。

---

[1] [德] 叔本华：《作为意志和表象的世界》，石冲白译，商务印书馆1982年版，第388页。
[2] 参见冯友兰：《三松堂全集》（第4卷），河南人民出版社2001年版，第619页。
[3] （宋）张君房：《云笈七签》，华夏出版社1996年版，第564页。

第四类方案是相信灵魂不死。为了更有效地抗拒死亡，许多人采用新方案，即相信灵魂（能脱离肉身而继续存在的精神主体）不死。轮回说和复活说可视为影响最大的两种灵魂不死论。佛教《无量寿经》有云："轮回诸趣众生类，速生我刹受安乐。"[1]基督教《圣经·新约》则谓："那些因为给耶稣作见证、并为神之道被斩者的灵魂，和那没有拜过兽与兽像，也没有在额上和手上受过它印记之人的灵魂，他们都复活了。"[2]人若相信灵魂不死，死亡对他的威胁确乎可去其大半。只是信仰终归是信仰，对于无神论者和怀疑论者，这条超越之路并不存在。

冯友兰认为，采用这四类方案抗拒死亡，只是常人常态，代表着大多数人对付死亡恐惧的典型方式。从哲学上看，它们同出于一种人生境界，即功利境界。人处于功利境界中，深陷个人主义泥沼，"一切行为都是'为我'，死是'我'的存在的断灭，所以……最是怕死"[3]。实际上，由于人生在世的觉解程度不同，人生相应分为四层境界：自然境界、功利境界、道德境界和天地境界。"在自然境界中底人，不知怕死。在功利境界中底人，怕死。在道德境界中底人，不怕死。在天地境界中底人，无所谓怕死不怕死。"原因在于："怕死者，都是对于生死有相当觉解者。对于生死完全无觉解，或无相当底觉解者，不知怕死。对于生死有较深底觉解者不怕死。对于生死有彻底底觉解者，无所谓怕死不怕死。"[4]这就是说，在功利境界中的人执着于小我，所以抗拒死亡。而在自然境界、道德境界或天地境界中的人，或者自我意识尚未觉醒，或者融小我为大我，或者在精神上消泯了我与非我的分别，对这些人来说个体小我的死亡都不足为惧。

在自然境界中的人，不知怕死，是因为不知死之可怕。这主要见于个体婴幼儿时期和人类社会早期。婴幼儿见人死，"以为人死不过是睡着不

---

[1] 林世田：《净土宗经典精华》，宗教文化出版社1999年版，第11页。
[2] 《圣经·新约》（和合本），中国基督教协会2000年版，第455~456页。
[3] 冯友兰：《三松堂全集》（第4卷），河南人民出版社2001年版，第617页。
[4] 冯友兰：《三松堂全集》（第4卷），河南人民出版社2001年版，第615页。

醒而已，或以为人死似不过是永远不能吃饭而已"[1]。对原始人来说，没有不可逾越的深渊将活人和死人隔开，似乎"死人在一切方面都像活人，他们不是经常可以被活人可见的，有时候可以听到他们，却看不见，尽管他们与活人一起留在帐篷里，有时候他们又现形了，他们在活人中间找丈夫或妻子，他们吃喝、抽烟，完全和普通人一样"[2]。在自然境界中的人，对生死无常抱赤子之心，不知悦生，亦不知恶死。

在道德境界中的人，生是尽伦尽职，死是尽伦尽职的结束。"无论他所做底事，是大是小，他都尽其力之所能，以使其成功。他于做他所做底事时，无论其是大是小，他都自觉他是在'承先启后'，'继往开来'。他所做底事，无论其是大是小，对于他底意义，都是'为往圣继绝学，为万世开太平'。于此等意义中，他自觉他在精神上，上与古代相感通，下与后世相呼应。……往古来今，打成一片。在这一片中，他觉解他的个体的死亡，并不是十分重要底。如此，他不必设法对付死，而自可不受死的威胁。"[3]在道德境界中的人，超越了个体小我，皈依于群体大我，因见往圣可师，后生可畏，生生不息，人文日新，遂不复以个体生死为念，"存，吾顺事；没，吾宁也"（张载《西铭》）。

在天地境界中的人，知生死都是顺化，其身体虽顺化而生死，在精神上则超越死亡。"一般人……只知他们的个体有生灭，而不觉解其生灭是随顺大化。觉解个体的生灭是随顺大化，则亦觉解个体的生灭，是大化的一部分，是道体的一部分。有此等觉解，则可'与造化为一'。……与造化为一，则能自大化的观点以看生灭。自大化的观点以看生灭，则生灭只是变化，不是生死。"[4]在此境界中的人，上下与天地同流，浑然与万物一体，似乎取消了人的主体性，其实恰恰是人高度发挥主体性的表现。当然，"在精神上可以说是超死生底。我们并不说：人的精神可以超死生。人的精神不能离开身体而存在。身体既不能超死生，则精神亦不能超死

---

[1] 冯友兰：《三松堂全集》（第4卷），河南人民出版社2001年版，第616页。
[2] [法] 列维-布留尔：《原始思维》，丁由译，商务印书馆1981年版，第297页。
[3] 冯友兰：《三松堂全集》（第4卷），河南人民出版社2001年版，第620页。
[4] 冯友兰：《三松堂全集》（第4卷），河南人民出版社2001年版，第622页。

生。所以我们不能说，人的精神，可以超死生，而只能说，人在精神上可以超死生"。[1]

三

冯友兰的生死四境界说既汲取了中国古人直面生死难题的大智慧，又融会了西方人在生死观问题上的一些重要思想。这对我国当前的青少年生命教育有许多积极启示。生命教育要求学生深刻理解生存和死亡，珍惜生命，关爱生命，自由而全面地发展。人生在世不同于动物的自然生存，从生理需要的满足到终极关怀的实现，包含多个层次多重境界，对照冯友兰之说，可谓一目了然。从历史唯物主义视野看来，今天的青少年生命教育还有必要对冯友兰的生死观"接着讲"，试分述如下：

第一，不能仅从负面看待死亡，还应反思死亡的正面意义。如庄子说："死，无君于上，无臣为下，亦无四时之事，从然以天地为春秋，虽南面王乐，不能过也。"（《庄子·至乐》）庄子在此处贬斥生而赞颂死，纯然是浪漫主义的，多少带有消极意味。而在海德格尔看来，人一出生就被重重社会关系定位，受制于种种陈规陋俗，常活在熙熙攘攘的名利场中，随波逐流，泯然众人，唯有他者无可替代的死亡才把个人从芸芸众生中分离出来。在畏死意识中，往日纷繁的社会关系、端肃的规章风俗，都如人生的背景越来越淡，至于虚无。这使个体得以清醒地体会自己人生的时间性、真实性和独一无二性，迫使其珍惜生活并积极地筹划生活，选择个性化生存方式，不断克服生存中的盲目性，掌控自己生存和发展的方向性，从而赋予个体生命以独特的意义和价值。[2]

第二，不能仅从精神层面谈生论死，必须立足于人的自然性和社会性。人有自然、社会和精神三重生命，相应地，也就有三重生命之死亡。首先，人有自然生命，即生理生命。人作为大自然的一种生灵，与动物差

---

[1] 冯友兰：《三松堂全集》（第4卷），河南人民出版社2001年版，第624页。
[2] 参见施忠连主编：《世界人生哲学金库》，上海文化出版社1994年版，第229页。

相仿佛，从生到死，饮食生息，三灾八难，五劳七伤，几乎九死一生。[1]对于这种自然生命，如德谟克利特所说，死亡是自然之身的解体。[2]其次，人有社会生命，即人的社会存在。每个人都在家庭和社会中扮演着各种角色，承担着各种权利和义务，每担当一个角色，就有一重社会生命，所以有"政治生命""道德生命""职业生命"等说。对于社会生命，死亡就是当事人解除特定社会角色身份，不再承担相应的权利和义务。最后，人还有精神生命，即人的思想和精神的存在。人在生理上有生老病死，在社会中有荣辱穷达，但有了最富自主权的精神生命，却可以思接千载，视通万里。对于精神生命，死亡就是心为物役，自暴自弃，所谓心哀若死是也。"用各种养生和体育锻炼来加强自己的人，是在珍惜和强化自己的自然生命；追求成就和奋斗，用业绩塑造自己形象的人，是在珍惜和强化自己的社会生命；献身于真善美的思想和品德的人，是在珍惜和强化自己的精神生命。"[3]

第三，应避免将天地境界与其他境界对立起来。如庄子说："自三代以下者，天下莫不以物易其性矣。小人则以身殉利，士则以身殉名，大夫则以身殉家，圣人则以身殉天下。故此数子者，事业不同，名声异号，其于伤性以身为殉，一也。"（《庄子·骈拇》）庄子站在天地境界中，反思道德境界和功利境界的不足，自有其高明之处。但他将天地境界和其他境界对立起来，在实践中可能导致两种不利后果：一是为超越功利境界和道德境界，反堕入自然境界。历史上道家弃绝社会生命，偏重自然生命和精神生命，最终畸变为道教，追求长生不死，不食人间烟火。许多修道者隐居深山，披发卧冰雪，忍饥啖柏松，"不笑亦不语，冥栖在岩穴"（李白《古风其五》）。用冯友兰的话说，"有这种生活底人，如只以求长生为目的，即令能得长生，其长生亦可说是半死"。[4]二是出现天地境界破灭或

---

[1] 参见李德顺：《选择的自我——一位哲学家眼中的人生》，北京出版社1996年版，第13页。
[2] 参见段德志：《西方死亡哲学》，北京大学出版社2006年版，第70页。
[3] 李德顺：《选择的自我——一位哲学家眼中的人生》，北京出版社1996年版，第15页。
[4] 冯友兰：《三松堂全集》（第4卷），河南人民出版社2001年版，第618页。

不可持续的局面。我们无意否认庄子本人的天地境界，但此境界终究只是精神感受，不能不受到物质条件的制约。如人的饮食男女等生理需要得不到满足，超功利的审美感受无从说起。又如恶劣专横的社会关系，有时甚至通过消灭肉体来摧毁人的精神世界。

第四，应充分重视人的主体性，勇于承担人的权利和责任。如孟子说："天下有道，以道殉身。天下无道，以身殉道。"（《孟子·尽心上》）孟子与庄子正好相反，不但不弃绝社会生命，还将之视为人之为人的根本。他认为天下安定有序时，个人应扎根在社会中汲取养分；天下混乱无序时，个人不能苟且偷生，应以治平天下为己任。现实社会通常兼有安定和混乱的因素，人们在各自岗位履行职责的实践中，应尽可能建立起完善自身和关爱社会的良性循环。孟子虽注重人的社会生命，并没有忽略人的自然生命和精神生命。他说："明君制民之产，必使仰足以事父母，俯足以畜妻子，乐岁终身饱，凶年免于死亡。然后驱而之善，故民之从之也轻。"（《孟子·梁惠王上》）当有弟子"问夫子恶乎长"时，他说："我知言，我善养吾浩然之气"，是"气也，至大至刚，以直养而无害，则塞于天地之间"（《孟子·公孙丑上》）。在孟子看来，"尽其道而死者，正命也。桎梏死者，非正命也"（《孟子·尽心上》）。人应在修己安人的行道过程中坦然又自然地面对死亡，而不应为了一己私欲而"机关算尽太聪明，反算了卿卿性命"（《红楼梦》）。

（原载《湖南师范大学教育科学学报》2012 年第 4 期）

怎样理解马克思主义中国化与中华文明的关系？

怎样理解马克思主义中国化与中华文明的关系？

中华文明有多重含义。它可以在广义上指以中华民族为主体的文明实体及其创造的物质文明和精神文明成果总和，也可以在狭义上指侧重精神文明的、以儒家礼乐文化为中心的中华优秀传统文化。

就此广义而言，马克思主义中国化与中华文明本身的地位是不可等量齐观的。站在中华文明的现实主体即当代中国人民的立场来看，马克思主义中国化的一切理论和实践都只是手段，其目的是实现中华文明的延续和发展，创造中华文明新辉煌。

就此狭义而言，问题就转化为"怎样理解马克思主义中国化与中华优秀传统文化的关系"。马克思主义中国化是将马克思主义基本原理应用于包含中华优秀传统文化的中国具体实际的过程。所以问题的实质是探讨中华优秀传统文化在马克思主义中国化中的地位和作用。

从历史唯物主义的总体性立场出发，此处狭义中华文明只有通过广义中华文明才能得到确切解释。为此，我们立足于广义中华文明探讨它与马克思主义中国化的关系。随着我们讨论的深入，狭义中华文明与马克思主义中国化的关系也将得到重点阐述。

要具体回答我们的大问题，需要认真思考下述小问题：中华文明与马克思主义在世界历史上是如何相遇的？中华文明面临什么问题以致需要马克思主义中国化？马克思主义中国化是否帮助解决了这些问题？中华文明在新时代是否还需要马克思主义中国化？如果需要，马克思主义中国化应该朝什么方向推进、怎样推进？等等。

一、马克思主义中国化是百年来中华文明活的灵魂

（一）资本主义的矛盾与马克思主义、中华文明

19世纪40年代，资本主义生产方式在欧洲已经发展成熟。它一方面带来巨大的生产力和社会财富，另一方面也带来史无前例的贫富分化和社会对抗。资本主义内在矛盾即生产社会化和生产资料私有制之间的矛盾不断发展，在欧洲内外产生了两个后果：一是在其内部，无产阶级队伍不断发展壮大，并在与资产阶级斗争中不断发展自己的理论，最终产生了马克思主义；另一是在其外部，欧洲列强为了扩大市场，缓和内部阶级矛盾，纷纷对外进行殖民扩张，1840年英国发动鸦片战争入侵当时的中华文明实体大清帝国，其他西方列强接踵而来，使旧中国逐渐沦为半殖民地半封建社会。中国人民受到帝国主义和封建主义、官僚资本主义三座大山的压迫，生活在内外交困的水深火热之中，"从那时起，实现中华民族伟大复兴，就成为中国人民和中华民族最伟大的梦想"。[1]

（二）从经典马克思主义到马克思列宁主义

马克思主义诞生以后，很快成为国际工人运动的指导思想，并随着运动的发展而与时俱进。"因为马克思主义不是死的教条，不是什么一成不变的学说，而是活的行动指南，所以它就不能不反映社会生活条件的异常剧烈的变化。"[2]在俄国革命和建设的过程中，列宁等苏联共产党人将马克思主义基本原理应用于俄国具体实际，产生了列宁主义。从普遍性来说，"列宁主义是帝国主义和无产阶级革命时代的马克思主义"[3]，对世界各国的无产阶级革命均有指导意义；从特殊性来说，它则是有俄国特色的马克思主义，其他国家不能照搬照抄。从此，经典马克思主义就发展成为马克思列宁主义。

---

[1] 习近平："在庆祝中国共产党成立100周年大会上的讲话"，载《人民日报》2021年7月2日。

[2] 《列宁选集》（第2卷），人民出版社2012年版，第281页。

[3] 《斯大林选集》（上卷），人民出版社1979年版，第185页。

(三) 马克思列宁主义与中国共产党的诞生

为了救亡图存，中国人民尝试了戊戌变法、辛亥革命等各种救国方案，可惜都没有能够成功。正值中国迫切需要新的思想和新的组织的关键时刻，"十月革命一声炮响，给我们送来了马克思列宁主义"。[1] 李大钊、陈独秀等中国的先进分子开始用这种无产阶级世界观观察国家命运，重新思考中华文明遭遇的问题，最终决定建党救国，走俄国人的路。在列宁领导的共产国际帮助下，中国共产党1921年7月召开了第一次全国代表大会。这标志着中国共产党正式成立，"从此，中国人民谋求民族独立、人民解放和国家富强、人民幸福的斗争就有了主心骨，中国人民就从精神上由被动转为主动"。[2] "一百年来，中国共产党团结带领中国人民进行的一切奋斗、一切牺牲、一切创造，归结起来就是一个主题：实现中华民族的伟大复兴。"[3]

(四) 教条主义的失败与马克思主义中国化

虽然马克思主义是指导无产阶级革命的基本理论，但它提供的不是现成的教条，而是有待落实的工作方法。各国的无产阶级政党为了找到自己的具体策略，需要"把这一理论应用于本国的经济条件和政治条件"[4]。中国共产党成立后，王明、博古等早期领导人过于依赖共产国际，对俄国十月革命采取教条主义的照搬照抄模式，他们的"左"倾错误领导使中国革命遭遇重大挫折。毛泽东、朱德等前线领导人在革命实践中则深刻认识到教条主义背离马克思主义精神，必须从中国的社会现实出发探索新的革命道路。毛泽东提出的"农村包围城市、武装夺取政权"的革命方略，就体现了对马克思列宁主义革命理论的创造性运用和创新性发展，逐渐成为党领导中国革命的指导思想。1930年5月，毛泽东在《反对本本主义》中指出，"马克思主义的'本本'是要学习的，但是必须同我国的实际情况相结

---

[1] 《毛泽东选集》(第4卷)，人民出版社1991年版，第1471页。

[2] 《习近平谈治国理政》(第3卷)，外文出版社2020年版，第10~11页。

[3] 习近平：《在庆祝中国共产党成立100周年大会上的讲话》，载《人民日报》2021年7月2日。

[4] 《马克思恩格斯文集》(第10卷)，人民出版社2009年版，第532页。

合。我们需要'本本',但是一定要纠正脱离实际情况的本本主义"。[1] 1938年10月,他在党的六届六中全会报告《论新阶段》中进一步强调说:"共产党员是国际主义的马克思主义者,但马克思主义必须通过民族形式才能实现……就是把马克思主义应用到中国具体环境的具体斗争中去,而不是抽象地应用它。……因此,马克思主义的中国化,使之在其每一表现中带着中国的特性,即是说,按照中国的特点去应用它,成为全党亟待了解并亟须解决的问题。"[2] 这标志着党在理论上正式提出"马克思主义中国化",它实际上是对建党以来中国革命经验和教训的总结。

(五) 马克思主义中国化的三大历史阶段及其成就

马克思主义中国化的主要理论成果,就是形成指导中国革命、建设和改革的中国化马克思主义——毛泽东思想和中国特色社会主义理论。中国特色社会主义理论又包括先后两个阶段的内容:一是邓小平理论、"三个代表"重要思想和科学发展观;二是习近平新时代中国特色社会主义思想。在中国化马克思主义指导下,中华民族实现了从站起来、富起来到强起来的伟大飞跃。

在毛泽东思想指导下,党团结带领全国人民完成新民主主义革命,建立中华人民共和国,使民族独立、人民当家作主,"为实现中华民族伟大复兴创造了根本社会条件";又完成社会主义改造,确立社会主义基本制度,"为实现中华民族伟大复兴奠定了根本政治前提和制度基础"。[3]

在邓小平理论、"三个代表"重要思想和科学发展观指导下,党团结带领全国人民实行改革开放,全面推进社会主义现代化建设,开创、坚持、捍卫、发展中国特色社会主义,"为实现中华民族伟大复兴提供了充满新的活力的体制保证和快速发展的物质条件"。[4]

在习近平新时代中国特色社会主义思想指导下,党团结带领全国人民

---

[1]《毛泽东选集》(第1卷),人民出版社1991年版,第111~112页。
[2]《中共中央文件选集》(第11册),中共中央党校出版社1991年版,第658~659页。
[3] 习近平:"在庆祝中国共产党成立100周年大会上的讲话",载《人民日报》2021年7月2日。
[4] 习近平:"在庆祝中国共产党成立100周年大会上的讲话",载《人民日报》2021年7月2日。

开创新时代中国特色社会主义新局面。党中央坚持从严治党、依法治国，加强党的全面领导，深入推进国家治理体系和治理能力现代化，化解和战胜国内外各种重大风险挑战，实现了第一个百年奋斗目标，并对第二个百年奋斗目标进行了明确的战略部署，"为实现中华民族伟大复兴提供了更为完善的制度保证、更为坚实的物质基础、更为主动的精神力量"。[1]

(六) 马克思主义中国化创造了中国道路和人类文明新形态

将马克思主义中国化的三大历史阶段合起来看，党团结带领全国人民建立中华人民共和国，开创并不断发展中国特色社会主义，"推动物质文明、政治文明、精神文明、社会文明、生态文明协调发展，创造了中国式现代化新道路，创造了人类文明新形态"。[2]

唯物史观通常从两种标准来划分人类文明形态。一是以生产方式及相应社会经济形态为标准，可分为"原始社会文明、奴隶社会文明、封建社会文明、资本主义文明、社会主义文明"[3]等。二是以人的自由和全面发展程度为标准，可分为：①自然共同体文明，表现为人对人的直接依赖关系；②经济结合体文明，表现为"以物的依赖性为基础的人的独立性"；③自由人联合体文明，表现为"建立在个人全面发展和他们共同的、社会的生产能力成为从属于他们的社会财富这一基础上的自由个性"[4]。

唯物史观并非一般历史哲学，上述对社会文明形态的划分并不是说它们必然地单线演进，更不是说"一切民族，不管它们所处的历史环境如何，都注定要走这条道路"[5]。资本主义大工业开创世界历史以后，经济上较为落后的东方国家完全有可能在一定条件下，"不通过资本主义制度的卡夫丁峡谷，而占有资本主义制度所创造的一切积极的成果"[6]，创造

---

[1] 习近平："在庆祝中国共产党成立100周年大会上的讲话"，载《人民日报》2021年7月2日。

[2] 习近平："在庆祝中国共产党成立100周年大会上的讲话"，载《人民日报》2021年7月2日。

[3] 陈先达：《马克思主义和中国传统文化》，人民出版社2015年版，第56页。

[4] 《马克思恩格斯文集》(第8卷)，人民出版社2009年版，第52页。

[5] 《马克思恩格斯文集》(第3卷)，人民出版社2009年版，第466页。

[6] 《马克思恩格斯文集》(第3卷)，人民出版社2009年版，第580页。

出人类文明新形态。这个"一定条件"的具体内容是什么？马克思、恩格斯以来的历代马克思主义者进行了不懈探索，不断深化认识，今天我们认为较为明确的是：它只能由世情、国情、党情、民情等现实情况共同决定，并由革命国家的无产阶级政党带领全国人民能动而科学地创造出来。

十一届三中全会以来，中国共产党在全面总结建党、建国以来历史经验、教训的基础上，准确研判国际、国内形势，"确立党在社会主义初级阶段的基本路线，坚定不移推进改革开放……实现了从高度集中的计划经济体制到充满活力的社会主义市场经济体制、从封闭半封闭到全方位开放的历史性转变"[1]，开辟了中国特色社会主义光辉大道。

十八大以来，党中央统筹推进"五位一体"总体布局、协调推进"四个全面"战略布局，将中国特色社会主义推至新时代新高度。2020年，我国国内生产总值达到101.6万亿元，按不变价计算，比1978年增长约40倍，占世界经济比重由1.7%上升到17%左右，稳居世界第二位；人均国内生产总值也超过1万美元，稳居中等偏上收入国家行列。[2]我国的脱贫攻坚战也取得全面胜利，"现行标准下9899万农村贫困人口全部脱贫，832个贫困县全部摘帽，12.8万个贫困村全部出列，区域性整体贫困得到解决，完成了消除绝对贫困的艰巨任务"[3]。2021年7月1日，习近平在建党百年庆典上庄严宣告，我们"在中华大地上全面建成了小康社会"[4]。

可见，我国不但致力于"解放生产力，发展生产力"，而且致力于"消灭剥削，消除两极分化，最终达到共同富裕"[5]，我们走的是跨越资本主义卡夫丁峡谷的社会主义现代化之路。尽管在提高生产力水平、创造物质财富等方面，我们用几十年时间走过了西方发达资本主义国家几百年

---

[1] 习近平："在庆祝中国共产党成立100周年大会上的讲话"，载《人民日报》2021年7月2日。

[2] 参见何中华："深刻理解马克思主义基本原理同中华优秀传统文化相结合"，载《人民日报》2021年8月9日。

[3] 习近平："在全国脱贫攻坚总结表彰大会上的讲话"，载《人民日报》2021年2月26日。

[4] 习近平："在庆祝中国共产党成立100周年大会上的讲话"，载《人民日报》2021年7月2日。

[5]《邓小平文选》（第3卷），人民出版社1993年版，第373页。

的现代化进程，但我们没有照搬照抄西方发展模式，而是坚持四项基本原则，博采天下之长为我所用，创造了中国式现代化道路以及人类文明新形态。

（七）小结

欧洲资本主义社会基本矛盾的发展，一方面激化了内部阶级矛盾，催生了反资本主义的马克思主义；另一方面激化了外部民族矛盾，使中华文明在反帝国主义侵略和欺凌的过程中，引入了马克思主义。在以马克思主义指导中国革命、建设和改革的过程中，毛泽东、邓小平等中国共产党人坚持实事求是，克服教条主义，不断推进马克思主义中国化，形成并发展了毛泽东思想和中国特色社会主义理论。习近平新时代中国特色社会主义思想是马克思主义中国化的最新理论成果，是中国特色社会主义理论的当代形式。没有马克思主义中国化，就没有具体指导中国革命、建设和改革的中国化马克思主义。没有中国化马克思主义，就不会有中国革命的胜利，也不会有中国特色社会主义的现代化道路，更不会有以当代中华文明为表现形式的人类文明新形态。一言以蔽之，马克思主义中国化是百年来中华文明活的灵魂。

二、继续推进马克思主义中国化，创造中华文明新辉煌

马克思主义中国化帮助中华文明浴火重生、茁壮成长。然而，无论衡之以马克思主义改造世界的历史使命和共产主义理想，还是中华文明长期领先世界的历史地位和大同社会理想，我们都应该自信而不自满，为创造中华文明新辉煌而继续推进马克思主义中国化。

（一）新时代中华文明面临的问题

中华民族是中华文明的历史主体，中华文明的问题归根到底就是中华民族的生存和发展问题。这一问题主要表现在人与自然的关系和人与人的关系上，前者以生产力（尤其是科学技术）发展水平为标志，后者以生产关系（及其决定的阶级、阶层关系）性质为标志，前者对后者构成根本制约，后者对前者起着能动的反作用。结合这两种关系中的内在矛盾，我们从国内、国际两重视角来透视新时代中华文明面临的问题。

从国内方面说,"中国特色社会主义进入新时代,我国社会主要矛盾已经转化为人民日益增长的美好生活需要和不平衡不充分的发展之间的矛盾。我国稳定解决了十几亿人的温饱问题,总体上实现小康……人民美好生活需要日益广泛,不仅对物质文化生活提出了更高要求,而且在民主、法治、公平、正义、安全、环境等方面的要求日益增长"。[1]早在1956年底,我国的社会主义改造已基本完成,确立了生产资料公有制的主导地位,使剥削阶级作为阶级被消灭,阶级斗争不再是社会主要矛盾。从此人与自然、人与人的矛盾在我国主要表现为"人民日益增长的物质文化需要同落后的社会生产之间的矛盾"[2]以及"人民内部的矛盾"[3]。随着我国成为"世界工厂",并大踏步推进制造业由大变强,社会生产从整体来说已经告别落后面貌,只是在不同区域、不同领域、不同群体之间还存在较为突出的发展不平衡问题,发展的充分程度与西方发达国家在不少方面还存在差距。对照《共产党宣言》中"每个人的自由发展"[4]标准,发展不平衡本身就是社会发展不充分的表现。

从国际方面说,有一些普遍的全球性问题是我国和世界各国必须一起面对的,也有一些特殊的国际关系问题需要我国妥善应对。就前者而言,"世界面临的不稳定性不确定性突出,世界经济增长动能不足,贫富分化日益严重,地区热点问题此起彼伏,恐怖主义、网络安全、重大传染性疾病、气候变化等非传统安全威胁持续蔓延,人类面临许多共同挑战"。[5]就后者而言,主要涉及世界各国尤其是美国对中国崛起的态度。第二次世界大战以后,直接诉诸暴力和强权的传统殖民主义遭到世界人民的唾弃,但是以金融垄断、高科技垄断、文化侵略等为替代形式的新殖民主义开始兴起。美国作为当今世界的唯一超级大国,也是新殖民主义霸主。我国改革开放以后,经济建设取得巨大成功,综合国力大幅提升,美国认为自己

---

[1]《习近平谈治国理政》(第3卷),外文出版社2020年版,第9页。
[2]《改革开放三十年重要文献选编》(上册),中央文献出版社2008年版,第212页。
[3]《毛泽东文集》(第7卷),人民出版社1999年版,第204页。
[4]《马克思恩格斯选集》(第1卷),人民出版社2012年版,第422页。
[5]《习近平谈治国理政》(第3卷),外文出版社2020年版,第45页。

"优先"和"例外"的霸权地位受到挑战。为了遏制中国崛起，近年来美国不断发起金融、贸易战，并联合一些西方国家加强对华高科技出口管制，散布"中国威胁论""文明冲突论"等意识形态偏见，以西方"普世价值"为幌子粗暴干涉我国内政。

（二）推进马克思主义与中国具体实际、与中华优秀传统文化相结合

为了科学分析并有效解决新时代中华文明面临的问题和挑战，我们和百年前一样需要马克思主义，更需要马克思主义中国化。习近平在建党百年庆典讲话中特别强调，在新的征程上，必须继续推进马克思主义中国化，"坚持把马克思主义基本原理同中国具体实际相结合、同中华优秀传统文化相结合，用马克思主义观察时代、把握时代、引领时代，继续发展当代中国马克思主义、21世纪马克思主义！"[1]

从治国理政来说，马克思主义的理论视野是宏大而科学的，并深刻体现社会主义的现实人道主义精神。譬如，马克思的社会结构理论启发我们必须兼顾生产力和生产关系、经济基础和上层建筑，推进国家多领域的一体化建设；其社会发展理论则深刻认识到历史矛盾运动的规律和趋势，启发我们依靠人民群众、实事求是地能动调节各方面关系，不断解放和发展生产力，为实现中华民族伟大复兴创造条件。当然，"绝不能要求马克思为解决他去世之后上百年、几百年所产生的问题提供现成答案"，"真正的马克思列宁主义者必须根据现在的情况，认识、继承和发展马克思列宁主义。"[2]十八大以来，我们党统筹推进经济建设、政治建设、文化建设、社会建设、生态建设"五位一体"总体布局，努力建设富强、民主、文明、和谐、美丽中国；又协调推进全面建设社会主义现代化国家、全面深化改革、全面依法治国、全面从严治党"四个全面"战略布局，就是在深刻把握中国"现在的情况"的基础上，对马克思主义社会历史理论的活学活用。

习近平对马克思主义中国化的最新表述突出了中华优秀传统文化的地

---

[1] 习近平："在庆祝中国共产党成立100周年大会上的讲话"，载《人民日报》2021年7月2日。

[2]《邓小平文选》（第3卷），人民出版社1993年版，第291页。

位和作用。这是由于中国的具体实际和现实需要发生了深刻变化。对于中华民族来说，救亡图存已经超额实现，落后的生产力已经得到很大发展。在物质文明建设取得丰硕成果的基础上，我们的精神文明建设较之以往显得更加重要和迫切。尽管我国的经济总量已经位居世界第二，物质影响力遍及全球，但是我国的文化软实力并没有同比例增长，这与中华文明鼎盛时期的国际地位还有较大差距。在汉唐等盛世，中国不但在经济总量上长期位居世界最前列，而且儒家文化等中华传统文化远播海外，逐渐形成了包容多国的大中华文化圈。中华文明又称华夏文明，唐代孔颖达在《春秋左传正义》中说："中国有礼仪之大，故称夏；有服章之美，谓之华。"[1]自古以来，中国人对国家的认同与对中华文化的认同就是统一的。以唐代为例，如果没有儒释道三教合流，没有李杜诗歌、韩柳文章等，它就不可能在中华文明史上留下如此浓墨重彩的时代画卷。中华民族伟大复兴"是物质文明和精神文明比翼双飞的发展过程"[2]。我们在新时代继续推进马克思主义中国化，不但要将马克思主义一如既往地与整个中国具体实际相结合，从总体上指导中国特色社会主义建设和改革，还要特别注重将其与中华优秀传统文化相结合，指导我们的文化建设，促进文化领域的综合创新。"没有高度的文化自信，没有文化的繁荣兴盛，就没有中华民族伟大复兴。"[3]

（三）马克思主义与中华优秀传统文化"应当结合"

第一，对于中国共产党这一现实主体来说，党的身份的二重性决定了马克思主义与中华优秀传统文化"应当结合"。

一方面，中国共产党是"共产党"，而不是别的什么党，马克思主义作为共产党的指导思想内在于其本质规定，离开了它就没有名副其实的共产党。另一方面，中国共产党是"中国"的共产党，而不是别的国家的共产党，党必须以中国的民族形式实现马克思主义，中华优秀传统文化内在于这种民族形式，因而也构成党的不可或缺的本质规定。党的这两种本质

---

[1]（唐）孔颖达：《春秋左传正义》（第4册），北京大学出版社2000年版，第1827页。
[2] 习近平："在联合国教科文组织总部的演讲"，载《人民日报》2014年3月28日。
[3]《习近平谈治国理政》（第3卷），外文出版社2020年版，第32页。

规定都不是主观任意地设定的,而是具有客观社会性,为国际、国内社会所承认的。所谓"名不正则言不顺,言不顺则事不成"(《论语·子路》),历史经验表明,党对自身本质规定的二重性认识得越深刻,将马克思主义与中华优秀传统文化结合得越好,党和人民的事业就越兴旺发达。

第二,在更深层次上,党所代表的中华民族的根本利益决定了马克思主义与中华优秀传统文化"应当结合"。

一方面,中国共产党领导全国人民建立人民当家作主的中华人民共和国,开创走向共同富裕的中国特色社会主义道路,而如前文所述,"中国共产党为什么能,中国特色社会主义为什么好,归根到底是因为马克思主义行!"[1]另一方面,虽然中华民族在革命、建设和改革过程中,有赖马克思主义的正确指导,但是它既不必要也不可能取代中华优秀传统文化。中华优秀传统文化是中华民族共有的精神家园、不朽的智慧结晶,是中华民族安身立命的基本生活方式,马克思主义唯有与之相结合才能融入中华文明而获得持久生命力。正如毛泽东所说,"从孔夫子到孙中山,我们应该给以总结,我们要承继这一份珍贵的遗产"[2],"把这一切优秀传统看成和自己血肉相联的东西,而且将继续加以发扬光大……使得马克思列宁主义这一革命科学更进一步地和中国革命实践、中国历史、中国文化深相结合起来"[3]。

(四)马克思主义与中华优秀传统文化"能够结合"

第一,从理论逻辑上说,马克思主义与中华优秀传统文化"能够结合"。

马克思主义有别于空想社会主义之处,就在于通过发现唯物史观和剩余价值学说等使社会主义从空想发展到科学,具有了放之四海而皆准的真理性。恩格斯不无自豪地指出,"马克思的世界观远在德国和欧洲境界以

---

[1] 习近平:"在庆祝中国共产党成立100周年大会上的讲话",载《人民日报》2021年7月2日。
[2]《中共中央文件选集》(第11册),中共中央党校出版社1991年版,第658页。
[3]《中共中央文件选集》(第14册),中共中央党校出版社1992年版,第41页。

外，在世界的一切文明语言中都找到了拥护者"[1]。马克思主义基本原理的科学性决定了它可以应用于包括中华文明在内的一切文明社会，并与包括中华优秀传统文化在内的一切民族优秀文化相结合。

此外，马克思主义追求人与自然的关系、人与人的关系的普遍和谐，追求共产主义"自由王国"的诗意栖居。反映其科学性的基本原理是成就而非破坏其人文关怀的。中华优秀传统文化"是一种崇尚理性和智慧的道德伦理型文化，对马克思主义有一种亲和力。……如中国传统文化中的大同思想、民本思想、和谐思想、素朴的唯物主义和辩证法等，都与马克思主义有某种程度的兼容性"。[2]尤其是在反对资本主义带来人的异化、物化方面，马克思主义与中华优秀传统文化不仅有所见略同之处，而且可以相资互补。

第二，从历史经验上说，马克思主义与中华优秀传统文化"能够结合"。

由于中国革命、建设和改革的现实需要，中国共产党将二者结合视为自己的历史使命。因此，存在一个坚强有力的能动历史主体，不断推进着马克思主义与中华优秀传统文化相结合。"虽然在实际政策中我们对待中国传统文化有过'左'的错误，但中国共产党人是中国传统优秀文化的当然继承者，这个原则是不会变的。"[3]自从邓小平等人拨乱反正以来，党对于自身本质的认识不断加深。2000年江泽民提出"三个代表"重要思想，标志着党对于自身民族性本质的又一次确认，这为马克思主义与中华优秀传统文化相结合增强了政治保障。

在党的历史上，毛泽东用包括中国古典诗词在内的民族语言形式解读、宣传、研究和发展马克思主义，使马克思主义说中国话而中国化。他曾把马克思主义哲学的基本精神凝练地"用中国语言概括为'实事求是'

---

[1]《马克思恩格斯文集》(第4卷)，人民出版社2009年版，第265页。
[2] 陈先达：《马克思主义和中国传统文化》，人民出版社2015年版，第36~37页。
[3] 陈先达：《马克思主义和中国传统文化》，人民出版社2015年版，序言4页。

四个大字"[1]。邓小平使用传统文化的"小康社会"[2]概念来说明我国社会主义现代化的阶段性目标,同样起到了凝聚人心、鼓舞士气的作用。习近平在十八大以来的一系列重要讲话中频繁引用我国古代贤哲的名言和文化典故,使讲话处处闪烁着中华优秀传统文化的光辉。2021年3月,他在福建武夷山"朱熹园"考察时指出:"我们走中国特色社会主义道路,一定要推进马克思主义中国化。如果没有中华五千年文明,哪里有什么中国特色?如果不是中国特色,哪有我们今天这么成功的中国特色社会主义道路?"[3]

(五) 新时代马克思主义与中华优秀传统文化"怎样结合"?

将马克思主义与中华优秀传统文化相结合,既是积蕴深厚的历史课题,也是体现新时代精神的前沿课题。对于二者究竟怎样结合的问题,我们认为至少要抓住以下一些要点:

第一,应坚持中国共产党坚强领导,为二者相结合提供主体保障。

一部中国共产党的奋斗史就是马克思主义与中华优秀传统文化的结合史,也是古老中华文明剥极而复、更上层楼的新生史。今天,"中国共产党领导是中国特色社会主义最本质的特征,是中国特色社会主义制度的最大优势,是党和国家的根本所在、命脉所在,是全国各族人民的利益所系、命运所系",[4]也为马克思主义与中华优秀传统文化相结合提供了有力的主体保障。苏联解体的反面教材表明,一旦离开无产阶级政党的坚强领导,再强大的社会主义国家也面临分崩离析的命运,从根本上丧失将马克思主义与民族文化相结合以创造人类文明新形态的机会。

第二,应贯彻习近平新时代中国特色社会主义思想,从党的指导思想高度理解二者相结合。

将马克思主义与中华优秀传统文化相结合,是习近平新时代中国特色

---

[1]《邓小平文选》(第2卷),人民出版社1994年版,第278页。
[2]《邓小平文选》(第3卷),人民出版社1993年版,第161页。
[3] 参见张岂之:"重视挖掘中华五千年文明中的精华",载《人民日报》2021年4月7日。
[4] 习近平:"在庆祝中国共产党成立100周年大会上的讲话",载《人民日报》2021年7月2日。

社会主义思想的有机组成部分，是新时代推进马克思主义中国化的重点方向，反映着中国特色社会主义实践的现实需要和理想前景。一方面，没有马克思主义就没有共产党，没有共产党就没有新中国，没有新中国就没有中国特色社会主义的光辉成就。另一方面，唯有对本国的历史抱有温情和敬意，充分肯定本民族先辈取得的文明成果，一个民族国家才能有尊严地自立于世界民族国家之林。马克思主义和中华优秀传统文化共同铸就中国特色社会主义道路自信、理论自信、制度自信、文化自信。

第三，应以不断更新的人类实践来检验马克思主义和中华传统文化的实证知识部分，发展马克思主义基本原理，增强中华传统文化的科学性。

马克思主义以科学性见长，中华传统文化以伦理性见长，但二者都包含可检验的实证知识领域和以价值观为中心的超实证知识领域。一般地说，人们的价值观都具有某种认知基础。这种认知基础内蕴的实证知识越丰富，则该价值观越具有科学性，用以指导实践时的现实效果越具有普遍性。反之，一种价值观无论表现得多么堂皇、瑰玮，如果它的认知基础没有多少实证知识可言，用它来指导现实生活必定是胡蒙乱撞、效率低下的。

马克思主义特别注重自身的科学性，但它并未终结真理，它的科学性首先就体现在认识到理论应以实践为基础，而"实践是检验真理的唯一标准"[1]。因此，马克思主义中的实证知识哪些算是基本原理，也要根据其"首要的和基本的观点"——"实践观点"[2]不断加以检验和发展。中华传统文化中的实证知识部分也要经受实践的检验，对于其中的谬误和迷信要加以剔除。需要注意的是，不能对整个文化采取唯科学主义态度，不能将科学标准和艺术标准混为一谈。例如，不能用科学标准否定《西游记》的艺术性，埋怨照着书中提示炼不出仙丹；也不能用艺术标准否定《本草纲目》的科学性，指责它既无"李翰林之飘逸"，又无"杜工部之沉郁"（高棅《唐诗品汇·总序》）。

---

[1] 本报特约评论员："实践是检验真理的唯一标准"，载《光明日报》1978年5月11日。
[2] 肖前："论实践观点是马克思主义哲学首要的和基本的观点"，载《教学与研究》1996年第3期。

第四，应以当代中国人民对美好生活的需要和中华民族伟大复兴为根本价值尺度，"古为今用，洋为中用"[1]，选择具体的马克思主义基本原理和中华优秀传统文化加以结合。

马克思在《〈黑格尔法哲学批判〉导言》中说过，"理论在一个国家实现的程度，总是取决于理论满足这个国家的需要的程度"。[2]一切价值主体只能从自身的需要和能力出发去选择有价值的对象。[3]唯有那些能够满足当代中国人民对美好生活的需要、有助于实现中华民族伟大复兴的马克思主义基本原理和中华优秀传统文化，才对我们具有现实的价值，因而有必要使二者深相结合。离开我们的现实需要和能力，就没有具体的马克思主义基本原理，也没有具体的中华优秀传统文化。

在抽象的意义上，共产主义高级阶段较之社会主义初级阶段、大同社会较之小康社会都更好，但是在现实条件不具备时，它们只能是远大理想，决不能取现实目标而代之。对此，我们应该牢记"跑步进入共产主义"的惨痛历史教训。我们要实事求是，既信仰坚定，又步骤稳健，永远根据现实的主客体条件确定具体的目标，并在实践中加以检验和调整，在此基础上形成与时俱进的理论，不迷信任何教条。

第五，应立足马克思主义基本原理分辨中华传统文化的得失，促进其创造性转化、创新性发展。

以马克思主义基本原理为参照，中华传统文化的许多要素都还存在不足之处。譬如，上文提到了大同思想可以看作一种儒家空想共产主义，其内圣外王、修己安人的德治思路却不足以保障其实现；民本思想反对极端君主专制，但不懂得人民群众是历史的主体，与社会主义民主观相差甚远；和谐思想立意虽好，但义利分离的道德理想主义传统忽视了斗争与和谐的辩证法，也看不到矛盾推动着历史发展；素朴的唯物主义拒斥宗教，但逻辑思维和实验方法不够发达，还不足以发展出现代科学，更不能够从

---

[1]《毛泽东文艺论集》，中央文献出版社2002年版，第227页。
[2]《马克思恩格斯文集》（第1卷），人民出版社2009年版，第12页。
[3] 参见李德顺：《价值论：一种主体性的研究》（第3版），中国人民大学出版社2020年版，第177页。

实践主体方面去把握现实；素朴的辩证法力图从联系、发展的角度全面理解事物，但欠缺实践观点，使得这种尝试只能处于较为原始、机械的阶段。

另外，中华传统文化经典中的思想光辉不等于现实中的文明生活，理论上的修齐治平不等于实践中的天下太平。在封建制度中，中华传统文化的人文精神发生了异化，其缺乏民主与科学的弱点得不到有效补救，反而被不断强化。到了清末民初，古代中华文明百病丛生，尽显衰颓之势。与近代西方文明相比，李大钊历数"其所短约有数端：（一）厌世的人生观，不适于宇宙进化之理法；（二）惰性太重；（三）不尊重个性之权威与势力；（四）阶级的精神，视个人仅为一较大单位中不完全之部分，部分之生存价值全为单位所吞没；（五）对于妇人之轻侮；（六）同情心之缺乏；（七）神权之偏重；（八）专制主义之盛行"。[1]通过伟大的中国革命、建设和改革，中华民族在很大程度上消除了这些文明弱点，但其余毒尚在，仍需时时警觉，防止沉渣泛起。要使中华传统文化在新的历史阶段发展为有世界性影响的先进文化，我们还应在马克思主义指导下对之进行创造性转化、创新性发展，实现其质变和飞跃。

第六，应吸收中华优秀传统文化充实马克思主义，促进中国化马克思主义的发展完善。

2001年江泽民在《科学对待马克思主义》中强调，"要使党和国家的事业不停顿，首先理论上不能停顿……用发展的观点对待马克思主义，在坚持中发展、在发展中坚持，这就是按规律办事，也是对待马克思主义唯一正确的态度。"[2]马克思主义的实践本质决定了它必然随着时代精神的发展、时代问题的转换而更新、充实自己的内容。

马克思、恩格斯从未将自己的理论当作神圣教条来对待，而是在不断的自我清算和自我批评中发展之完善之。恩格斯晚年曾反省说："青年们有时过分看重经济方面，这有一部分是马克思和我应当负责的。我们在反

---

[1]《李大钊全集》（第2卷），人民出版社2006年版，第213~214页。
[2]《江泽民文选》（第3卷），人民出版社2006年版，第336、339页。

驳我们的论敌时，常常不得不强调被他们否认的主要原则，并且不是始终都有时间、地点和机会来给其他参与相互作用的因素以应有的重视。"[1] 在唯心史观泛滥成灾时，强调经济因素在社会发展中的基础性作用是非常必要的。但是在唯物史观占据主导地位的社会主义国家中，如果教条主义地单纯强化经济作用，难免会将马克思主义扭曲为某种经济决定论。根据恩格斯的上述说明，马克思主义需要补充经济以外诸因素反作用于经济并相互作用的内容。对此，我们要充分重视中华优秀传统文化中关于道德、法律和艺术等因素的许多论述，利用好这些发展马克思主义的宝贵理论资源。

与中华优秀传统文化相比，经典马克思主义主要致力于推动阶级斗争，处理敌我矛盾，对于革命成功后如何进行建设、如何处理人民内部矛盾关注较少。这种理论风格对苏联和中国都有较大影响。所谓"'马上得天下，不能马上治之'。通过革命斗争打出的天下，不可能在治国理政、调整内部矛盾时照样沿用革命的方法，照用武装斗争的方法。正心诚意修齐治平，不是中国革命胜利之路，却是取得政权后当权者的修养和为政之道"。[2] 马克思主义认为革命之所以必然发生，是因为无产者在极度贫困中必然奋起反抗，这种必然性主要是出于利益而非道德。但是革命者成为执政者以后，既要建立尽可能正义的制度，也要积极地培养自身的道德，才能担负起领导人民建设新社会的重任。在培养道德人格的实践经验上，马克思主义有所未发，而中华优秀传统文化具备无尽宝藏。我们要善于从五千年中华文明中汲取智慧和营养，不断发展完善中国化马克思主义，使之具有更加鲜明的中国特色、中国风格、中国气派。

（六）把马克思主义与中华优秀传统文化相结合，怎样回应新时代中华文明面临的问题？

最后，我们回到新时代中华文明面临的国内、国际问题上。把马克思主义与中华优秀传统文化相结合，我们就获得双重视角来审视这些问题。

---

[1]《马克思恩格斯文集》（第10卷），人民出版社2009年版，第593页。
[2] 陈先达：《马克思主义和中国传统文化》，人民出版社2015年版，第11页。

从哲学高度观其大略，我们认为以下几点最为重要：

第一，坚持依法治国和以德治国相结合，使中国共产党成为更加坚强有力的领导中华民族实现伟大复兴的核心力量。

马克思主义较之空想社会主义的高明之处，就在于能够抓住历史矛盾运动中的主客体双方因素，一方面总是力图最完整准确地把握历史运动的规律和趋势，另一方面始终着眼并立足于推动历史进步的现实主体力量，将理论态度和实践行动统一起来。从人民主体立场出发，马克思主义的事业归根到底是人民的事业。但是，只有通过人民的先锋队共产党将人民有序组织起来，人民才能成为现实的能动历史主体，真正掌握自己的命运。一旦离开共产党的坚强领导和团结带领，人民群众难免陷入各自为政的工团主义等背离人民整体利益的情形。中国革命、建设和改革的经验教训反复证明，"领导我们事业的核心力量是中国共产党"[1]，"办好中国的事情，关键在党"。[2]

党是人民的一部分，是由人民中政治觉悟较高的先进分子组成的。党的领导是人民当家作主的具体方式，其治国理政的领导权是由人民主权赋予的，这决定了党为人民服务的根本宗旨、受人民监督的基本地位，必须"保证人民当家作主落实到国家政治生活和社会生活之中……把党的领导贯彻落实到依法治国全过程和各方面"[3]。党的工作是由各级党组织的党员来具体完成的。模范遵守国法党纪是党员政治觉悟的现实表现。政治觉悟的本质是自觉将小我和大我统一起来，将个人的自我实现融入国家发展、民族复兴的伟大事业中去，这也就是确立道德人格的过程。中华优秀传统文化一向注重道德人格的教化力量，要求执政者以德治国，以身作则。这与马克思主义对党员的定位具有共通性。所以，我们要"坚持依法治国和以德治国相结合"[4]。

坚持依法治国和以德治国相结合，有两大哲学原则要特别注意。其一

---

[1]《毛泽东文集》第 6 卷，人民出版社 1999 年版，第 350 页。
[2] 习近平："在庆祝中国共产党成立 95 周年大会上的讲话"，载《求知》2021 年第 5 期。
[3]《习近平谈治国理政》（第 3 卷），外文出版社 2020 年版，第 18 页。
[4]《习近平谈治国理政》（第 3 卷），外文出版社 2020 年版，第 18 页。

是,"应该"以"能够"为前提。一种优良的法律和道德规范应该是大众经过努力都能够做到的,绝不是标准越高越好。有些宋明理学家将人欲和天理对立起来,树立不切实际的社会规范,将几乎所有人变成该规范体系下的嫌疑犯,客观上使得真正有道德追求的人如履薄冰、寸步难行,最无道德意识的投机分子反而容易"成功",普通人往往沦为牺牲品。新文化运动的主将鲁迅先生将这种社会规范称为"吃人"的礼教。这是我们民族要永远引以为戒的。其二是道德与幸福相一致。个人的道德行为常常以主动牺牲个人利益为现实表现,但社会规范要对此予以灵活补偿和奖励,使人们在其他条件相同的情况下,总体上道德水平和其幸福指数一致。西方传统的宗教和形而上学将这种一致推到彼岸世界,马克思主义要在人间建立理想社会,就必须尽可能使道德配享幸福。惟其如此,法律及其道德基础才能合乎情理地导人向善,促进全体社会成员的整体利益。古代中华文明在世界上率先实行文官制度,让道德文章杰出之士参与治国理政,获得较高社会地位,与西方社会相比显示出优越性。这一传统是值得我们研究和借鉴的。总之,社会主义法治不同于古代法家注重严刑峻法,其主体性本质是社会主义民主,要义在于使一切社会主体的权利和责任相统一;而以德治国重在自然感化而非强制服从,尤其应避免"道德绑架""以理杀人",要真正尊重德能兼备的先进人物,在社会上形成尊师重道的风气。

第二,坚持解放和发展生产力,强国富民,为中华民族伟大复兴奠定更加坚实的物质基础。

推进社会主义民主,法治和德治并举,有助于党更加坚定地代表我国最广大人民的根本利益。但是要做好为人民服务的工作,停留在社会规范的"应然"层面是不够的,还需要强大的物质力量。无论是在国内不断满足人民日益增长的美好生活需要,还是在国际上应对西方发达国家对我国崛起的遏制政策,我们都要进一步解放和发展生产力,提升综合国力,创造实现共同富裕乃至中华民族伟大复兴的现实物质条件。

中华文明的先贤管子说"仓廪实,则知礼节;衣食足,则知荣辱"(《管子·牧民》),孔子主张先"富之"而后"教之"(《论语·子路》),二者都认识到经济基础在社会发展中的重要性。在习近平新时代中国特色社会主义"五位一体"总体布局中，也将经济建设列在第一位。要搞好经济建设，重中之重是提高生产力水平。离开了这一条，无论人们的干劲有多大、道德有多高，也难以避免国家贫穷落后的面貌；"而在极端贫困的情况下，必须重新开始争取必需品的斗争，全部陈腐污浊的东西又要死灰复燃"，所以马克思和恩格斯一再强调，共产主义是"以生产力的巨大增长和高度发展为前提的"[1]。

要保障国家建设的可持续发展，生产力还必须转化为强大的综合国力。其中，国防和军队建设具有基础优先性。只有建设好一支听党指挥、能打胜仗、作风优良装备先进的人民军队，才能为中华民族伟大复兴保驾护航。如果忽视国防和军队建设，单纯发展经济、文化等领域，这种发展很容易招致侵略而中断。中华文明史上，宋朝的经济和文化都处于世界领先位置，只是由于重文轻武，使得其生产力水平不能体现在军事实力上，遭遇蒙古铁骑而全盘皆输。这一历史教训是沉痛而深刻的。

当然，强军是为了保家卫国，增进人民幸福，不是为强军而强军。中华文明史上，秦朝国力强盛，然而穷兵黩武，尽管成功抗击匈奴，却难逃内部解体的命运。后世王朝将"暴秦"速亡作为反面教材，推崇儒家学说，极大缓和了内部矛盾，才创造了成熟形态的古代中华文明——儒家文明。儒家文明要求执政者与民同乐，"制民之产"，"使民养生丧死无憾"（《孟子·梁惠王上》），这在封建帝制时代自然是可望而不可即的。今天，中华民族已经对儒家文明进行了升级改造，创造了人类文明新形态，过去在儒家那里难以做到的强国和富民的统一，我们在中华民族伟大复兴过程中将努力加以实现。

第三，推动社会主义文化繁荣兴盛，继续凝练、弘扬和践行社会主义核心价值观，提升国家文化软实力。

为了更好地代表中国最广大人民的根本利益，不断满足人民日益增长的美好生活需要，实现中华民族伟大复兴，党不仅要代表中国先进生产力的发展要求，还要代表中国先进文化的前进方向。只有物质文明和精神文

---

[1]《马克思恩格斯文集》（第1卷），人民出版社2009年版，第538页。

明齐头并进，我们才能建成国际公认、历史承认的社会主义现代化强国。

中国特色社会主义文化是马克思主义与中华优秀传统文化相结合的产物。它"源自于中华民族五千多年文明历史所孕育的中华优秀传统文化，熔铸于党领导人民在革命、建设、改革中创造的革命文化和社会主义先进文化"[1]。为了推动社会主义文化繁荣兴盛，我们要对中华优秀传统文化进行"创造性转化和创新性发展，激活其生命力，把跨越时空、超越国度、富有永恒魅力、具有当代价值的文化精神弘扬起来，让收藏在博物馆里的文物、陈列在广阔大地上的遗产、书写在古籍里的文字都活起来"[2]；也要继承和发扬以往革命、建设和改革文化中的爱国主义、集体主义传统和民主、科学精神。对于将中华优秀传统文化与马克思主义割裂甚至对立起来的种种错误思想行为，无论是出自"国学"复古派还是教条主义的马克思主义，都应加以深刻揭露和批判。

文化能否打动人、鼓舞人，能否净化人心、升华人性，关键在于其核心价值观。"核心价值观是文化软实力的灵魂、文化软实力建设的重点。这是决定文化性质和方向的最深层次要素。一个国家的文化软实力，从根本上说，取决于其核心价值观的生命力、凝聚力、感召力。"[3]价值观以信念、信仰、理想为表现形式，包含着对宇宙人生的认知和态度。值得注意的是，价值观的认知基础无论如何科学，要对宇宙人生下整体判断都会面临广大的未知领域，无法避免超知识的主观想象维度；而同一价值客体对不同价值主体的价值关系也常不同，所谓"此之蜜糖，彼之砒霜"在价值领域是常见现象。因此，价值观与放之四海而皆准的科学真理不同，在本质上就具有因人而异的主体性特征，呈现着价值主体兼具普遍性和特殊性的生命境界与智慧。当前，我们在国家层面倡导富强、民主、文明、和谐，在社会层面倡导自由、平等、公正、法治，在公民个人层面倡导爱国、敬业、诚信、友善。这些社会主义核心价值观"是当代中国精神的集

---

[1]《习近平谈治国理政》（第3卷），外文出版社2020年版，第32页。
[2] 习近平："在联合国教科文组织总部的演讲"，载《人民日报》2014年3月28日。
[3]《习近平谈治国理政》（第1卷），外文出版社2018年版，第163页。

中体现，凝结着全体人民共同的价值追求"[1]，应该大力弘扬和践行。不过，我们对核心价值观的凝练和建设没有止境，随着中国特色社会主义实践的发展，它的内容必将更加丰富、表述必将更加科学。

从学理上看，中国人民是社会主义中国的主体，我们倡导的核心价值观本质上是中国人民在多元多层主体身份中为了满足各种美好生活需要而产生的价值追求。在我国国内，马克思批评过的政治国家和市民社会的二元对立已经被破除，国家不再是处于市民社会彼岸的虚假共同体，而是将其自由、平等的普遍原则贯穿到社会物质生活领域，形成了真实共同体；人民主体现实地表现为每个公民个人及其自由联合的各种社会共同体。国家是一种特殊的社会共同体——就其作为最高政治实体而言，它有不同于其他社会共同体的价值理想，即经济建设追求富强、政治建设追求民主、文化建设追求文明、社会建设追求和谐，还可加上生态建设追求美丽；就其是一种社会共同体而言，它也追求内部成员关系的自由、平等、公正、法治，但以和谐为最高导向。至于公民个人的价值追求，爱国、敬业是社会主义个人的本质规定，诚信、友善虽然也在此本质规定之内，但与前两者的逻辑关系还可推敲。要使个人价值观的微言更合乎马克思主义和儒家文化的大义，也可考虑如下表述，即爱国、敬业、宽仁、独立。因为在人民主体的现实个人层次，尽管爱国主义是我们要优先倡导的，但按照儒家推己及人、爱有差等的逻辑，对家国天下之爱奠基于个人内在善端的觉醒和亲子之爱的自然情感，像墨家那样有悖情理的兼爱型爱国主义只能是空想；按照马克思主义文明演进的逻辑，社会主义社会要实现超越资本主义的真正的个人独立性、普遍的自由个性，在其中个人的共同体意识与独立自主意识是一体两面、不可或缺的。有了独立的主体自觉，进而觉悟到真正的主体具有宽仁的美德（扩而充之，则有仁义礼智信），并在敬业、爱国等社会事业中知行合一地加以实现，这便构成一以贯之且与社会价值观回环呼应的个人价值观序列。

第四，推动构建人类命运共同体，深化文明交流互鉴，继续凝练、弘

---

[1]《习近平谈治国理政》（第3卷），外文出版社2020年版，第33页。

扬和践行全人类的共同价值。

中华民族既是中华文明的主体,也是人类文明众多民族主体之一。因此,我们既要做好中华文明内部的事情,全面建设社会主义现代化强国,也要积极参与解决世界各国共同面临的世界性难题,并加强和改进国际传播,讲好中国故事,打造中国话语,在文化和意识形态领域反对西方话语霸权,争取全世界人民对中国崛起的道义支持。

针对"美国优先"和"美国例外"等霸权主义谬论,以及颠倒黑白的"中国威胁论"等,我们要予以坚决驳斥。中国崛起不是为了在国际上取代美国的霸权,而是会发扬中华文明"大道之行也,天下为公"(《礼记·礼运》)的精神,推动构建世界各国守望互助的人类命运共同体,共同应对金融动荡、生态失衡、毒品泛滥、跨国犯罪、国际恐怖主义、大流行疫情防控等全球性问题。首先,"和平、和睦、和谐是中华民族5000多年来一直追求和传承的理念,中华民族的血液中没有侵略他人、称王称霸的基因"。[1] 譬如,15世纪初,东西方都开展了航海事业。葡萄牙亨利王子对非洲西海岸的航海探险,拉开了西方列强殖民扩张的序幕。我国大明王朝郑和下西洋的船队战力举世无双,却对周边国家十分尊重,只是一队睦邻友好的和平使者。其次,中国即使再强大,也不会像苏联、美国一样"输出革命"。革命本质上是国家内部阶级矛盾激化的产物,在内部没有造成极端阶级对立的情况下,苏式革命是无法输入一个国家的。而美国对伊拉克、阿富汗等输出美式"民主"革命,也都以失败而告终。当今中国奉行和平共处五项原则,尊重世界各国人民自主选择发展道路,对外援助不附加任何政治条件,已经赢得世界上众多国家人民的信任和支持。习近平新时代中国特色社会主义思想是问题导向的、实事求是的,对内就是要实现中华民族伟大复兴,以满足中国人民对美好生活的需要;对外就是要推动构建人类命运共同体,以满足全人类对美好生活的需要。

针对所谓"文明冲突论",我们认为文明在交融中不断发展,即使各

---

[1] 习近平:"在庆祝中国共产党成立100周年大会上的讲话",载《人民日报》2021年7月2日。

有特点，也可以求同存异，合作共赢。亨廷顿在《文明的冲突与世界秩序的重建》中预言，"当西方试图伸张它的价值并保护它的利益时……儒教社会和伊斯兰社会则试图扩大自己的经济和军事力量以抵制和'用均势来平衡'西方。……最可能逐步升级为更大规模的战争的地区冲突是那些来自不同文明的集团和国家之间的冲突"。[1]此处，他用儒教社会代指中华文明，这一细节已表明他对于文明的冲突很是热衷，对于文明的交融则不够敏感。中华文明早已不是纯粹的儒家文明形态。中华民族在马克思主义指导下通过革命、建设和改革的百年奋斗历程，已经创造出一种人类文明新形态。他说来自不同文明的国家更容易发生大规模战争，无论第一次还是第二次世界大战都给出了反证。他所说的文明也即广义的文化，"既根据一些共同的客观因素来界定，如语言、历史、宗教、习俗、体制，也根据人们主观的自我认同来界定"。[2]但他提到的主客观因素并未涉及经济基础和生产方式，他没有看到随着信息时代的来临，从社会生活的利益结构到人们头脑中的意识在世界范围内日益呈现相似性，这在很大程度上破除了因文明传统不同而带来的隔阂。亨廷顿的观点受到西方政客的欢迎，与其说是科学上的原因，不如说是它为西方遏制中国等政策提供了一种理论根据。对此，我们自然要指出其悖谬，并明确主张"要尊重世界文明多样性，以文明交流超越文明隔阂、文明互鉴超越文明冲突、文明共存超越文明优越"。[3]

针对西方"普世价值"，我们主张人类共同价值，譬如"和平、发展、公平、正义、民主、自由，是全人类的共同价值"[4]。亨廷顿坦言，以西方"普世价值"为内核的"普世文明的概念有助于为西方对其他社会的文化统治和那些社会模仿西方的实践和体制的需要作辩护。普世主义是西方

---

[1] [美]塞缪尔·亨廷顿：《文明的冲突与世界秩序的重建》，周琪等译，新华出版社2010年版，第7页。

[2] [美]塞缪尔·亨廷顿：《文明的冲突与世界秩序的重建》，周琪等译，新华出版社2010年版，第22页。

[3] 《习近平谈治国理政》（第3卷），外文出版社2020年版，第46页。

[4] 《习近平谈治国理政》（第2卷），外文出版社2017年版，第522页。

对付非西方社会的意识形态"。[1]仅仅指出西方"普世价值"是意识形态陷阱还不够，更要在学理上阐明它的错误，并与人类共同价值区别开来。在马克思主义哲学价值论中，"价值观"（价值观念）有时简写为"价值"（"普世价值"、人类共同价值的全称即"普世价值观"、人类共同价值观），但严格说来二者并不是一回事。唯心主义哲学不追问价值观背后的客观因素，马克思主义认为价值观应以现实具体的主客体价值关系为基础。譬如，自由作为西方"普世价值"似乎是无条件的好字眼，马克思却提醒无产者说："先生们，不要一听到自由这个抽象字眼就深受感动！这是谁的自由呢？这不是一个人在另一个人面前享有的自由。这是资本所享有的压榨工人的自由。"[2]貌似对所有人同样美好的自由，在资产阶级社会对不同阶级意味着几乎相反的价值，比如资本家有赚取利润的自由，工人只有出卖劳动力的自由。其实，"一切价值问题都要放到'什么对谁在何时何地有何种类型的价值'这种具体的主客体关系情境中加以理解。"[3]同样的"自由"字眼，究竟是西方"普世价值"还是人类共同价值，关键不在这个抽象概念本身，而在于它背后的思维方式和实践路径。西方"普世价值"和人类共同价值都关注价值的普遍性，但是在思维方式上，前者将价值的普遍性实体化、绝对化，使之成为无视主体特殊性的形而上学教条，后者则强调价值的具体主体性，尊重价值主体在现实价值关系中的权利和责任；在实践路径上，前者诉诸话语霸权强加于人，或采取类似福音布道的方式居高临下地蛊惑人，后者则强调平等对话，注重与共同体中其他成员建立合作共赢的关系，以奠定共同价值的现实基础。[4]譬如，我国在倡导人类共同价值的同时，积极推动共建"一带一路"高质量发展，以中国的新发展为世界提供新机遇。这便展示出中华文明"万物并育而不相害，道并行而不相悖"（《礼记·中庸》）乃至"天下为公"的广大格局和

---

[1]［美］塞缪尔·亨廷顿：《文明的冲突与世界秩序的重建》，周琪等译，新华出版社2010年版，第45页。

[2]《马克思恩格斯文集》（第1卷），人民出版社2009年版，第757页。

[3]倪寿鹏："从人类共同价值到中国价值——与叶险明教授商榷"，载《理论与评论》2019年第1期。

[4]参见倪寿鹏："从人类共同价值到中国价值"，载《理论与评论》2019年第1期。

境界。

(七) 小结

中国特色社会主义进入新时代，中华文明气象更新，中华民族伟大复兴在望，但也面临许多新的问题和挑战。在国内，不平衡不充分的发展使人民日益增长的美好生活需要难以满足。在国外，我们要应对一般的全球性问题，还要特别应对美国霸权主义的遏制和挑衅。对此，我们要继续推进马克思主义中国化，将马克思主义与中国具体实际、与中华优秀传统文化进一步结合，用不断融会贯通二者的习近平新时代中国特色社会主义思想指导我们的事业。在全面建设社会主义现代化强国过程中，首先要搞好党的建设，抓住推动当代中国前进的能动历史主体；其次要努力提高生产力，抓住历史发展中的决定性因素；此外，还要推动社会主义文化繁荣兴盛、推动构建人类命运共同体，反对霸权主义和新殖民主义，在国内外继续凝练、弘扬和践行富有民族文化底蕴、真正体现时代精神的社会主义核心价值观和人类共同价值。历史必将继续证明，马克思主义中国化是新时代中华文明活的灵魂。

后 记

我们生逢科学技术突飞猛进的时代,对宇宙的探索似乎致广大而尽精微,即使普通人在衣食住行的享用方面,许多时候也超出了古人的一切想象。然而,当代人的幸福指数没有同比例提升,人们的精神境界更未必超过千载以上的贤哲。这说明知识与价值并不是一回事。

大科学家爱因斯坦告诫人们:"仅凭知识和技巧并不能给人类的生活带来幸福和尊严。人类完全有理由把高尚的道德标准和价值观的宣道士置于客观真理的发现者之上。"他认为"释迦牟尼、摩西和耶稣对人类所作的贡献远远超过那些聪明才智之士所取得的一切成就。如果人类要保持自己的尊严,要维护生存的安全以及生活的乐趣,那就应该竭尽全力地保卫这些圣人所给予我们的一切,并使之发扬光大。"

从马克思主义立场出发,我们并不迷信宗教圣人,也不迷信世俗圣人。但是毋庸置疑,像雅斯贝尔斯推崇的大哲学家"苏格拉底、佛陀、孔子、耶稣"等人,他们的思想对人类价值观的影响至今绵延不绝。几乎每个人一出生就在某种古老的价值观熏陶下长大成人。后来成为战斗的无神论者的马克思,早年受到基督教博爱价值观的洗礼。为中国革命抛头颅洒热血的许多共产主义勇士,最初接受的是饱含家国情怀的孔孟之道。

要扬弃这些古老的价值观,形成新的先进的时代精神,我们对传统就不能采取单纯肯定或否定的态度,而应实现创造性转化和创新性发展。这就必须对价值观有深入研究,能够区分知识与价值,既能逻辑地掌握价值的一般本质,也能身体力行印证和拓展感性具体的价值境界。

在这条知行合一的价值哲学探索道路上,我除了从往圣先贤那里获得智慧的启迪,还特别有幸得到多位当代明师的熏陶、点拨和启发。在此谨略叙我与几位最尊敬的前辈的交往和思想缘分。正是他们的道德文章引领我深耕价值哲学领域,并乐此不疲。

第一位是张岱年先生。2000年前后,我在北大哲学系读本科,系里提供了一份勤工助学工作:定期到张岱年先生中关园寓所做些生活助理工作。张岱老家居简朴,洗澡不便,我曾多次陪护他去西苑澡堂淋浴,老先生很享受那种热气蒸腾的感觉。在我的记忆中,张岱老的生命气象如中天明月,表里澄澈,令人如沐春风,毫无压力感。那时我只知道这位老人德高望重,对他的具体学术成就并不清楚。近年研习价值哲学,才发现他在民国时期就很注意相关问题,主张"唯物、理想、解析综合于一",晚年还发表了《论价值的层次》(《中国社会科学》1990年第3期)等颇有影响力的论文。文与人相映照,使我深感价值的本质非知识论所能尽其义。

第二位是张世英先生。2002年至2007年,我转至马克思主义学院硕博连读,师从杨河教授研究马克思主义哲学。杨老师对他的导师张世英先生十分推崇,勉励我多读太老师的书。早在本科的美学课堂,叶朗老师就多次推介过张先生的思想。我一直未及细读太老师的黑格尔研究专著,但是对他的《哲学导论》《天人之际——中西哲学的困惑与选择》等印象极佳。我曾奉师命去太老师的京郊寓所接他给博士生讲课,得以亲聆教诲。太老师晚年融贯中西哲学、美学,倡导万物一体、万有相通、后主客二分的天人合一,思想自成体系,学问诗意盎然。这些都表现了他对哲学本质的切实理解,即哲学乃提升人生价值境界之学。2020年太老师仙逝,我代表本系撰了一则挽联:"学究天人,理从心出真隐秀;道通无有,诗与思合自澄明。"

第三位是李德顺先生。2007年博士毕业后,我来到法大人文学院工作。当时我国马克思主义价值哲学研究泰斗李德顺先生刚被聘为法大终身教授、人文学院院长,我给李先生做了几年学术助手。他领衔开设了本硕的价值哲学课程,我逐渐成为该教学团队的核心成员乃至主讲人。对于马克思主义哲学原理,此前我有不少模糊不清之处,李老师的指点可谓截断众流,令我茅塞顿开。他的《价值论》是我国学界走出苏联模式教科书的标志性理论成果,在马克思主义哲学原理中起到了补天缺的作用,使之实现了存在论、意识论和价值论的有机统一，这实际上为我国的改革开放提供了科学的哲学理论基础。昔人将诸葛亮与他的三位同学相比，说"三人务于精熟，而亮独观其大略"。李老师给我的突出印象就是一位能够"观其大略"的当代智者。我很欣赏黄震云教授书赠李老师的一副联语："立身名世价值论，治国安邦法治图。"

第四位是黄克剑先生。前些年我与友人常去奥林匹克森林公园散步，纵论古今时对当代哲学的学科分化很是遗憾：民国年间还出过会通中西印的学术大家，当代的一些学人则以"打通中西马，吹破古今牛"来调侃逗趣了。凡事总有例外，黄克剑先生就是一位当代通家。1986 年至 2018 年，仅在权威期刊《哲学研究》上，他就发表了 37 篇高质量论文，中西马各占约三分之一。2020 年至 2021 年，因缘际会，黄先生加入我们的散步队伍，他的现身说法让我对中华文明"士"的精神平添敬意。他相信哲学是生命的学问，不是抽象的知识，应领会大哲学家的价值形而上学境界。为此，他以《心韵》一书重写了西方哲学史，又以《人韵》为题重新诠释马克思。有人问他是否一位儒者，他不愿轻承这个名头，而效仿克尔凯郭尔"成为一个基督徒"的说法，表示最要紧的也许是回到"我"自己，以策勉自己"成为一个儒者"。

我对上述以身作则、扶掖后学的老前辈们都深怀感激。无论在学理上还是感情上，我都无法对他们的思想进行非此即彼的简单取舍。或许从"照着讲"到"接着讲"，进行综合创新，是我唯一的学术出路。

当然，我所在的学科是马克思主义哲学，在本书中我尽可能立足于马克思主义哲学来阐发我对价值哲学的理解。但我认为要像江泽民同志指出的那样，"用发展的观点对待马克思主义，在坚持中发展、在发展中坚持，这就是按规律办事，也是对待马克思主义唯一正确的态度"。这也契合习近平新时代中国特色社会主义思想将马克思主义与中华优秀传统文化深相结合的要求。

本书中的论文大多已公开发表，并受到学界的欢迎和鼓励。有 3 篇论文刊发于《哲学研究》，其中《试论正义观在历史唯物主义中的地位》（《哲学研究》2016 年第 7 期）被《中国社会科学文摘》2017 年第 1 期转

后 记

载，2019年获首届高清海学术基金奖论文类一等奖；《正义的多面孔：马克思与罗尔斯》（《哲学研究》2017年第8期）被《中国社会科学文摘》2018年第1期转载、《求是》杂志"旗帜"栏目官方微博2017年11月1日转载推送，2021年获中国政法大学青年教师优秀科研成果奖二等奖、2018年获中国政法大学人文学院丽娜青年教师优秀学术成果奖一等奖。另外，《从人类共同价值到中国价值——与叶险明教授商榷》（《理论与评论》2019年第1期）原系2017年10月14日于浙江大学马克思主义学院举行的第十九届中国价值哲学大会的主题报告之一，并于2019年10月18日被"思政学者"公众号转载推送。

除前面提到的几位老前辈外，中国价值哲学学会的师友们的著述也是我经常拜读、学习的。像孙伟平教授、王玉樑教授、赖金良教授、江畅教授、韩东屏教授、高兆明教授等人的作品，是我近期教学和研究工作中常加借鉴的，一并向各位老师致谢。

我所在的中国政法大学哲学系是一个风清气正、团结友爱的学术共同体。曾经或正在担任领导职务的文兵教授、俞学明教授、张浩军教授、刘震教授等，与我一起承担马克思主义哲学学科一线教学工作的罗朝慧副教授、吴照玉博士、李灵婕博士等，都十分支持我的工作。也一并向各位领导和同仁致谢。

本书的出版受到中国政法大学青年教师学术创新团队"知识与价值：比较视野下的研究"项目的资助，感谢学校、学院的支持和评委们的信任，感谢项目负责人宫睿教授对我的一贯帮助和友谊。

法大出版社的编辑同志们热心、敬业，尤其是法大哲学系系友丁春晖编辑对本书的出版付出了心血。特别向编辑同志们表示感谢。

最后，本书也受益于多年来与法大哲学系本科生和研究生的教学相长，感谢同学们！本书是献给学界同行们的，更是献给年轻的同学们的。以下是我写给同学们的一则毕业寄语，也献给本书的每一位读者——

这是一个非常的毕业季，让我想起狄更斯的名言："这是最好的时代，也是最坏的时代"。这位法国文豪深谙辩证法，他还说过："对于全世界，你是某个人；对于某个人，你就是全世界。"

希望同学们勇敢地拥抱这盛世艰辛，快意于江湖，得志于庙堂，但决不内卷，自成高格；决不躺平，自求多福。

无论你们身处何时何地，我祝愿你们身体无苦痛，灵魂无纷扰；祝愿你们的自由在定在之光中发亮，照亮自己的人生，照亮某个人的全世界！

倪寿鹏
2022 年 12 月